AF242108

PROJET

D'UNE

LANGUE UNIVERSELLE

PAR

M. L'ABBÉ BONIFACIO SOTOS OCHANDO

Docteur en théologie,
Membre de plusieurs sociétés scientifiques françaises et espagnoles,
et Auteur de plusieurs ouvrages linguistiques

Traduit de l'Espagnol

PAR M. L'ABBÉ A. M. TOUZÉ

Chanoine honoraire de Reims, Vicaire de Saint-Gervais de Paris

L'Auteur a été Supérieur du grand séminaire de Murcie,
Député aux Cortès de 1822, Maître d'espagnol des enfants de Louis-Philippe,
Membre du Conseil d'instruction publique de l'Espagne,
Professeur de son Université centrale,
Directeur du Collége polytechnique de Madrid, etc., etc.

PARIS

LIBRAIRIE DE JACQUES LECOFFRE ET Cⁱᵉ,
RUE DU VIEUX-COLOMBIER, 29.

1855.

PROJET

D'UNE

LANGUE UNIVERSELLE

Les exemplaires non parafés par l'Auteur seront réputés contrefaits et poursuivis selon la rigueur des lois.

Bonifacio Sotos.

Paris. — Imprimé par E. Thunot et Cⁱᵉ, rue Racine, 26.

PROJET

D'UNE

LANGUE UNIVERSELLE

PAR

M. L'ABBÉ BONIFACIO SOTOS OCHANDO

Docteur en théologie,
Membre de plusieurs sociétés scientifiques françaises et espagnoles,
et Auteur de plusieurs ouvrages linguistiques

Traduit de l'Espagnol

PAR M. L'ABBÉ A. M. TOUZÉ

Chanoine honoraire de Reims, Vicaire de Saint-Gervais de Paris

L'Auteur a été Supérieur du grand séminaire de Murcie, Député aux Cortès de 1822,
Maître d'espagnol des enfants de Louis-Philippe, Membre du Conseil d'instruction publique
de l'Espagne, Professeur de son Université centrale, Directeur du Collége
polytechnique de Madrid, etc., etc.

PARIS

LIBRAIRIE DE JACQUES LECOFFRE ET CIE,
RUE DU VIEUX-COLOMBIER, 29.

—

1855

BIBLIOTHÈQUE IMPÉRIALE — IMPR.

TABLE

DES MATIÈRES DE CE PROJET.

LE TRADUCTEUR

AUX HOMMES IMPARTIAUX.

Dans ce siècle où la Providence a daigné révéler à l'humanité des secrets si extraordinaires, et dont les résultats ont exercé une influence si heureuse sur la vie, où les images des hommes et des choses se fixent pour toujours sur la surface polie qui les reflète, où les distances sont franchies avec une vitesse prodigieuse, qui de toutes les nations ne fait plus qu'un grand peuple, où la pensée se communique d'un bout du monde à l'autre avec la promptitude de l'éclair, il semble qu'il n'y ait plus qu'un seul problème à résoudre : celui d'un langage universel qui vienne détruire les obstacles de la diversité des langues et donner à cet unique peuple un idiome unique à l'aide duquel les habitants de tout l'univers pourront, sinon se parler, au moins s'écrire et communiquer entre eux d'une manière facile, sûre, et avec des avantages immenses.

Ce problème est sur le point d'être résolu.

Un homme justement apprécié, dans un pays voisin du nôtre, par l'étendue et la variété de ses connaissances, M. l'abbé Sotos Ochando, Espagnol, auteur de plusieurs ouvrages linguistiques, docteur et professeur de théologie à l'université de Madrid, conçut tout à coup, il y a environ dix ans, une de ces pensées qui sont dues plutôt à une espèce d'inspiration instantanée qu'à une laborieuse production de l'intelligence. La possibilité d'une langue universelle se révéla à son esprit; il se dit à lui-même : Que faut-il pour que tous les hommes se comprennent? Une série de signes communs à tous, et dont tous se serviront pour exprimer les mêmes idées. — Son imagination lui présenta alors deux colonnes : l'une d'idées se succédant dans un ordre voulu, et l'autre en regard de la première, et contenant les signes placés dans un ordre correspondant à celui de la colonne des idées.

La colonne des signes ne fut pas difficile à trouver; un alphabet quelconque fournissait l'ordre de ces signes.

L'ordre qui lui parut le plus rationnel pour établir sa colonne d'idées fut de procéder du connu à l'inconnu, du degré le plus bas de l'échelle des êtres au degré le plus élevé. — Ne nous hâtons pas de chercher à comprendre! La lumière se fera à la lecture du Résumé.

Cet agencement fut le produit de quelques secondes. Mais cette inspiration devait être suivie d'un travail long et difficile.

Depuis dix ans le docteur de Sotos s'est occupé, avec toute la persévérance qu'inspire une conviction profonde, de la réalisation de sa pensée. Un projet de langue universelle, un dictionnaire, un tableau synoptique, prodige de patience et d'ingénieuses classifications, ont été imprimés en Espagne et soumis à l'examen d'hommes spéciaux, de sociétés savantes, et disons-le : tous, comme nous l'avons éprouvé nous-même, au seul nom d'une langue universelle, ont senti un sourire de défiance errer sur leurs lèvres; mais un examen plus approfondi a fait croire que ce dessein n'était peut-être pas une chimère. Ne serions-nous pas fondés à concevoir de justes espérances de succès, quand nous voyons la sage défiance et là prudence de l'auteur? Il consulte ses amis, ses amis l'encouragent; il s'adresse aux sommités de la science, et il obtient l'approbation des savants les plus distingués : Martinez de la Rosa, Olozaga, ambassadeur près de la cour de France, Alcala Galiano, le duc de Rivas, J.-M. Lopez, Valdegamas, Arrazola, Cortina, Gomez de la Serna, Aguirre, Infante, Pareja, Puche, Aribau, Mora, Modesto de la Fuente, et mille autres littérateurs que nous ne pouvons citer ici. Dans une séance provoquée par le président de l'Athénée, Martinez de la Rosa, ce projet reçoit une approbation unanime.

Presque tous les journaux en rendent compte; tous font l'éloge du Projet contre lequel aucun blâme ne s'élève. Il est peu d'exemples d'unanimité pareille, unanimité si difficile à obtenir du monde savant.

Les relations que nous avons eues avec l'auteur, la douce amitié dont il nous honore, les explications si claires, si précises de son Projet, nous ont engagé à répondre à ses désirs en donnant une traduction française de ses ouvrages.

Avant de nous y déterminer, nous avons consulté des hommes dont la sagesse et la science sont connues dans le monde littéraire, et après les avoir vus s'étonner et crier comme nous à l'impossible, nous les avons entendus, après un mûr examen, nous encourager dans notre travail.

Ce Projet aura-t-il de l'avenir?... Est-ce un beau rêve dont un réveil futur nous révélera l'illusion? Nous n'en savons rien. Mais nous croirions manquer à ce que nous devons aux hommes de la science, si nous ne leur soumettions pas un objet curieux dont l'examen peu pénible est propre peut-être à produire les résultats les plus inattendus. — Qui sait si des peuplades nombreuses ne lui devront pas la connaissance du catholicisme et la civilisation, sa compagne obligée? La diversité des idiomes est un des plus grands obstacles à la propagation de la foi catholique; aussi de savants et zélés missionnaires encouragent nos efforts.

Dans ce siècle l'expérience a prouvé plus que jamais qu'il ne faut étouffer aucun germe dont le développement peut produire plus tard des fruits utiles au monde entier. Repoussons donc tout préjugé, toute prévention, et examinons avec le calme et l'impartialité de la sagesse.

Telles étaient nos pensées quand fut publié, il y a trois mois, le *Résumé analytique du Projet* qui paraît aujourd'hui. Mais depuis cette époque, nos convictions sont plus fortement arrêtées, et les études nécessitées par la traduction de cet ouvrage faite sous les yeux de l'auteur, nos relations quotidiennes avec lui, ses raisonnements si logiques, ses explications si claires et si précises, nous forcent de dire qu'il y aurait déraison à abandonner ce Projet sans l'examiner avec soin, et que son exécution est infiniment moins difficile que nous ne l'avions pensé. Au reste, de nouvelles assurances de succès nous ont été fournies et par les journaux qui se sont occupés du Projet, et par des lettres d'hommes recommandables qui ont étudié la question, et par de nouvelles approbations verbales que des savants nous ont données depuis la publication du Résumé, et qu'il serait trop long d'énumérer ici.

Ce n'est donc pas une chimère; nous sommes forcé de le dire; ce Projet a de l'avenir, et hâtons-nous de détruire une erreur qui pourrait jeter un nuage sur la facilité d'exécution.

On dit : Comment! si ce dessein réussit, il n'y aura plus qu'une seule langue! il faudra donc renoncer à sa langue native, aux charmes que nous offrent les langues anciennes, à tous les agréments de la littérature moderne?... Et qui vous a dit de pareilles choses? Telle n'est point la pensée de l'auteur ; il veut vous offrir un moyen facile de communiquer avec toutes les nations, surtout par l'écriture, donner aux savants chez tous les peuples un idiome à l'aide duquel ils se comprendront tous. Ce n'est pas une langue vulgaire qu'il établit d'abord ; il est bien probable que plus tard les hommes de tous les pays demanderont eux-mêmes à communiquer ainsi entre eux par la parole ; mais rassurez-vous, vous conserverez toutes vos richesses et la facilité du langage maternel et les belles pages de Démosthène, de Cicéron, les charmantes poésies de Virgile, les productions littéraires de l'Allemagne, de l'Italie, de l'Espagne, la riche littérature de notre France. Vous n'avez rien à perdre, vous avez tout à gagner.

Mais est-il bien vrai que cette langue soit si facile, si claire, si riche, si analytique et si favorable aux progrès de toutes les sciences ? Il nous est impossible de détailler ici les preuves irréfragables qui se trouvent dans le Projet. Nous engageons les lecteurs à jeter un coup d'œil sur la table des matières et à consulter les articles qui exciteront le plus leur curiosité. Nous sommes persuadé que cela suffira pour qu'ils partagent nos profondes convictions.

Mais comment la propager, la faire admettre ? — Ce serait un avantage immense, n'est-ce pas ? Eh bien ! veuillons, et toutes les difficultés vont s'aplanir. — Que les savants examinent promptement ce Projet, qu'ils le sanctionnent après les améliorations qu'on croira utiles, qu'ils donnent leur concours à la formation définitive du langage, que les gouvernements viennent en aide, et bientôt l'étude de cette langue fera partie obligée de l'éducation dans tous les pays ; que chaque nation établisse un journal écrit dans cet idiome, tous les savants et bientôt tous les hommes pourront se communiquer leur pensée avec une facilité prodigieuse.

Nous croyons que le moment est arrivé où les nations doivent jouir de ce précieux avantage ; elles ont tout le reste, l'industrie étonne toutes les intelligences, les inventions modernes effrayent par la profondeur de leur conception, la locomotion n'a plus de bornes dans sa vitesse, et bientôt n'en aura plus dans son étendue ; la pensée écrite vole d'un bout du monde à l'autre avec la promptitude du fluide électrique. Tous les peuples se donnent la main, il ne leur manque que le langage universel. Oui, ils l'auront, et quel que soit le Projet, quelles que soient les combinaisons de divers projets, la France doit prendre l'initiative ; sa position, son influence lui en font un devoir. Et cette année, 1855, ne paraît-elle pas devoir donner naissance à ce langage ?... Cette réunion de savants industriels, de savants littérateurs, attirés à notre capitale par cette Exposition de tous les produits de l'univers, n'offre-t-elle pas l'occasion de se communiquer les idées favorables à ce Projet, de les discuter, d'aviser aux moyens d'exécution ?

Courage donc ! travaillons tous à conquérir un bien qui doit avoir de si riches résultats. Que tous les membres des Congrès linguistiques qui travaillent avec tant d'ardeur à l'amélioration des langues, se préoccupent vivement de l'heureux succès d'un dessein si utile ; ils auront rendu un service immense à l'humanité. Et vous, membres de ce corps savant, de cet Institut de Paris d'où jaillit tant de lumière, c'est sous votre protection que ce Projet est placé ; si vous le voulez, vous pouvez lui donner la vie, procurer son développement, étendre ses bienfaits à tout l'univers ; alors le monde vous devra une éternelle reconnaissance.

<h1 style="text-align:center">NOTES DE L'AUTEUR.</h1>

PREMIÈRE NOTE. Nous conservons cinq articles, que nous avons publiés dans *l'Heraldo*, journal de Madrid, au mois de juillet de 1845, et nous les montrerons à quiconque voudra les lire. Nous y avons établi les mêmes bases pour la langue universelle que nous établissons dans notre *Projet*, et elles ont été conservées sans aucune altération dans tous les essais que nous avons faits sur ce sujet pendant dix ans. Il y a eu cependant quelques variations accidentelles dans notre plan, et il y en a quelques-unes qui méritent un examen spécial. En attendant que nous puissions nous en occuper, nous ferons quelques indications sur un point qui nous paraît très-important, et dans lequel on pourrait préférer notre première pensée à celle que nous avons suivie dans le *Projet*.

Nous proposions, dans un des cinq articles cités, d'admettre dans l'alphabet trois lettres de plus : l'*u* français, le *ch* et le *gn*, en simplifiant le caractère double des deux dernières. Ces trois lettres devaient être exclusivement euphoniques et employées à volonté sans aucune influence sur le sens des mots. Ce système aurait été très-avantageux pour faire disparaître la monotonie qui est le plus grave inconvénient que trouvent plusieurs savants dans notre Projet. Nous reconnaissons cet avantage, et l'embarras que ces lettres sans aucun sens pourraient offrir ne nous paraît pas considérable, puisqu'on suppose qu'on ne les emploierait qu'avec réserve. Cependant nous avons renoncé à cette pensée, parce que l'inconvénient de multiplier les sons, spécialement les voyelles, dans une langue qui doit être le lien de tous les peuples de la terre, l'emporte sur l'avantage ci-dessus indiqué. Ç'a été l'opinion de presque toutes les personnes que nous avons consultées sur ce point, qui nous a laissé indécis pendant longtemps. Cet inconvénient serait peut-être beaucoup moins considérable après que la langue serait devenue habituelle ; mais nous le croyons extrêmement grave avant cette époque. Nous avons traité cette question exprès et avec une certaine étendue au n° 63, et nous engageons les savants à envisager sous tous les rapports la question relative au nombre des lettres de l'alphabet. Elle est très-importante pour la simplicité d'une langue et pour la facilité de la rendre universelle chez tous les peuples.

Deuxième note. L'auteur prie MM. les Rédacteurs des Journaux et tous les savants qui parleraient de son Projet dans leurs écrits, de vouloir bien lui adresser un exemplaire de leur production, quai des Ormes, 70, à Paris, afin d'établir, dans l'intérêt de la science, un point central où se réuniraient toutes les discussions et toutes les observations relatives à une chose si importante.

INTRODUCTION.

Si una lingua esset in mundo, accederet in effectu generi humano tertia pars vitæ, quippe quæ linguis impenditur. *Leibnitz*, *tom.* 1, 6ᵉ *édition de Gênes* 1768, *page* 297.

I. — Une des pensées qui occupent le plus les philosophes depuis deux siècles, c'est celle de trouver une langue universelle qui puisse établir une communication facile entre tous les peuples de la terre, ou au moins entre leurs savants.

En effet, on ne peut pas méconnaître les avantages immenses qui en seraient le résultat direct, immédiat et nécessaire, et qui en prépareraient d'autres non moins importants. Tels seraient la civilisation des peuples sauvages, leur conversion au christianisme et peut-être une espèce de fusion générale de toutes les nations : fusion vers laquelle l'humanité éprouve une tendance fort remarquable. Nous n'entrerons pas dans tous les détails de ces avantages : nous nous bornerons à en citer quelques-uns.

Parlons d'abord de celui qu'exprime Leibnitz dans l'épigraphe que nous avons placée à la tête de cette Introduction. Pour en bien apprécier la valeur, il faut remarquer que le temps employé ordinairement à l'étude des langues est celui de la jeunesse : ce temps précieux que l'homme devrait consacrer à former son esprit, à le fortifier et à lui inspirer le goût des sciences et des arts par des études utiles, solides, et en même temps agréables et pleines d'attrait. Eh bien ! la nécessité de s'appliquer à l'étude de plusieurs langues force l'homme à remplacer ces études par d'autres qui sont ordinairement arides et capables d'émousser, de dessécher et d'épuiser les plus robustes esprits au grand préjudice de toutes les sciences.

Loin de nous la pensée d'interdire à tous l'étude des autres langues vivantes et des langues mortes en particulier; chacun, après avoir joui des avantages qu'offre le langage universel, pourra s'imposer une autre tâche et étudier les langues qui lui offriront leurs charmes.

2° L'établissement d'une langue universelle viendra stimuler de la manière la plus énergique le zèle,

l'enthousiasme et l'émulation des auteurs; il favo-
risera puissamment leurs intérêts matériels, et ces
causes produiront une influence immense sur le progrès de toutes les connaissances humaines.

L'esprit de l'homme, en s'adressant au genre humain tout entier pour lui communiquer ses idées et
ses sentiments, prend naturellement l'essor, con-
centre ses forces et se multiplie en quelque sorte afin
de répondre à la haute mission dont il se sent chargé.
Alors ses vues deviennent plus élevées, ses productions plus solides et plus énergiques. Les intérêts matériels, qui augmentent à mesure que les
ouvrages des auteurs ont un débit plus considérable
parmi les peuples où s'étend la connaissance de la
langue, viennent encore soutenir leur zèle et leur activité.

3° Ces avantages, si favorables déjà au progrès des
sciences, des arts, de l'industrie et du commerce,
se généraliseraient et se multiplieraient par le concours simultané des lumières de tous les savants du
monde; puisqu'ils se communiqueraient entre eux
directement et continuellement leurs idées sur toutes
les branches de la science humaine, et sur les nombreuses ramifications dont elles sont composées. Ce
concours deviendrait de jour en jour bien plus sensible et plus efficace que dans les temps anciens, à
cause de l'immense multiplicité des journaux et des

autres modes d'instruction qui n'existaient pas alors : sans parler de l'étonnante facilité et de la prodigieuse rapidité des communications par la vapeur, par les chemins de fer et par les télégraphes électriques.

4° Ajoutons encore les avantages que chaque individu peut obtenir par la connaissance d'une langue universelle, soit en profitant dans sa patrie de tous les progrès dont nous avons parlé, soit en voyageant dans tous les pays du monde, et pouvant comprendre et être compris partout. Tels sont les avantages d'une langue universelle quelle qu'elle soit. Celle que nous proposons en offrira beaucoup d'autres. Nous n'en parlerons qu'après avoir fait connaître tout ce qui la concerne, afin qu'on puisse parfaitement les apprécier.

II. — Les pensées qui ont occupé les esprits sur cette matière sont devenues de nos jours un vrai besoin social fortement et vivement senti, qui demande à être satisfait; cette circonstance est un motif puissant pour espérer que la divine Providence viendra au secours de l'humanité, en la faisant marcher par la voie de progrès successifs selon ses incompréhensibles desseins. C'est pourquoi des savants, s'appuyant sur cette idée de la Providence et sans se fixer sur aucun plan ni sur aucun projet positif d'une langue universelle, ont un vif pressentiment et une conviction morale de la prochaine découverte de cette langue.

Il ne faut donc pas s'étonner de voir arriver ce moment. Cette confiance deviendra encore plus grande lorsqu'on se rendra compte de la pensée qui se présenta à nous comme une inspiration subite, laquelle comprend tout entière la langue que nous proposons. Cette pensée se réduit à établir une parfaite correspondance entre l'ordre naturel et logique des choses signifiées et l'ordre alphabétique des mots employés pour les exprimer.

En parlant d'une inspiration subite, nous ne voulons pas indiquer une inspiration surnaturelle, mais seulement la manière ordinaire qu'emploie la Providence en dirigeant toutes les causes naturelles pour arriver à l'accomplissement de ses desseins. Néanmoins nous ne pouvons pas méconnaître que cette pensée, aussi simple que féconde en résultats, n'est ancunement due à nos efforts. Nous en étions si éloigné, que l'idée de nous occuper de la formation d'une langue universelle ne s'était jamais présentée à notre esprit avant cette inspiration. Ainsi nous n'avons mis de notre côté qu'un peu de patience pour développer les détails de cette langue. Cela explique comment nous avons pu, avec très-peu de connaissances, avec une capacité très-médiocre, sans ressources extérieures d'aucun genre, exécuter le plan d'une entreprise qui se présente comme colossale, tandis que les hommes les plus distingués n'ont pas encore réussi à former un projet complet de langue universelle. Aussi avouons-nous avec une entière conviction, avec franchise et sans arrière-pensée, que les savants qui se sont occupés de ce sujet depuis Leibnitz jusqu'à nos jours auraient sans doute travaillé avec plus de succès, et qu'ils auraient fait beaucoup plus et beaucoup mieux dans quelques mois que nous n'avons fait dans les nombreuses années employées à cette tâche. Il se trouvera peut-être des personnes qui ne croiront pas à la sincérité de nos aveux. S'il y en a, nous les plaignons, parce que ce serait une preuve bien positive qu'elles ne se sentent pas assez de force pour sacrifier, dans de pareilles circonstances, leur amour-propre à la vérité.

Il ne serait pas hors de propos de parler ici des efforts qu'ont faits plusieurs philosophes, surtout depuis Leibnitz, pour préparer et pour rendre plus facile tout projet d'une langue universelle, au moins pour les savants. Mais le désir d'être court nous fait y renoncer pour le moment, d'autant plus que leurs observations sont trop générales et n'ont presque aucun rapport à la base unique sur laquelle se fonde notre projet tout entier.

III. — Voici l'ordre que nous allons suivre dans nos travaux :

1° Nous offrirons le projet de la langue universelle et sa grammaire dans tous ses détails ; savoir ses bases générales, l'alphabet, la formation de toutes les parties du discours, la syntaxe, la prosodie et l'orthographe ; avec les règles qui s'y rapportent.

2° Nous présenterons les propriétés qui caractérisent cette langue et qui sont les conséquences de ses principes constitutifs, et nous en déduirons ses avantages sur toutes les autres langues, même dans son état d'essai. Ces heureux résultats deviendront sans doute beaucoup plus remarquables par les améliorations qu'elle obtiendra, grâce au concours de lumières que fourniront les savants qui prendront part à sa formation définitive. Voyez les n°ˢ 51 et 52.

3° Nous examinerons les difficultés et les objections qu'on a proposées contre ce projet, en les faisant ressortir autant qu'il est possible de le faire. Ensuite nous donnerons les solutions et les explications que nous croirons convenables, en avouant sans détour les imperfections qu'on pourra trouver dans le projet.

4° Nous traiterons aussi quelques questions importantes sur le meilleur moyen de former cette langue d'une manière définitive. Pour contribuer selon nos forces à les résoudre, nous indiquerons les différents points qu'on doit discuter, et nous émettrons notre opinion avec plus ou moins d'assurance.

5° Nous ajouterons quelques appendices comme éclaircissement de quelques-unes des matières qu'on a traitées dans le Projet.

6° Nous publierons l'essai du dictionnaire tel que nous le comprenons maintenant, en engageant les savants à y travailler pour en corriger les fautes, pour en remplir les lacunes, et surtout pour améliorer et compléter les classifications relatives à l'histoire naturelle, à la médecine et à d'autres matières très-importantes.

7° Ce travail sera suivi d'un tableau synoptique du dictionnaire, qui rendra très-facile la connaissance de la langue.

PREMIÈRE SECTION.

GRAMMAIRE DE LA LANGUE DU PROJET.

CHAPITRE PREMIER.

BASES ET ALPHABET DE CETTE LANGUE.

IV. — *Bases.* Avant de parler des différentes parties qui composent la langue que nous proposons et d'en fixer les règles, nous établissons les bases suivantes (1) :

1° Toutes ses lettres se prononcent toujours et sans exception de la même manière, quelles que soient leur position et leur combinaison avec d'autres lettres.

2° On établit toujours, et pour toutes les matières, des règles fixes, constantes et fondées sur la nature des choses, en excluant toute exception et toute anomalie.

3° L'espèce de chacun des mots qui la composent

---

(1) Ces bases, et particulièrement la cinquième, pourront d'abord paraitre obscures; elles deviendront très-claires par les développements qu'elles reçoivent dans le cours du Projet.

(substantifs, adjectifs, verbes, adverbes, prépositions, conjonctions, etc.) est déterminée par leur lettre finale, d'une manière si simple et si sûre qu'on ne peut jamais se tromper ni les confondre avec d'autres mots.

4° Le genre, le nombre, le cas des noms ; la voix, le mode, les temps et les personnes des verbes ; la formation, la composition et la dérivation de tous les mots sont établis aussi par des moyens si simples et si constants qu'il ne peut y avoir ni doute ni méprise.

5° La signification de tous les mots et de chacun d'eux est fixée par la place qu'occupe dans l'alphabet chacune des lettres dont ils sont composés ; en outre elle est déterminée d'une manière si claire qu'elle ne peut non plus se confondre avec la signification d'autres mots.

V. — *Alphabet.* L'alphabet de cette langue est composé de vingt lettres que nous plaçons dans l'ordre suivant : *A*, *e*, *i*, *o*, *u*—*B*, *c*, *d*, *f*, *g*, *j*, *l*, *m*, *n*, *p*, *r*, *s*, *t*, *y*, qui est toujours consonne dans cette langue, *z* (1).

---

(1) On trouvera au n° 63 les motifs qui nous ont engagé à ne pas admettre, au moins pour le moment, un alphabet plus étendu.

L'ordre philosophique exigerait qu'on divisât les lettres en labiales, dentales, linguales, nasales, palatiales et gutturales. Mais cet ordre pourrait nuire à la clarté, et il ne serait pas uniforme pour tous les peuples. D'ailleurs l'utilité de cette division serait presque nulle, tandis que l'embarras serait très-grand pour les nations nombreuses qui sont habituées à l'ordre que nous avons adopté.

Nous y ajoutons, comme accessoires seulement pour les cas indiqués au n° 28, l'H plus ou moins aspiré et l'E plus ou moins muet, d'après les règles et les explications que nous y donnerons.

CHAPITRE II.

FORMATION DE TOUTES LES PARTIES GRAMMATICALES DE LA LANGUE.

VI. — *Substantifs et adjectifs.* Tous les substantifs sont des polysyllabes finissant par une voyelle. On les décline (1) par les cas suivants : Nominatif (c'est le sujet), accusatif (c'est le régime direct), datif (c'est le régime indirect), génitif et vocatif (2).

---

(1) Dans cette langue se trouve la déclinaison comme dans le latin, et en outre, la manière de remplacer les cas par une préposition, comme en français, en espagnol, en italien, etc.; ce qui la rend plus riche sans lui faire rien perdre de sa simplicité. En latin, on décline les noms, mais il y en a beaucoup qui sont indéclinables. Tels sont les substantifs terminés en *i* ou en *u*, presque tous les nombres cardinaux, les lettres des alphabets et quelques autres. Il y a encore des adjectifs indéclinables, tels que *frugi, nequam, nefas, fas, tot, totidem, quot, aliquot, quotquot.* Aussi le latin manque-t-il de moyens faciles pour fixer les cas de tous ces noms. Presque toujours aussi il y a des cas tout à fait semblables qui se confondent entre eux. La langue du Projet possède toujours des moyens très-simples pour distinguer le singulier et le pluriel et tous leurs cas.

(2) Cette langue manque d'ablatif comme le grec. Elle n'en a pas besoin, puisque la préposition qu'on sous-entend dans les autres langues doit être exprimée dans celle-ci.

La déclinaison se forme par les cinq monosyllabes, *la, le, li, lo, lu*, c'est-à-dire qu'on emploie chacun de ces monosyllabes pour chacun des cas dans l'ordre dans lequel nous les avons énoncés.

On les place après le substantif avec lequel ils ne font qu'un seul mot. On peut former aussi la déclinaison en mettant ces monosyllabes avant le substantif, et alors ils font deux mots.

Tous les adjectifs sont des polysyllabes qui finissent par N. On les décline en ajoutant à cette consonne une des cinq voyelles d'une manière analogue à la déclinaison des substantifs.

Tous les pluriels des substantifs et des adjectifs se forment en ajoutant une *s* au singulier.

Exemples : *Ibaca* (homme), *ibacala, ibacale, ibacali*, etc., ou *la ibaca, le ibaca, li ibaca*, etc. Pluriel : *Ibacas, ibacalas, ibacales*, etc., ou *la ibacas, le ibacas*, etc. Adjectifs : *Acuban* (beau), *acubana, acubane, acubani*, etc. *Acubanas*, etc., ou *la acuban, le acuban*, etc.

VII. — *Verbes*. Tous les verbes sont des polysyllabes qui finissent en *r*, précédé d'une voyelle : leurs lettres radicales se conservent toujours dans tous leurs temps et dans toutes leurs personnes. Ils sont tous réguliers et on les conjugue d'après les règles suivantes :

1° La condition spéciale des verbes, savoir : celle d'être *actifs, réciproques, neutres, impersonnels* ou *pas-*

sifs, se détermine respectivement par les voyelles *a*, *e*, *i*, *o*, *u*, classées immédiatement après les lettres radicales des verbes.

2° Les six premières consonnes *b*, *c*, *d*, *f*, *g*, *j*, placées après ces radicales (qu'il y ait ou qu'il n'y ait pas de voyelles interposées), signifient respectivement les six modes du verbe, savoir : *l'indicatif*, *le conditionnel*, *le subjonctif*, *le volitif*, *l'impersonnel* (très-mal appelé *infinitif*) et le *gérondif* (1).

3° Les trois premières voyelles *a*, *e*, *i*, placées à la suite d'une de ces consonnes, signifient respectivement les trois temps de ces modes, savoir : *le passé*, *le présent* et *le futur* (2). Si l'on y place deux voyelles, la première signifie le temps pris dans un sens absolu, et la seconde signifie le temps pris d'une manière relative au temps principal que l'on a exprimé par la première voyelle, c'est-à-dire qu'elle indique si c'est le temps antérieur, simultané ou postérieur au temps principal.

4° Pour indiquer la première personne du singulier on n'ajoute aucune consonne aux voyelles qui marquent le temps. On désigne les cinq autres personnes en y ajoutant les consonnes *l*, *n*, *r*, *s*, *t*.

----

(1) Voyez dans l'appendice Ier la théorie philosophique des verbes et les motifs très-puissants que nous avons eus pour adopter ces divisions et cette nomenclature.

(2) On en excepte le volitif qui signifie toujours, sans l'exprimer jamais, un acte présent de la volonté de la première personne du singulier, lequel se rapporte à un acte futur d'autres personnes ou de choses personnifiées.

Exemple de l'unique conjugaison de cette langue :
— Radical ou vrai infinitif : *Ucerar*, aimer.

Mode indicatif (absolu, indépendant de tout autre).
— Prétérit : J'aimai, *UceraRba* (1). (Prétérit antérieur :
J'avais aimé, *UceraRbaa*. Prétérit simultané : J'ai-
mais, *UceraRbae*. Prétérit postérieur : J'avais à aimer,
UceraRbai. Prétérit indéfini : J'ai aimé, *UceraRbao*).
Présent : J'aime, *UceraRbe*. Futur : J'aimerai, *Uce-
raRbi*. (S'il est antérieur : J'aurai aimé, *UceraRbia*;
s'il est postérieur : J'aurai à aimer : *UceraRbii*).

Mode conditionnel. — (Il dépend d'une condition
explicite ou tacite.) Prétérit : J'aurais aimé, *Uce-
raRca*. Présent : J'aimerais, *UceraRce*. Futur : J'aurais
à aimer, *UceraRci*.

Mode subjonctif. — (C'est un mode relatif et subordonné à un autre verbe que l'on appelle déterminant. Il est précédé d'une conjonction explicite ou
tacite comme : *que*, *pourvu que*, etc.) Prétérit : Que
j'aie aimé, *UceraRda*. (Prétérit antérieur : Que j'eusse
aimé, *UceraRdaa*. Prétérit simultané : Que j'aimasse,
UceraRdae. Prétérit postérieur : Que j'eusse à aimer,

---

(1) Nous avons mis entre parenthèse ces modifications du prétérit et du
futur, parce qu'elles n'existent pas dans quelques langues et parce qu'elles
ne sont pas tout à fait nécessaires. On trouvera au premier appendice la
manière de former les modifications d'antériorité, de simultanéité et de
postériorité que plusieurs autres temps admettent et que nous n'avons pas
détaillées.

On réserve l'*o* et l'*u* pour des cas extraordinaires ; on pourrait les employer dans des circonstances où il y aurait de l'obscurité et où il serait
difficile de fixer les temps précis : ce qui arrive parfois dans les traductions.

UceraRdai). Présent : Que j'aime, *UceraRde*. Futur :
(il manque en français) *UceraRdi*.

Impératif ou mieux Volitif. — (C'est un mode tout
à fait spécial en lui-même et dans la manière dont
nous l'appliquons.) Volitif en général : Aime, *Uce-
raRfal* (1). Impératif : Aime, *UceraRfel*. Supplicatif :
Aime, *UceraRfil*. Excitatif : Aime, *UceraRfol*. Permis-
sif : Aime, *UceraRful*.

Mode infinitif ou mieux impersonnel. — (C'est un
substantif.) Prétérit : Avoir aimé, *UceraRga*. — Présent : Aimer, *UceraRge*. — Futur : Avoir à aimer,
UceraRgi.

Participe (2). — Prétérit : Qui aima ou qui aimait,
UceraRgan. — Présent : Aimant (celui qui aime), *Uce-
raRgen*. — Futur : Celui qui aimera, *UceraRgin*.

Gérondif. — Prétérit : Ayant aimé, *UceraRja* (3).
— Présent : En aimant, *UceraRje*. — Futur : Ayant
à aimer, *UceraRji*.

Exemples de quelques temps pour l'exercice des per-

---

(1) A *l'impératif* on ajoute la consonne *l* comme signe de la seconde
personne du singulier : dans les *participes*, on ajoute *n*, parce qu'ils
sont des adjectifs.

(2) Le participe est l'adjectif du mode impersonnel (*vulgo infinitif*),
comme nous verrons dans l'appendice cité plus haut. C'est pourquoi, pour
le former, nous nous contentons d'ajouter l'*n* caractéristique des adjectifs. Le participe est un temps relatif et non pas absolu, il équivaut à ces
tournures : *ayant aimé, aimant, ayant à aimer*, et dans la voix passive,
ayant été aimé, étant aimé, ayant à être aimé.

(3) En latin, il n'y a que le gérondif présent. Le prétérit et le futur
sont remplacés par ces tournures : *cum amarissem, cum amaturus essem.*

sonnes du singulier et du pluriel. — J'aimai : *UceraRba.*
Tu aimas : *UceraRbal.* Il aima : *UceraRban.* Nous ai-
mâmes : *UceraRbar.* Vous aimâtes : *UceraRbas.* Ils
aimèrent : *UceraRbat.* == J'aime : *UceraRbe.* Tu
aimes : *UceraRbel.* Il aime : *UceraRben.* Nous aimons :
UceraRber. Vous aimez : *UceraRbes.* Ils aiment :
UceraRbet. == J'aimerais, tu aimerais, etc. : *UceraRce,
UceraRcel, UceraRcen, UceraRcer, UceraRces, Uce-
raRcet.*

Nota. — Pour mieux comprendre ce que nous
avons dit sur les verbes, voyez l'appendice 1er, au
n° 67.

SUBSTANTIFS ET ADJECTIFS VERBAUX.

VIII. — Les noms *verbaux* se forment en ajoutant
une syllabe à l'infinitif. S'ils sont des adjectifs, ils
prennent un *n.* On emploie les consonnes *m, n* et *p,*
placées après le radical des verbes pour former les
noms verbaux actifs, passifs et de circonstances de la
manière suivante :

On emploie la syllabe *ma* pour signifier l'agent
(c'est-à-dire la personne ou la chose à laquelle l'action appartient), tels que *peintre, amateur.* On emploie la syllabe *me* pour signifier l'action considérée
dans l'agent, tels que *méditation, jugement.* On emploie *min,* adjectif, pour signifier la qualité active,
tels que *offensif, agréable, nourrissant.*

On emploie *na* pour la chose faite : *Une peinture,*

un tissu, *un dessin; Ne*, pour l'action comme reçue par une personne ou une chose : *Crainte de la mort, haine du péché, amour de la vertu; Ni*, pour exprimer la capacité : *Visible, tolérable; No*, pour la facilité : *Fragile, malléable; Nu*, pour le mérite : *Vénérable, louable, aimable.*

On emploie *pa* pour exprimer l'endroit où se passe l'action : *Dortoir, parloir, promenade, oratoire; Pe*, pour le temps : *Vendange, moisson, vacances; Pi*, pour l'objet où se passe l'action : *Siége, couche, baignoire; Po*, pour l'instrument de l'action : *Rasoir, peigne, pinceau, couverture.*

IX. — *Adverbes.* Tous les adverbes, soit monosyllabes, soit polysyllabes, finissent en *c*. Presque tous dérivent d'autres mots par l'addition de cette consonne.

X. — *Prépositions.* Toutes les prépositions sont des monosyllabes (1) qui commencent par une consonne et finissent par une voyelle. On les place ordinairement avant les substantifs ou les mots substantivés auxquels elles se rapportent. Presque toutes peuvent

---

(1) Nous entendons toujours par monosyllabes les mots où il y a deux ou trois voyelles réunies ensemble, telles que *nui, ael, aoil, bao, daen, foin, baoe, coai.* Nous avons employé très-rarement cette espèce de monosyllabes dans la grammaire et dans le dictionnaire; mais c'est une immense réserve pour de nouveaux besoins qui pourront se manifester.

devenir adverbes en prenant le *c*. On les divise en plusieurs classes, distribuées d'après la nature des rapports qu'elles signifient. Voici la liste des prépositions principales.

Rapports de proximité. — BA : *intra* (1), au-dedans de. — BE : *in* (régissant l'ablatif), dans. — BI : *per*, par. — BO : *inter*, entre. — BLA : *extra*, hors. — BLE : *super*, sur. — BLI : *supra*, au-dessus de. — BLO : *sub*, sous. — BLU : *infra*, au-dessous de. — BRA : *juxta*, près de. — BRE : *secus*, le long de. — BRI : *circum*, autour de. — BRO : *prope*, auprès de. — BRU : *procul*, loin de.

Rapports de position. — CA : *ante*, avant. — CE : *præ*, au-devant de. — CI : *post*, derrière. — CO : *retro*, en arrière de. — CU : *contra*, *adversus*, vis-à-vis de. — CLA : *cis*, en deçà de. — CLE : *citra*, de ce côté de. — CLI : *trans*, au delà de. — CLO : *ultra*, de l'autre côté de. — CRA : *a*, *de* (pour signifier l'origine), de. — CRE : *e*, *de*, dès. — CRI : *usque*, jusqu'à. — CRO : *in* (régissant l'accusatif), envers. —

---

(1) Nous avons ajouté à la traduction française l'expression latine, afin de mieux préciser le sens.

Presque toutes ces prépositions latines admettent d'autres significations. Ces changements du sens sont plus nombreux et irréguliers, lorsque les prépositions sont employées à composer les mots. En outre, très-souvent elles perdent ou changent leurs lettres primitives et même elles en prennent d'autres tout à fait différentes. Voyez la note du n° 31 où l'on trouvera de très-nombreux exemples de ces anomalies. On évite dans la langue du projet toutes ces irrégularités et les graves inconvénients qui en résultent.

CRU : *versus*, *ad* (avec mouvement ou direction), vers.

Rapports de présence. — DA : *coram*, en présence de. — DE : *ante*, devant. — DI : *apud*, chez. — DO : *clam*, en cachette de.

Rapports de cause, d'influence et d'exclusion. — FA : *a*, *e* (pour signifier la matière), de. — FE : *de*, *a* (provenance), de. — FI : *a*, *ab* (l'agent), par. — FO : *propter* (la cause), par. — FU : *propter*, *ob* (le but), pour. — FLA : *cum* (instrument), avec. — FLE : *cum* (société), avec. — FLI : *pro* (substitution), pour. — FLO : *pro* (faveur), en faveur de. — FLU : *contra*, contre. — FRA : *sine*, *absque*, sans. — FRE : *præter*, outre. — FRI : *excepto*, excepté. — FRO : *a*, *ab* (séparation), de. FRU : *abs*, sans.

Rapports de ressemblance et rapports généraux.— GA : *juxta*, selon. — GE : *secundum*, d'après. — GI : *ad*, conformément à. — GO : *instar*, à la manière de. — GLA : *circa*, sur. — GLE : *de*, *super*, touchant. — GLI : *erga*, envers. — GLO : *quoad*, relativement à. — GLU : *ad*, à.

Déclinaison. — LA : nominatif. — LE : régime direct ou accusatif. — LI : régime indirect ou datif. — LO : génitif. — LU : vocatif.

Supplément d'une préposition sous-entendue. — MA : pour la cause. — ME : pour le moyen ou l'instrument. — MI : pour la manière. — MO : pour le lieu. — MU : pour le temps.

Régime spécial. — NA : pour les verbes. — NE :

pour les adjectifs. — NI : pour les comparaisons. — NO : pour les ablatifs absolus. — NU : pour tout autre régime non compris dans les précédents.

Nota. 1° On doit remarquer ici la variété et l'exactitude de cette langue. Chaque préposition exprime une nuance spéciale et le mot reste toujours le même, tandis que dans le latin et dans les autres langues, le même mot a plusieurs significations, ce qui fait naître la confusion; et en outre le mot varie par addition, retranchement ou substitution de lettres, de sorte qu'il est très-difficile de le reconnaître.

Nota. 2° Les prépositions latines qui ne sont pas détaillées dans cette liste équivalent ordinairement, quant à la signification, à celles que nous avons énumérées et qui peuvent les remplacer. Ainsi *subter, pone, tenus,* qui équivalent à *sub, post, usque,* peuvent être traduites par *blo, ci* et *cri.*

Pour exprimer les nuances qui peuvent se trouver dans des prépositions qui offrent le même sens, il suffirait de leur ajouter une voyelle : *Bloa, cie, crio.*

Quant aux prépositions dont la signification diffère beaucoup de celle des prépositions que nous avons énoncées, on les formera avec les initiales p, r, s, t, y consonne et z, qui ne sont pas encore employées (1).

____

(1) Si les besoins scientifiques l'exigeaient, on pourrait employer les

XI. — *Conjonctions.* Les conjonctions sont des monosyllabes qui commencent par une consonne et finissent par un *l.* Voici la liste des principales conjonctions, distribuées par classes d'après leur signification.

Copulatives et disjonctives. — BAL : *et, atque,* et. — BEL : *que* (placé après), et. — BIL : *nempe, scilicet,* savoir. — BOL : *prout, ut,* comme. — BUL : *quatenus, ut, tanquam,* en. — BRAL : *aut, seu,* ou. — BREL : *vel, ve,* ou. — BROL : *neque, nec,* ni.

Extensives. — CAL : *præterea,* en outre. — CEL : *insuper,* de plus. — CIL : *quoque,* aussi. — COL : *etiam,* encore. — CUL : *necnon,* et. — CRAL : *tum,* soit. — CREL : *cum,* soit. — CRIL : *tam, tanto,* si, aussi. — CROL : *quam, quanto,* que.

Argumentatives. — DAL : *atqui,* or. — DEL : *sed,* mais. — DIL : *ergo,* donc. — DOL : *igitur,* donc. — DUL : *proinde,* par conséquent.

Ampliatives. — FAL : *quod,* que. — FEL : *itaque,* c'est pourquoi. — FIL : *autem,* mais. — FOL : *porro,* or. — FUL : *quidem,* à la vérité. — FRAL : *ergo,* donc. FREL : *igitur,* donc. — FRIL : *cum,* lorsque, comme.

Adversatives. — GAL : *licet, etsi,* bien que. — GEL : *quamvis,* quoique. — GIL : *tamen,* cependant. — GOL : *verum,* néanmoins. — GUL : *sed, at,* mais. — GRAL : *alias, aliter,* autrement. — GREL : *secus,*

---

triphthongues et même les quatriphthongues pour former de nouvelles prépositions, sans compromettre la clarté de leur signification.

sin, d'une autre manière. — GRIL : *sin minus, sin aliter*, différemment. — GROL : *imo, imo potius*, bien plus. — GRUL : *quin potius*, qu'au contraire.

Comparatives. — JAL : *sicut*, comme. — JEL : *velut*, comme. — JIL : *quemadmodum*, de la même manière. — JOL : *ita*, ainsi — JUL : *sic*, pareillement.

Causales. — LAL : *nam, namque*, car. — LEL : *enim, etenim*, en effet. — LIL : *quia, quoniam*, parce que. — LOL : *ideo, idcirco, propterea*, pour cela. — LUL : *quapropter, quamobrem*, à cause.

Finales. — MAL : *ut*, afin que. — MEL : *ne*, afin que ne. — MIL : *nequando*, de peur que ne. — MOL : *ut, ita ut*, de sorte que. — MUL : *utnon*, de manière que ne.

Conditionnelles. — NAL : *si*, si. — NEL : *modo, dummodo*, pourvu que. — NIL : *nisi*, si ce n'est. — NOL : *excepto*, excepté. — NUL : *modo non*, pourvu que ne.

Temporaires. — PAL : *cum*, lorsque. — PEL, *quando*, quand. — PIL : *dum*, tandis que. — POL : *tamdiu*, autant que. — PUL : *quamdiu*, que. — PRAL : *antequam*, avant que. — PREL : *postquam*, depuis que. — PRIL : *donec*, jusqu'à ce que. — PROL : *deinde*, ensuite. — PRUL : *denique*, enfin.

Autres pour éviter les répétitions. — ZAL : *que* (placé après le mot) ZEL : *et*, et. — ZIL : *quod*, que.

Nota. On peut appliquer aux conjonctions qui ne seraient pas comprises dans cette liste ce que nous avons dit ci-dessus sur les prépositions. Ainsi les conjonctions : *Sive, etiamsi, quamquam* et *attamen*, qui équivalent à *seu, etsi, quamvis* et *tamen*, peuvent être traduites par : *Blal, gal, gel* et *gil*. Si on les prend dans un sens un peu différent, on devra dire : *Blael, gael, geil* et *giol*. Exemple : *Ut vidit* n'a pas le même sens que *postquam vidit*, quoique la signification soit à peu près la même. Ainsi, au lieu de dire : *Prel* (postquam), on dira : *Preal* (ut, statim ac).

Si un plus grand nombre de conjonctions était nécessaire, on pourrait ajouter une seconde consonne. Par ce moyen, on peut enrichir la langue de plusieurs mots, sans compromettre sa simplicité.

Si le sens d'autres conjonctions non comprises dans la liste était trop différent du sens de celles que nous avons énumérées, on les formera avec les consonnes non encore employées, savoir : R, S, T, Y consonne et Z.

XII. — *Interjections* (1). Elles terminent toutes en F, qu'elles soient monosyllabes ou polysyllabes.

---

(1) Quant à la manière dont chaque peuple et même chaque personne emploie ces interjections sous l'empire de sentiments divers, il est inutile de vouloir fixer des règles. Ces interjections par leur nature ont des variations et des nuances innombrables quant à leur son et à leur signification ; variations, qu'il est impossible de bien représenter dans l'écriture : ce qui augmente de beaucoup les difficultés, lorsqu'il est question d'une

Liste des interjections principales. — AF : quelle peine! quelle douleur! — *aef* : quel repentir! quel regret! — *aif* : quelle fatalité! quel malheur! — *aof* : quelle pitié! quelle compassion! — *auf* : quelle peur! quelle frayeur! = EF : quelle indignation! quelle fureur! — *eaf* : quelle haine! quelle aversion! — *eif* : quelle insulte ! quel outrage! — *eof* : quel mépris! quelle moquerie! = IF : quel plaisir! quelle joie! — *iaf* : quel bonheur! quelle félicité! — *ief* : quel hasard! quelle chance! = OF : exclamation et invocation : mon Dieu! oh! — *oaf* : écoutez ! tenez! regardez! (*en, ecce* du latin) — *oef* : courage, alerte! allons! — *oif* : chut! silence! = UF : va-t'en, arrière! — UAF : fi donc! pouah! — *uef* : quelle honte! quelle infamie !

En outre on peut former d'autres interjections ou exclamations dérivant de substantifs qui signifient le sentiment qui domine celui qui parle, comme quand on dit : quelle imprudence! quelle sévérité ! quelle obstination! quelle affabilité! — Pour les former il suffit d'ajouter à ces substantifs la consonne *f*. En outre on doit les accompagner d'un ton analogue aux sentiments qu'on veut exprimer, ce qui est très-important.

---

langue universelle. Mais on peut très-bien fixer les signes avec lesquels on exprime ces sentiments dans un récit. Cela suffit pour cette langue.

Le régime ordinaire des interjections doit être le datif, comme en latin et en français : *væ tibi, heu mihi*, malheur à toi, malheur à moi.

XIII. — *Articles et genres.* Les articles sont des monosyllabes qui commencent par une voyelle et finissent par un *l* (1). Nous en admettons quatre, dans l'ordre suivant : le premier (*al*), pour déterminer les noms propres et les distinguer des noms communs ou appellatifs. Le second (*el*), pour les noms pris dans leur sens général : *l'homme* (c'est-à-dire l'homme en général ou tout homme) *est mortel. Les végétaux* (c'est-à-dire tous les végétaux) *sont des corps.* Le troisième (*il*), pour les noms pris dans un sens déterminé, ce qui se connaît par l'emploi d'un relatif ou par quelque autre circonstance particulière : *La femme qui entre ; la reine est à la promenade ; M. le curé dira la messe.* Le quatrième (*ol*), pour le sens indéterminé, soit de choses qui se comptent, tels que : *Chaise, chevaux, homme ;* soit des choses qu'on ne compte pas, tels que : *L'eau, les vents, les blés, la chaleur,* etc. (2).

----

(1) Les articles ne sont pas absolument nécessaires dans les langues, et le latin n'en a pas. On les emploie souvent dans d'autres langues ; mais ordinairement on peut les supprimer. Cependant ils sont parfois très-utiles et rendent la phrase plus claire. Aussi la langue universelle, si riche sur tous les autres points, ne doit-elle pas manquer de cette ressource. Quant à l'emploi de ces articles, on peut l'abandonner jusqu'à un certain degré à la discrétion des auteurs. Voyez ce que nous en disons au n° 66.

(2) Pour bien placer les articles en français, il faut distinguer deux espèces de choses indéterminées. Cette distinction nous parait raisonnable, et nous l'avions adoptée en destinant d'abord la syllabe *ul* pour la seconde espèce ; mais nous l'avons abandonnée parce qu'elle est embarrassante pour les peuples qui n'y sont pas habitués. D'ailleurs elle n'est pas nécessaire, puisque ces peuples s'entendent bien sans la connaitre.

Ordinairement on peut employer une autre manière plus simple, en remplaçant les monosyllabes *al*, *el*, *il*, *ol*, par les voyelles *a*, *e*, *i*, *o*, en les ajoutant au signe de la déclinaison *la*, *le*, *li*, *lo*, *lu*. Ex. : *Ibacala* (homme au nominatif), *il abacala* ou *ibacalai* (l'homme). Mais on ne peut pas employer cette dernière tournure lorsque le substantif est régi par une préposition.

Genres (1). Les genres des noms substantifs (les adjectifs n'en ont point) sont exprimés par des mono-syllabes qui commencent par une voyelle et finissent par un *n*. Nous en admettons trois : *an* pour le mas-culin, *en* pour le féminin, *in* pour l'épicène. Pour exprimer que les adjectifs sont pris comme des sub-stantifs on emploie la syllabe *un* avant l'adjectif. Il y a un autre moyen d'exprimer les adjectifs substan-

---

(1) Dans une langue philosophique on ne doit assigner aucun genre au nom des objets qui n'ont pas de sexe. Pour ceux qui ont sexe, le mâle et la femelle sont souvent désignés par des noms différents : *l'homme, la femme, le père, la mère, le fils, la fille, le mouton, la brebis.* Dans la langue du projet, on pourrait, pour former les noms de la femelle, ajouter un *e* au nom du mâle : *ibaca* (l'homme), *ibacae* (la femme).

Lorsque la désignation du sexe n'est pas nécessaire, on n'a souvent qu'un nom pour exprimer les deux sexes : *aigle, souris,* etc.; mais on peut toujours distinguer le sexe par l'addition des mots *mâle* ou *fe-melle : aigle femelle, souris mâle,* etc. C'est pourquoi nous avons dit que le genre n'est pas nécessaire pour former une bonne langue.

Cependant nous avons destiné dans la langue du projet des mots pour désigner les genres des noms des objets qui ont un sexe, afin qu'il ne lui manque rien des choses utiles qu'offrent les autres langues. Notre méthode évite les nombreux embarras et les innombrables difficultés qu'on ren-contre sur ce point dans les autres idiomes.

tivés ; c'est d'ajouter un *u* avant l'*n* final. Exemple :
Acuban (beau), *un acuban* ou *acubaun* (le beau).

XIV. — *Noms peu susceptibles d'être traduits clairement.* — Ce sont tous les noms propres et plusieurs
autres qui ne sont usités que dans certains pays. On
les désignera par des diphthongues initiales que l'on
mettra avant le mot qui ne se traduit pas. Nous les
exposerons de la manière suivante :

AE. Cette diphthongue sera mise devant les noms
des mâles, en y comprenant les dieux et les génies.
— Ai : s'emploie devant les femelles, en y comprenant
les déesses, les muses, etc. — Ao : devant les emplois civils et militaires, etc. — Au : devant les emplois relatifs à des affaires religieuses. = Exemples :
ae Noé, ai Saru, ao Cacique, au Marabut.

Ea : on l'emploie devant les noms des différentes
parties du monde, des pays, des continents, des îles,
des royaumes, des provinces, etc. — Ei, pour les
mers, les rivières, lacs, etc. — Eo, pour les villes, les
bourgs, les villages, les châteaux, etc. — Eu, pour
les planètes, les étoiles, les constellations, etc.
Exemples : *ea Aragon, ei Rhin, eo Paris, eu Venus.*

Ia : on l'emploie devant les noms particuliers de
certains animaux qui étant inconnus dans certains
pays, ou par d'autres causes analogues, n'ont pas
de noms déterminés ou fixés dans les classifications

générales du dictionnaire (1) — Ie : pour les végétaux et les minéraux qui sont dans le même cas, — Io : idem pour les vêtements et ornements, — Iu : idem pour les meubles et instruments.

Oa : on l'emploie devant les noms des mesures de longitude, — Oe, pour celles de surface et de capacité, — Oi, pour les poids, — Ou, pour les monnaies. Exemples : *oa Vara*, *oe Estadal*, *oe Fanega*, *oi Adarme*, *ou Peseta*.

Ua, ue, ui, pour des imprévus qui seront fixés par l'usage, — Uo, pour les objets dont on ne veut, ou dont on ne peut pas déterminer la classe.

XV. — *Mots modificatifs*. Les mots destinés à modifier la signification des autres mots sont des monosyllabes qui commencent par une consonne et finissent par un *n* (2).

Liste des mots modificatifs distribués par classes.

Comparatifs en plus. = BAN, un peu plus ; — BEN :

---

(1) Cette condition s'applique à plusieurs autres sujets, tels que les aliments, les armes, les impôts, les jeux, etc. On peut diviser ces objets et les subdiviser en plusieurs classes pour leur appliquer ces monosyllabes d'après l'ordre alphabétique. Quant au nombre de ces monosyllabes, on peut voir, au n° 40, qu'il s'élève jusqu'à plusieurs milliers, en y employant des triphthongues et des consonnes finales. On comprend que cette langue possède des ressources immenses pour exprimer avec ordre et beaucoup de facilité toute espèce d'objets connus dans certains pays, bien qu'on ne les connaisse pas dans les autres.

(2) Plusieurs de ces modificatifs peuvent devenir adverbes par l'addition de la consonne *c*.

plus — BIN : beaucoup plus — BON : beaucoup beaucoup plus.

Comparatifs en moins = CAN : un peu moins — CEN : moins — CIN : beaucoup moins — CON : beaucoup beaucoup moins.

Comparatifs d'égalité = DAN : si, aussi (suivi de que) DEN : à peu près — DIN : presque autant — DON : presque le même.

Comparatifs de proportion = FAN = plus (lorsqu'il est suivi dans le second membre de la phrase de *plus* ou *moins*) FEN : moins (dans le même cas) FIN : plus (au second membre) FON : moins (au second membre).

Superlatifs = GAN : beaucoup, très, bien, fort, — GEN : très-considérablement, beaucoup beaucoup — GIN : le plus — GON : tellement que — GUN : d'autant plus que —

Augmentatifs = JAN, augmentatif ordinaire — JEN : idem exagéré — JIN : idem d'éloges — JON : idem de mépris.

Superlatifs de modicité = LAN : peu — LEN : très-peu — LIN : le moins — LON : aussi peu que — LUN : d'autant moins que.

Diminutifs = MAN : diminutif ordinaire — MEN : idem exagéré — MIN : idem pour l'éloge — MON : pour le mépris.

Négatifs = *Nan* : négatifs ordinaires ; tels que *pas* français, *non* latin, *no* espagnol. Exemples : *Impuissant, incapable*. Ces négatifs peuvent être appliqués à des enfants.— *Nen*, très-négatif; tel que : *Point* français, *nullatenus* latin ; *de ningun modo*, espagnol — *Nin* privatif, tel que : *détrôné, dégradé* — *Non* destructif, tels que : *dissuader, désordonné.* — *Nun*, contraire; tels que : *impudique, impie, irréligieux.* On ne peut pas appliquer ces derniers adjectifs à des enfants, comme on leur applique les négatifs simples.

Graduels=*Pan*, on l'emploie pour signifier une action et une qualité dans son commencement. Exemple : *poindre*, en parlant du jour; *éclore*, pour l'ouverture des fleurs ; *verdâtre, rougeâtre*, etc. — On emploie *pen* pour indiquer une action, une chose incomplète, comme *sommeiller.*

Pin indique une répétition : *renaître, reproduire.*

Pon signifie une répétition réitérée : *marchander, grogner*, etc.

Voyez le numéro 44, où l'on donne une étendue beaucoup plus grande à ces nuances et à ces modifications.

XVI. — *Noms techniques.* = Nous croyons qu'il est très-utile d'employer les monosyllabes qui commencent par une consonne et finissent en R, pour désigner les mots techniques des sciences et des arts, de manière que ces monosyllabes désignent clairement, non-seulement que les mots sont techniques, mais encore qu'ils appartiennent à telle ou à telle classe. Nous nous abstenons à présent de faire cette classification pour n'être pas trop long. Nous nous conten-

tons donc d'indiquer combien on peut tirer d'avantages de cette ressource très-simple pour désigner les
objets, les qualités et les opérations techniques des
sciences, des arts, des métiers, etc..., avec leurs
nombreuses subdivisions, qui pourraient être classées
toutes par l'ordre alphabétique de cette espèce de
monosyllabes.

Pour connaître l'étendue qu'on peut donner à cette
matière sans nuire à la simplicité du système adopté,
il suffit de considérer le grand nombre de monosyllabes qu'on peut appliquer à ces classifications (1).

XVII. — *Mots métaphoriques.* = Les monosyllabes
qui commencent par une consonne et finissent par S,
pourront être employés pour signifier que les mots
qui les suivent sont pris dans un sens métaphorique.
Dans la langue universelle, on n'admet pas de changements de lettres ni de mots, excepté ceux autorisés
par les licences indiquées au n° 28, parce que leurs
règles sont tellement fixes qu'elles ne donnent lieu ni
à des méprises ni à des doutes.

Cependant il est convenable et même nécessaire

---

(1) Ces monosyllabes, quand on emploie des diphthongues pour les former, sont au nombre d'environ huit cents; en employant des triphthongues, ils vont jusqu'à trois mille. Par l'addition d'une consonne, on
peut les porter jusqu'à trente mille, et l'on pourrait les multiplier indéfiniment en ajoutant une syllabe, à la seule condition de mettre un trait
d'union après les monosyllabes, pour ne pas confondre ces mots avec d'autres polysyllabes.

Ces monosyllabes seraient une espèce de génitifs abrégés du mot principal, qui siéraient très-bien dans toutes les matières.

d'admettre trois classes de figures ou métaphores de sens.

1° La substitution de certains mots plus décents, lorsque les mots propres pourraient blesser la morale, la délicatesse ou la pudeur : tels sont ceux qui expriment certains objets ou certaines actions sur la nature desquelles nous n'avons pas besoin de nous expliquer davantage.

2° Les métaphores où l'on emploie les noms d'un objet, d'une qualité, d'une action pour en signifier d'autres, à cause du rapport qui se trouve entre ces objets par leur ressemblance, par leur participation ou par d'autres motifs. Exemple : l'aurore des sciences, le fléau de Dieu.

3° Plusieurs figures de rhétorique, telles que l'hyperbole, l'ironie, la personnification, etc.

Ces trois classes de figures, étant fondées sur la nature de l'homme, sont communes à tous les temps et à tous les pays. Nous n'en donnons pas de détails, et nous renvoyons pour tout ce qui concerne ce sujet au numéro précédent (1).

---

(1) On pourrait classer ces monosyllabes dans l'ordre suivant : 1° ceux qui commencent par *B* (*bas, bes, bis, bos, bus*) seraient destinés pour éviter certains mots qui blessent la morale, la décence, la délicatesse ou la politesse, et les remplacer par d'autres qui n'auraient pas cet inconvénient; 2° ceux qui commencent par C, D, F, L et J, seraient employés pour les différentes espèces de métaphores distribuées par classes (ceux qui commencent par L ne peuvent s'appliquer à cet emploi, parce qu'ils sont destinés exclusivement à désigner les pluriels du nominatif, de l'accusatif, du datif, du génitif et du vocatif); 3° ceux qui commencent par

XVIII. — *Mots dérivés*. Dans cette langue tous les mots dérivés sont si clairement fixés dans leur formation et dans leur signification, qu'il n'y a jamais danger de se tromper. C'est une circonstance très-importante, qui distingue cette langue de toutes les autres et qui lui donne une supériorité très-remarquable. Voyez ce sujet développé à la note du n° 31.

On distingue trois classes de dérivés, savoir : les dérivés des substantifs, des adjectifs ou des verbes. La racine se conserve toujours tout entière et sans aucun changement dans les dérivés, et ils prennent une syllabe qui fixe leur sens d'une manière très-claire et non équivoque. Voyez le détail à l'addition qui fait suite au Dictionnaire.

XIX. — *Mots composés*. Dans cette langue les mots composés ont sur les composés des autres langues le même caractère de supériorité que les mots dérivés. En effet, les mots dont ils sont composés ne subissent, ni dans la composition ni dans la signification, aucun changement qui puisse les rendre équivoques, comme il arrive très–fréquemment dans les composés des autres langues. Voyez ce sujet développé par des exemples très-nombreux à la note du n° 31.

M, N, P, R, S, T, Y consonne et Z seraient destinés pour les figures de rhétorique distribuées par classes.

CHAPITRE III.

SYNTAXE.

XX. — La syntaxe de cette langue est tellement simple qu'on peut la réduire à remarquer qu'on doit suivre partout les règles indiquées par la nature, sans admettre aucune exception ni anomalie. Aussi les principes de la grammaire générale seront-ils nos guides, indépendamment de la syntaxe de toute langue particulière. Si nous employons le langage et les exemples de la langue latine, c'est pour nous faire mieux comprendre; mais nous ne la prenons pas comme modèle, et nous nous en séparons dans tout ce qu'elle a de peu conforme à l'exactitude philosophique (1).

Nous parlerons donc des accords, du régime et de l'ordre des mots dans cette langue.

XXI. — *Accords*. Les accords peuvent se réduire à quatre espèces. Le premier accord est celui des substantifs qu'on appelle d'apposition : ils s'ac-

---

(1) Cependant nous suivons ordinairement les tournures de la langue latine, parce qu'elles sont généralement connues des personnes instruites dans les pays les plus civilisés, et parce que plusieurs idiomes européens s'y conforment très-souvent. Ces circonstances contribueront à rendre plus facile l'usage de la langue du projet.

cordent seulement en cas et non pas en nombres, avec les substantifs auxquels ils se rapportent (1).

Le second est celui des adjectifs : ils s'accordent avec leurs substantifs ou mots substantivés, en nombres et en cas (2).

Le troisième est celui du rélatif : il s'accorde avec son antécédent en nombres, mais non en cas. C'est ce qui arrive aussi dans le *qui* latin.

Le quatrième est celui des verbes : ils s'accordent avec le sujet en nombres et en personnes. Nous devons remarquer que dans la langue du projet l'accord n'a lieu dans le pluriel que lorsqu'il se rapporte à un pluriel ou à plusieurs singuliers.

On doit donc faire disparaître toutes les autres règles ou plutôt les anomalies que l'usage autorise dans d'autres langues pour les noms collectifs et autres cas exceptionnels.

XXII. — *Régime.* Pour fixer le régime des diffé-

---

(1) Exemples pris du latin : *Urbs Roma*, *Æsopo auctori*, *Tulliæ deliciis nostris, urbis Athenarum; te declaro, facio, inscribo consulem; tenebras appellavit noctem*, etc.

(2) Nous ne parlons pas de l'accord des adjectifs en genre, parce qu'il ne doit pas y en avoir, et c'est ce qui arrive en anglais et qui a lieu pour les verbes en latin et dans la plupart des langues. Quant aux adjectifs, le français et plusieurs autres idiomes en offrent beaucoup dans lesquels le masculin et le féminin ne diffèrent point entre eux. Le latin même en a quelques-uns qui sont indéclinables et un très-grand nombre dont les terminaisons masculines et féminines sont les mêmes.

rentes parties du discours, nous parcourons les divers cas où il peut avoir lieu.

Le premier et le principal est celui des verbes actifs transitifs. L'objet qui supporte l'action du verbe s'appelle régime direct, et on le met à l'accusatif. Lorsqu'on emploie la voix passive, ce régime direct devient le sujet du verbe, et on le met au nominatif. Dans ce dernier cas, celui qui était le sujet et nominatif de la voix active, s'emploie avec la préposition *fi* (*par*, français). Exemple : *J'aime Dieu, Dieu est aimé par moi : Saba uceraRbe le Nabe, la Nabe uceraRuben fi Saba.*

Cette règle n'offre aucune difficulté dans les cas ordinaires, mais on peut se trouver embarrassé lorsque les verbes, ayant la même signification, ont un régime direct dans certaines langues et un régime différent dans d'autres. Dans ces cas, la simplicité de la langue universelle demande qu'on préfère le régime direct. Par la même raison, il est convenable de donner ce même régime aux verbes dont la signification admet l'emploi de la voix active, bien qu'on ne l'admette pas dans les langues plus connues parmi nous. Tels sont les verbes que nous citons au bas de la page (1) et mille autres.

---

(1) Exemples des verbes latins dont le régime n'est pas direct et qui traduits dans la langue universelle pourraient l'admettre : *Studeo, vescor, blandior, utor, opitulor, subvenio, fruor, officio, resisto, pareo, præsto, egeo, indigeo, invideo.* Il se présente ici une question qu'on doit examiner,

Le second régime, nous l'appelons indirect. C'est celui qu'on met ordinairement au datif en latin. On le met aussi au datif dans la langue du projet et on l'emploie avec les verbes, les adjectifs et quelquefois avec les substantifs, si la phrase l'exige par sa signification (1). Cela a lieu quand même la langue latine ou toute autre aurait un autre régime, comme il arrive dans les exemples suivants : *interest nostra; interest tua unius ; vestra refert*, etc., etc.

Le troisième est le régime des substantifs qui régissent d'autres substantifs au génitif. On appelle ce génitif *de possession*, parce que l'objet signifié par le substantif régissant est propre et appartient à la chose signifiée par le substantif régi. Exemples : *Providentia*

---

savoir : si l'on doit donner le régime du verbe aux adjectifs et aux substantifs verbaux. Le latin donne ce régime aux participes présent et futur (*amans, amaturus Deum*). Il le donne aussi au gérondif actif (*amandi, ad amandum, obligatio amandi Deum*); au supin, qui est un substantif (*eo emptum servos*); et aux verbaux en *undus* (*populabundus agros*). Mais il ne le donne pas aux autres verbaux. Le français le conserve au participe présent et au gérondif (en aimant Dieu, les hommes aimant Dieu). L'espagnol ne le conserve qu'au gérondif (*amando á Dios, leyendo libros*).

D'après notre opinion, on pourra, dans la langue du projet, employer à volonté le régime direct du latin (*amans Deum*), ou le génitif objectif des Espagnols (*amante de Dios*), et mieux encore, la préposition *gli*, équivalant à *erga*, conformément à ce que nous dirons sur le régime des génitifs objectifs. De cette manière, la langue aura l'avantage d'une plus grande variété et d'une plus grande richesse.

(1) Remarquez que ce régime peut se trouver dans presque toutes les phrases, indépendamment et abstraction faite de tout autre. Exemples : *Tibi soli desidero, cupio, metuo, laboro, non omnibus dormio*; il est tard, il est de bonne heure pour moi; c'est un avantage pour la société.

Dei, *liber Petri*, etc.; la Providence de Dieu, le livre de Pierre.

Note. L'exactitude caractéristique de la langue du projet exige qu'on fasse une remarque importante. On comprend ordinairement, sous le nom de génitifs de possession, plusieurs autres qui ne le sont pas, bien qu'ils soient des génitifs régis par des substantifs. C'est ce qui arrive dans les exemples suivants : *Timor Dei*, *timor mortis*, *odium vitii*, *vel virtutis*, *tædium laboris*, *remedium morbi*, et mille autres. Il est important de faire cette remarque, parce qu'il y a des phrases où le sens est équivoque, telles que : *Timor regis*, *odium hominis*. En effet, cette crainte, cette haine peuvent être celles qui se trouvent dans le roi et dans l'homme ou celles qu'ils inspirent. Voilà pourquoi, l'exclusion de toute ambiguïté étant le caractère de cette langue, on doit remplacer ces génitifs par les prépositions convenables (1).

Le quatrième régime est celui des prépositions. Elles régissent ordinairement un substantif. Elles peuvent régir aussi un adjectif, un verbe ou toute autre partie du discours, mais seulement lorsqu'ils sont

---

(1) On remarque cette différence dans le latin entre le pronom personnel au génitif et le pronom possessif, qu'on fait accorder avec le substantif: *amor meus*, c'est l'amour que j'ai ; *amor mei*, c'est l'amour qu'on a pour moi (*amor erga me*). *Timor tuus* est la crainte que tu as; *timor tui* est la crainte qu'on a de toi. Le vrai génitif de possession peut s'appeler *subjectif* et l'autre *objectif*. Celui-ci admet toujours un autre régime : *Timor Dei* ou *erga Deum*: *odium*, *remedium peccati* ou *adversus peccatum*.

substantivés. Dans le latin et dans d'autres langues où l'on décline les noms, le substantif régi prend les cas qui lui conviennent d'après le sens de la préposition : *Per Deum, contra hominem, in monte,* etc. Dans notre langue on n'emploiera pas la déclinaison, parce qu'elle est inutile.

Le cinquième régime est celui de tous les verbes, adjectifs, etc., qui ne sont pas compris dans les cas précédents. Ce point offre de très-grandes difficultés dans presque toutes les langues, à cause des nombreuses variations, anomalies et exceptions (1) que l'usage a introduites. Cet usage est le suprême législateur dans les langues; mais il n'est pas toujours guidé par la raison. En effet, deux verbes dont la signification est tout à fait analogue ont souvent un régime très-différent, tandis que d'autres n'ayant entre eux aucune analogie ont un régime tout à fait semblable. Pour éviter ces inconvénients, ainsi que les embarras et les doutes qui en résultent, nous croyons très-important d'établir une règle générale et très-

---

(1) Voici quelques exemples de ces anomalies : *Sum in Gallia, in urbe, Lugduni, Romæ, domi, humi, militiæ, belli, apud patrem, ad forum. Eo Lutetiam, — in Galliam, — ad patrem.* = *Redeo Lugduno, ex Gallia, a venatione.—Distat tres leucas, tribus leucis.* Ces locutions, quoique fondées sur l'ellipse ou sur d'autres motifs, n'en sont pas moins des anomalies qu'on doit exclure de la langue du projet.

Il y a cependant un point qui mérite d'être examiné, à cause de la différence qu'on trouve à cette occasion entre la langue latine et plusieurs autres. En latin, le verbe régi par un autre est placé ordinairement à l'infinitif, quand même le premier aurait un sujet différent de celui du

simple, c'est la suivante : dans tous les cas qui ne sont pas compris dans les cinq règles précédentes, on formera le régime des verbes avec la préposition *na* (1); celui des adjectifs, avec la préposition *ne* (2); celui de toute espèce de comparaison, avec *ni* (3), et les ablatifs absolus avec *no*. On réserve la préposition *nu* pour les cas non prévus.

Le sixième régime est celui des verbes qui régissent d'autres verbes à divers modes et à divers temps. Ce point présente dans presque toutes les langues autant et même plus de difficultés que le précédent, puisque les anomalies et les exceptions sont aussi nombreuses et plus embarrassantes que celles que nous avons in-

---

second. C'est une anomalie que de mettre le sujet du verbe à l'accusatif, en disant : *Credo Deum esse omnipotentem, volo te esse beatum,* bien qu'on puisse dire : *Credo quod Deus est omnipotens, volo quod sis beatus.* Les langues modernes n'admettent pas ordinairement la première tournure, et par là elles évitent l'anomalie dont nous avons parlé; ainsi elles n'admettent l'infinitif que dans le cas où le sujet des deux verbes est le même : Je crois que Dieu est tout-puissant; je veux que tu sois heureux; je veux écrire; je désire voyager.

Cette dernière manière nous paraît la seule philosophique et la moins exposée à des ambiguïtés, et, par conséquent, l'unique qu'on doive adopter.

(1) On peut appliquer cette règle à tous les cas du latin : *Misereor illius,* — *Vaco rei,* — *distat tres leucas,* — *abundo divitiis,* — *careo pecunia,* — *floret virtute,* — *constat tribus assibus,* — *Lætor, dignor, egeo, nitor, fungor, fruor, potior,* régissent mieux l'accusatif d'après ce qu'on dit au cinquième régime.

(2) On applique cette règle aux adjectifs : *avidus laudis, dignus honore.*

(3) On applique cette règle à ces locutions : *Major filio, minor presbytero,* etc.

diquées en parlant du cinquième régime. Toutes ces anomalies doivent être bannies de la langue universelle ; on doit établir comme règle générale, que le sens de la phrase détermine les temps et les modes qui lui conviennent (1).

XXIII. — *Ordre des mots.* Quant à l'ordre et à la distribution des mots, il n'y a rien de spécial à établir pour la langue universelle ; elle peut admettre mieux que toute autre les inversions de tout genre, puisqu'il n'y a lieu de se méprendre ni sur la qualité des mots ni sur leur signification. Cependant nous recommandons certaine réserve, afin qu'on n'emploie les inversions que pour des motifs raisonnables, tels que la clarté, l'harmonie et l'énergie des phrases, et d'autres semblables.

---

(1) Le sens de la phrase demande très-souvent qu'on emploie la conjonction *fal* (*quod* du latin, *que* français et espagnol); mais d'autres fois on doit employer des conjonctions différentes.

Ceux qui commencent devront réfléchir, pour se rendre compte des temps qu'ils doivent employer ; mais on contractera facilement l'habitude d'en faire une application exacte. En effet, on acquiert promptement cette habitude dans les langues où l'on procède avec des anomalies continuelles. Pourquoi donc serait-on longtemps à l'acquérir, lorsque le sens nous y conduit toujours par la voie la plus directe?

CHAPITRE IV.

PRONONCIATION, PROSODIE, ORTHOGRAPHE ET LICENCES.

XXIV. — *Prononciation*. Nous établissons une règle unique. — Toutes les lettres, sans exception, se prononcent toujours de la même manière. Nous proposons de donner à chacune le son qu'elle a dans la prononciation française, quand elle est prise isolément, excepté à l'*u* qui sera prononcé *ou* (1).

XXV. — *Prosodie*. Nous proposons le système suivant : tous les polysyllabes qui, par eux-mêmes, finissent par une voyelle (ce sont tous les substantifs) auront l'accent de la prononciation sur la pénultième syllabe, c'est-à-dire qu'on appuiera la voix sur cette syllabe. Tous les autres polysyllabes finissent par eux-mêmes par une consonne, et ils auront cet accent sur la dernière syllabe. Mais les uns et les autres conserveront l'accent sur la même syllabe respectivement, quand même on y ajouterait d'autres lettres ou d'autres syllabes par la déclinaison ou par la conjugaison.

---

(1) On nous a proposé une objection fondée sur la différence qui se trouve dans les sons qu'on donne aux mêmes lettres chez les diverses nations. Cette objection mérite quelques explications. Nous en parlerons au n° 60.

On pourrait établir un autre système encore plus simple, savoir que l'accent de la prononciation se trouverait toujours sur la pénultième syllabe de tous les mots, sauf la licence dont on parle au n° 28. Nous préférons le premier système, qui paraît plus favorable à l'harmonie; mais les savants pourront trouver le second système plus convenable.

XXVI.—*Figures des lettres.* Cette langue étant tout à fait nouvelle, nous proposons aussi pour l'alphabet, de nouveaux caractères qui, par la brièveté, la simplicité et la facilité de leur forme, se distingueront de tous les autres. Tout l'alphabet est compris dans ces vingt signes très-simples (1) :

1re Série.   A, E, I, O, U.
2e   B, C, D, F, G,
3e   J, L, M, N, P.
4e   R, S, T, Y, Z.

Mais comme le changement subit des caractères des lettres, bien que très-utile en lui-même, pourrait avoir des inconvénients et des difficultés graves, et

----

(1) Nous ne parlerons pas ici de l'H ni de l'E muet, parce qu'on ne les considère pas comme des lettres de l'alphabet ordinaire. On ne les emploie que pour faciliter la prononciation à la volonté du lecteur. Quant à l'écriture, on ne doit les employer que dans la poésie pour fixer le nombre des syllabes. Cependant il est utile d'admettre un signe pour les représenter, lorsqu'on le croira convenable. Ce signe pourrait être un petit accent aigu pour l'H et grave pour l'*e* muet, ou tout autre facile à exécuter.

comme, d'ailleurs, toutes les lettres que nous proposons sont connues dans les pays les plus civilisés, nous croyons convenable de conserver, pour le moment, les caractères actuels; cependant il serait bon d'adopter, dès à présent, les nouveaux caractères, eu égard à leur simplicité et à leur facilité, pour les peuples dont l'alphabet diffère essentiellement du nôtre. La facilité de ces caractères et les avantages de communiquer avec ces peuples seront des motifs suffisants de généraliser promptement cette écriture.

Nota. Pour les manuscrits, il conviendrait de faire quelques petits changements dans la figure des lettres pour faciliter la liaison entre celles qui composent les mêmes mots : cela pourrait rendre l'écriture plus facile et plus prompte.

Figures de certaines lettres. Il est très-important de connaître au premier coup d'œil la qualité de chaque mot, savoir : s'il est substantif, adjectif ou verbe, et s'il est dérivé, composé, etc. C'est surtout important pour ceux qui commencent à apprendre une langue. Cela est très-facile dans celle du Projet, lorsque le mot se trouve sans aucune addition, comme il arrive très-souvent. Il n'y a non plus aucune difficulté lorsqu'on n'ajoute que les signes de la déclinaison et du pluriel. Mais les commençants pourront se trouver un peu embarassés : 1° dans les verbes lorsque leur R̃ caractéristique est suivi des lettres qui forment leur conjugaison; 2° dans tous les dérivés, puisque les mots primitifs sont toujours suivis des lettres L, N

ou R, et d'une syllabe; 3° dans les mots composés,
puisqu'on trouve la lettre S placée entre les deux
mots qui les forment. Nous croyons donc très-convenable que ces quatre lettres portent un signe caractéristique dans les mots énoncés, au moins si les écrits
sont destinés pour les commençants. On pourrait reconnaître ce signe en employant ces quatre lettres
en majuscules, comme nous avons fait pour la pièce
imprimée dans cette langue. On pourrait aussi modifier ces lettres en y ajoutant un petit signe.

XXVII. — *Ponctuation augmentée*. Nous acceptons
et nous suivons comme assez rationnelle la ponctuation communément reçue des virgules, points et virgules, deux points, et point final, ainsi que les règles
établies pour leur application. Nous croyons cependant qu'on pourrait l'améliorer beaucoup et avec de
grands avantages pour la clarté et par conséquent
pour la solidité du raisonnement. On sait bien que
ce sont les choses les plus importantes de toute
langue, mais plus particulièrement d'une langue
universelle. Un système parfait de ponctuation serait
un des ouvrages les plus utiles pour le progrès de
toutes les sciences; mais sa formation exige une intelligence profonde et parfaite de tous les détails et de
toutes les délicatesses du raisonnement, et nous
sommes très-loin de l'avoir. D'ailleurs, pour faire
adopter ce système, on trouverait des difficultés très-
grandes. Ainsi quand même nous connaîtrions un

système aussi avantageux, nous craindrions de mettre
par là un grand obstacle à l'adoption de la langue
du Projet. Nous le réserverions donc pour un temps
plus éloigné où ces difficultés auraient été surmon-
tées. Cependant nous nous hasardons à proposer un
changement qui éviterait une grande partie de ces
difficultés, et qui donnerait plus de clarté à la phrase
et par conséquent plus de solidité au raisonnement.
Ce changement consiste à déterminer les cas où l'on
emploie un signe, par exemple la virgule ou le point
et virgule, parce que la nature de la période et du
sens l'exige, et à les distinguer des cas où on l'emploie par des motifs indépendants du sens de la
phrase. Ainsi met-on quelquefois une virgule non
nécessaire pour le sens, mais convenable pour marquer un repos, et faciliter la respiration. D'autres fois
on la met pour séparer des mots ou des phrases qui,
sans ce signe, pourraient se rapporter les uns aux
autres, ou bien pour établir une gradation plus marquée dans la période, etc., etc. Cette distinction établie, on pourrait employer pour les premiers cas les
signes que réclame le sens d'après l'usage actuel,
et pour les seconds les mêmes signes placés dans la
partie supérieure de la ligne, ou renversés. Nous
nous contentons de faire cette indication sur un point
accidentel pour la langue du Projet. Si elle mérite
l'examen des savants, nous nous plairons à l'éclaircir
et à la développer.

XXVIII. — *Licences qu'on peut permettre dans la langue du Projet* (1). Elles ont lieu généralement dans la poésie et dans les discours oratoires ; elles peuvent contribuer d'une manière très-efficace, non-seulement à éviter toute espèce de dureté soit dans les mots, soit dans les phrases, mais aussi à donner beaucoup de variété, de facilité, d'élégance et d'harmonie dans tous les discours. — Pour donner plus d'ordre et de clarté à cette matière, nous réduirons ces licences à trois classes principales, savoir : suppressions, additions et substitutions, qu'on subdivisera ensuite.

La condition essentielle et fondamentale de ces licences, et sans laquelle elles ne doivent jamais être admises, c'est de ne pas donner occasion de confondre un mot avec un autre. Cela est nécessaire pour éviter un sens double et équivoque, ce qui est contraire à la base principale et la plus importante de cette langue.

----

(1) Ce point est d'une très-grande importance. D'un côté, ces licences paraissent très-convenables et presque nécessaires pour donner de la latitude et de la variété au style ; mais d'un autre côté, elles occasionnent souvent des inconvénients et des abus très-graves, spécialement en rendant le sens obscur et équivoque. Nous avons donc fait de sérieuses réflexions sur ce point, et nous avons consulté des personnes savantes ; aidé de leurs lumières, nous croyons avoir trouvé le moyen d'obtenir les avantages de ces licences et d'en éviter les dangers et les abus. Ce moyen consiste à en admettre un grand nombre, mais en les soumettant à des principes clairs et positifs. En outre, nous recommandons la sobriété et la réserve dans l'emploi de ces licences. On ne doit s'en servir que par des motifs raisonnables, et il est mieux de les économiser que de les prodiguer.

Suppression de lettres ou de syllabes. On peut admettre les cas suivants : en supprimant 1° les monosyllabes *la* et *las*, comme signe du nominatif, c'est-à-dire, du sujet du verbe de la phrase ; 2° *le* et *les* comme signe d'accusatif, c'est-à-dire, du régime direct des verbes ; 3° les voyelles *a*, *i*, *e*, placées immédiatement après l'infinitif des verbes pour indiquer leurs qualités actives, neutres et impersonnelles ; 4° les monosyllabes qui commencent par une consonne et finissent par un *r* ou un *s*, et qui sont employés pour indiquer le sens technique ou métaphorique des mots qui les suivent ; 5° les monosyllabes diphthongues ou triphthongues dont nous parlons au n° 14, employées pour indiquer que le mot suivant est un nom propre ou technique de certains pays ; 6° les trois lettres *sab* qui sont les lettres initiales des pronoms personnels ; 7° les signes de l'accord en nombres et en cas des adjectifs avec leurs substantifs (1).

---

(1) L'accord des adjectifs avec leurs substantifs est une question controversée chez les grammairiens. Nous n'osons pas la résoudre en théorie, en nous contentant de manifester notre opinion relativement à la langue du Projet. Nous commencerons en faisant quelques observations sur l'usage des langues les plus connues parmi nous. Les Latins et les Grecs admettent cet accord en genre, en nombre et en cas ; mais cet accord offre un sens équivoque, lorsque les cas et les genres ont la même terminaison. Cela arrive très-souvent, et nous allons présenter des exemples que nous prenons dans la langue latine, parce qu'elle est généralement connue. Ainsi les adjectifs *novi*, *novo*, *parco*, *parcis* (remarquez encore que ces mots peuvent être des verbes), *parca*, *parcæ*, *brevia*, *prudentia* (qui peuvent être des substantifs), *malo*, *malis* (qui peuvent être des substantifs ou des verbes), et presque toutes les terminaisons des adjectifs peu-

Additions de lettres ou de syllabes. 1° La lettre *h* peut être interposée entre deux ou plusieurs voyelles pour éviter la dureté de la prononciation. Cet *h* peut être plus ou moins aspiré à volonté, mais il ne doit altérer ni le sens des mots ni le caractère grammatical de la syllabe, c'est-à-dire qu'on devra considérer cette lettre comme exclusivement destinée à rendre la prononciation plus agréable. 2° On peut interposer l'*e* muet, plus ou moins sensible à volonté, entre deux consonnes, pour en adoucir la prononciation (1). 3° Dans

---

vent convenir à des genres, à des nombres et à des cas très-différents, et par conséquent, recevoir des accords équivoques. Cela arrive à plus forte raison dans les adjectifs qui sont tout à fait indéclinables, tels que *frugi*, *nequam*, *aliquot*, etc. Dans les langues qui n'ont pas de déclinaison, telles que le français, l'espagnol et l'italien, on admet ordinairement l'accord du nombre et du genre ; mais il arrive souvent que les terminaisons masculine et féminine sont confondues. Cela étant, nous avons proposé au n° 21, d'exclure, dans la langue du Projet, l'accord des adjectifs en genre, parce que l'adjectif ne doit pas en avoir ; mais en conservant l'accord en nombre et en cas.

La règle que nous avons proposée nous paraît bien simple et la plus rationnelle. Cependant de Tracy et d'autres écrivains célèbres soutiennent que les adjectifs doivent être tout à fait indéclinables. D'ailleurs nous voudrions favoriser la variété autant que possible, et nous proposons qu'on laisse la liberté de supprimer toute espèce d'accord dans les adjectifs, en les employant comme s'ils manquaient de cas et même de nombre. C'est toujours à condition que cette suppression ne produira ni obscurité ni doute dans le sens. En effet, dans quelques pages que nous avons publiées en cette langue, nous avons reconnu que cette liberté est souvent favorable à l'harmonie sans nuire à la clarté.

(1) Ces deux licences sont conformes à la nature des sons. En effet, tout son voyelle, dans la prononciation, est précédé d'une consonne ou au moins d'une aspiration, et tout son consonne est suivi d'un son voyelle ; bien que ce son, ainsi que l'aspiration, soit presque imperceptible

les verbes, après les syllabes qui constituent leur conjugaison, on peut ajouter une syllabe qui commence par B, d'après les explications données au n° 44. 4° On peut ajouter aux verbes et aux noms verbaux d'autres syllabes pour indiquer des nuances dans leur signification, comme on l'explique au même n° 44.

Substitutions. 1° On peut mettre l'infinitif des verbes à la place du mode et du temps où se trouve le verbe qui précède immédiatement. Cette substitution, nous l'avons employée avec succès dans une pièce imprimée dans la langue du Projet (1). 2° L'accent de la prononciation peut être transféré de la syllabe qui devrait l'avoir, d'après les règles générales, sur une autre syllabe quelconque du même mot. On rend par là très-facile l'emploi des assonances dans les cas où elles sont convenables, et on les évite avec la même facilité dans les cas où elles blessent l'oreille.

à l'oreille et qu'on ne le représente dans l'écriture par aucune lettre ni par d'autres signes. Remarquez qu'on peut, à volonté, rendre plus ou moins sensibles l'*h* et l'*e* muet. Par là, ces lettres sont d'une ressource admirable, prodigieuse, pour les musiciens, les poëtes et les orateurs, et même pour les lecteurs habiles à les mettre à profit, et qui sont doués d'une oreille délicate et d'une voix flexible.

(1) En admettant l'addition de toutes les syllabes qui commencent par B, d'après les explications données au n° 44, la substitution dont nous parlons n'est pas nécessaire. Nous la conservons cependant, parce qu'elle est simple et naturelle, et surtout parce qu'elle a l'avantage de rendre les mots plus courts, tandis que l'addition de la syllabe les rend plus longs.

DEUXIÈME SECTION.

——————

Dès le début de la tâche que nous avons à remplir dans cette seconde section, une pensée pénible s'empare de notre esprit. Déjà l'annonce d'une entreprise aussi colossale que celle d'une langue universelle, effraye l'imagination et soulève des préventions nombreuses. On ne conçoit pas sa témérité, son audace de se montrer subitement terminée dans sa partie grammaticale, et presque entièrement formée dans les détails de son Dictionnaire. Sous l'empire d'une aveugle défiance, ou dans l'impuissance de s'occuper de choses sérieuses et d'un ordre élevé, bien des personnes à qui la paresse interdit toute laborieuse investigation, s'empresseront de la rejeter sans examen. Mais la triste prévision de ce mal est compensée par le juste espoir d'une conduite plus rationnelle de la part d'hommes sages, qui imiteront les savants distingués dont l'assentiment complet est acquis à notre projet, et qui se sont bien gardés de le condamner sans connaissance de cause. Montrons donc les propriétés et les avantages de la langue dont il s'agit. Abordons franchement la question, présentons-la sous toutes ses faces, parce qu'elle est de la plus haute importance. C'est le champ de bataille sur lequel doit se décider le sort réservé à la langue du projet.

Cette langue possède des propriétés caractéristiques qui ressortent des bases de sa constitution, qui n'appartiennent qu'à elle, qu'elle ne partage avec aucune autre, et qui la rendent préférable à tous les idiomes connus.

Elle possède aussi toutes les qualités que peuvent avoir, jusqu'à une certaine limite, les autres langues; mais elle en jouit dans un degré qui la place infiniment au-dessus d'elles.

Nous allons traiter des unes et des autres.

Nous consacrerons un chapitre spécial au développement de ses propriétés caractéristiques, et nous traiterons dans des chapitres distincts, des nombreuses qualités et des avantages immenses que possède cette langue. Enfin nous parlerons des améliorations qui ne manqueront pas de lui advenir par le concours des savants, des hommes spéciaux qui daigneront certainement s'occuper de son progrès.

CHAPITRE PREMIER.

PROPRIÉTÉS CARACTÉRISTIQUES.

Nous en indiquerons trois principales, la régularité, la fixité de la signification de tous les mots, et le rapport constant et perpétuel entre l'ordre alphabétique des mots et l'ordre naturel et logique des choses signifiées par eux.

XXIX. — *Régularité*. Ce qui fait le désespoir de tous ceux qui s'occupent de l'étude des langues, ce sont les anomalies et les irrégularités qu'on y rencontre sans cesse. De nombreuses déclinaisons se multiplient, pour ainsi dire, par les manières anormales de terminer les différents cas. A des conjugaisons multipliées viennent se joindre des verbes *irréguliers*, aux règles grammaticales des exceptions sans nombre ; et quant à la prononciation, les mêmes caractères se prononcent, ou ne se prononcent pas, ou bien ont plusieurs sons différents selon leurs positions diverses : difficultés innombrables qui rendent l'étude pénible, et qui font naître l'impatience, l'ennui et le dégoût.

Dans la langue projetée, rien de semblable ne vient faire obstacle à l'acquisition de la science.

Un coup d'œil rétrospectif sur la partie grammati-

cale va nous la montrer procédant avec une simplicité admirable, avec une invariable régularité.

A la simple inspection d'un mot on en devine l'espèce ; une seule déclinaison toujours la même ; une
seule conjugaison ne variant jamais ; les dérivations
et les compositions des mots soumises à des lois fixes ;
les règles de la syntaxe peu nombreuses et sans aucune exception ; la prononciation des caractères la
même partout et dans toutes les circonstances : tout
cela sans la plus petite irrégularité, tout cela exposé
d'une manière si succincte, que toute la grammaire
est contenue dans quelques pages.

XXX.—*Fixité de la signification des mots.* Lorsqu'un
mot offre plusieurs sens à l'esprit, il est la source
d'une multitude d'erreurs ; eh bien ! cet inconvénient
existe dans presque toutes les langues : la langue
française en particulier offre tant d'expressions équivoques de cette nature, qu'il serait possible d'écrire
avec les mêmes mots une lettre qui aurait deux sens
entièrement différents.

Dans la langue du projet, on les a tellement composés, qu'ils ne peuvent jamais se confondre les uns
avec les autres, et jamais le même mot ne peut avoir
deux sens : avantage immense pour la clarté et la
précision, et qui ne peut contrister personne, si ce
n'est peut-être l'amateur de calembours.

Oh ! si l'on pouvait donner les deux propriétés dont
nous venons de parler à une langue morte ou à une

langue vivante, comme on l'accueillerait avec empressement, comme tous les savants s'en empareraient pour communiquer par son moyen avec toutes les parties du globe, et pour porter la civilisation chez les peuples les plus lointains et les plus barbares! Espérons donc que la langue du projet, qui réunit ces inestimables propriétés sera adoptée et accueillie avec bonheur dès qu'elle se sera fait connaître (1).

---

(1) Quelques personnes nous ont proposé, comme plus facile, le projet de simplifier, dans ce sens, une langue morte, comme le latin et le grec, ou une langue vivante, comme le français. A notre avis, cela est impossible en totalité. On pourrait bien diminuer une grande partie des irrégularités de la langue primitive, en la tronquant, en la mutilant, et en la faisant disparaître à tel point qu'il en restât à peine des traces. Néanmoins, nous ne croyons pas possible d'obtenir dans toutes ses parties la parfaite régularité que possède la langue projetée, quand même on emploierait un travail long et minutieux pour chacun des mots. Ce travail serait nécessaire, puisque l'on procéderait toujours sans autre règle que l'arbitraire qu'on trouve dans les mots des autres langues, vu qu'elles ont été formées et complétées par des causes aussi nombreuses qu'hétérogènes. Mais en supposant le cas le plus favorable, il manquerait à cette langue, ainsi dénaturée et tronquée, presque toutes les qualités qui caractérisent celle du Projet. Il lui manquerait spécialement les plus importantes, savoir : celle de porter en elle-même l'analyse de l'objet signifié, et celle d'exclure tout sens vague et douteux; il lui manquerait enfin toutes les autres qualités que nous allons exposer dans les réflexions suivantes. Ainsi, les savants qui se sont occupés d'une langue universelle et de ses grands avantages, ne sont pas parvenus à en déterminer une seule d'une manière positive, parce que, ayant fait diverses tentatives dans les langues connues, ils n'ont pu obtenir un résultat satisfaisant. Et il est à remarquer que leurs désirs se bornaient au nécessaire pour la rendre acceptable aux différents peuples du monde. Ils ne prétendaient pas la douer des qualités les plus importantes que possède celle qui est en projet. En effet, elles sont accidentelles à une langue universelle, mais elles sont très-importantes à cause de leurs résultats, et aussi parce

XXXI. — *Rapport constant entre l'ordre alphabétique des mots et l'ordre naturel et logique des choses signifiées par eux* (1). C'est là le caractère proprement typique

qu'elles devront contribuer puissamment à son acceptation plus rapide et plus générale.

(1) Le point dont nous nous occupons est celui qui a le plus appelé l'attention sur cet Essai. C'est avec raison, car c'est la base fondamentale du Projet et d'où découlent toutes les propriétés et tous les avantages de cette langue. Cette *qualité* se présente d'elle-même par la simple inspection du tableau et du dictionnaire que nous allons publier. Nous allons la rendre sensible dès à présent par quelques exemples.

Exemples : *Amade, amafe, Eruba, Eruce, Lalga, Lalge, Lalgi, Nilba, Nilce, Nice, Nici, Nica.*

En voyant ces mots, je dis, sans pouvoir me tromper, qu'ils appartiennent à la classe des substantifs, car ils sont polysyllabes, ils finissent par une voyelle, et ils n'ont ni L, ni N, ni R, ni S après la quatrième lettre.

Mais quelle sera leur signification? Les lettres dont ils sont composés l'indiquent à celui qui connaîtra, quoique imparfaitement, l'ordre suivi dans le Dictionnaire. Analysons ces mots.

Amade. = l'A, à cause de sa position d'initiale, m'apprend que l'objet signifié est une chose relative aux corps. L'M qui suit l'initiale A, m'apprend que l'objet appartient au monde en général et particulièrement à la géographie civile. Le second A qui vient après AM, indique qu'il appartient à un territoire, et la syllabe DE désigne un *empire. Amafe* désignerait une *province.*

Eruba. = L'E initial m'indique que la chose signifiée appartient aux êtres vivants : R que c'est une vie animale, un individu, un vertébré; U indique que c'est un mammifère; B, un ruminant sans cornes; l'A final que c'est un *chameau. Eruce* signifierait un *dromadaire.*

Lalga. = L'L initial m'enseigne un rapport de la vie privée; l'A, qu'il y a parenté; l'L, que cette parenté vient de la consanguinité; le G, que c'est un descendant; l'A final, que c'est un *fils.* — *Lalge* serait un *petit-fils* et *Lalgi* un *arrière-petit-fils.*

Nilba. = L'N initial m'apprend qu'il est question de religion; l'I, que l'on parle de sa hiérarchie; l'L, que c'est la hiérarchie de juridiction; le BA final, que c'est le *Pape. Nilce* serait un *métropolitain. Nice* apparet distinctif de cette langue. Il semble qu'un aveugle hasard ait présidé à l'agencement des mots dans presque toutes les langues; il est impossible de se rendre compte du *pourquoi* de la signification d'un mot.. Pourquoi ces sept lettres *chapeau* sont-elles venues s'unir pour signifier le vêtement qui couvre la tête, et les sept lettres qui leur ressemblent si bien à l'exception d'une seule, *chameau*, pour signifier un animal quadrupède? Pourquoi tant de rapprochement dans les caractères et tant d'éloignement dans la signification (1)? Par cet arrangement rien de logique :

---

tiendra à la hiérarchie d'ordre ; ce sera le *Prêtre. Nici* sera le *Diacre* et *Nica* l'*Évêque.*

(1) On nous a objecté que cette observation ne s'applique pas aux mots dérivés d'autres langues, puisque leur signification se reconnaît avec facilité par leur rapport avec les mots-racines. On voit tout d'abord que cette objection est peu fondée. En effet, en l'approuvant dans toute son étendue et comme on la pose, la facilité est une exception limitée aux mots dérivés ; la difficulté reste comme règle pour la généralité des mots.

Mais il y a une autre considération beaucoup plus importante pour notre objet : c'est que les anomalies, dans cette matière, sont si nombreuses et d'une telle nature, que presque tous les avantages qui pourraient se trouver dans les dérivés, disparaissent. A peine s'il y a des mots dont la dérivation suffise pour fixer le sens, et il est nécessaire de savoir individuellement dans chaque cas particulier l'application qu'on doit faire du mot-racine au dérivé, comme il est aussi nécessaire de connaître le sens propre de chacun des mots-racines. En effet, quelquefois il est même douteux s'ils sont ou non dérivés, à cause de leur grande analogie avec ceux qui ne le sont pas. D'autres fois, on n'aperçoit la dérivation qu'avec difficulté, à force de réflexions, et lorsque le sens des deux mots est déjà connu. Souvent le mot peut dériver de diverses racines , et très-souvent il exige la connaissance du grec ou de l'hébreu, etc., etc. Enfin et principalement, le sens reste toujours ambigu par sa nature en vertu de la dérivation seule (qui est le point en question), attendu que les dérivés

tout cela est conventionnel , nous le voulons ; mais si
une convention établissait un ordre logique et rationnel entre l'ordre des lettres et celui des choses ,
quelle clarté résulterait de cette heureuse disposition !
En voyant des mots commencer par un A, par exemple,
je sais déjà qu'ils signifient quelque chose de matériel
sans rapport avec la vie, par un E des corps en rela-

---

peuvent être nombreux, et aucune terminaison ne fixe d'une manière
positive celui qu'on veut exprimer ; au contraire, nous voyons que toutes,
et en particulier chacune de ces terminaisons (celles en *tion*, *cion*, *ment*,
té, *eur*, *ier*, *aire*, *eux*, *oire*, *ure* et un grand nombre d'autres) appliquées aux dérivations, servent presque indifféremment à signifier l'action,
la passion, l'agent, la qualité, le lieu, le temps, le métier, l'instrument,
la matière, l'inclinaison , etc. , etc. ; mais il n'y a aucune règle qui fixe
bien le sens, et il est toujours nécessaire d'apprendre dans chaque cas
individuel la signification que l'usage a assignée aux mots dérivés. Il
y a plus : dans plusieurs occasions l'apparence de la dérivation nous
trompe et nous fait tomber dans des erreurs positives et parfois capitales.

Que l'on compare maintenant ce vague complet avec les règles fixes
qu'offrent constamment dans notre langue les dérivations, sur lesquelles
on ne peut jamais avoir de doute, ni quant au fait même de la dérivation, ni quant à la racine, ni quant au sens du mot dérivé. On voit donc
que même dans les cas spéciaux dont on nous fait une objection, il résulte, après un examen consciencieux, un avantage remarquable de cette
langue sur les autres idiomes. Dans le but de donner une idée des anomalies que, sur cette matière, présentent les langues les plus vantées, nous
avions réuni des listes de mots pris dans diverses langues ; mais ces anomalies sont si nombreuses , si extraordinaires et si variées, que nous avons
encore renoncé à énumérer leurs classes. Celui qui voudrait se rendre
compte de la confusion qui y règne, peut la contrôler en jetant seulement
un coup d'œil rapide sur les dictionnaires. De notre côté, nous sommes
disposé à la rendre patente en montrant ces listes à ceux qui désireront
se former une opinion sur ce sujet.

On peut faire à peu près les mêmes observations relativement aux mots
composés et aux avantages qu'on attribue à certaines langues par leur

tion avec la vie. Un I m'indique l'homme dans sa partie corporelle : puis, par les dispositions des autres lettres qui suivent la première, les genres se manifestent, les espèces sont connues et le mot complet, enfin, désigne l'être individuel dont il s'agit.

C'est ainsi qu'on a procédé en composant les mots de cette langue. Aussi le dictionnaire des mots classés

---

remarquable facilité à les former, comme, par exemple, dans le grec, le latin, l'allemand, comparés avec la langue du Projet.

Dès lors, quels que soient ces avantages, ils se bornent aux mots composés et forment comme une exception à la règle en égard à l'ensemble de la langue.

D'ailleurs, quoique le mode de la composition employé dans ces langues aide quelquefois à connaître la signification des mots composés, les anomalies dans la manière de les composer sont si nombreuses et si variées, que les avantages qu'on devrait retirer d'un bon système de composition disparaissent presqu'en entier. C'est ce qu'on voit en examinant la composition faite au moyen des prépositions, laquelle forme la majeure partie des composés, bien qu'il ne nous manquerait pas d'exemples analogues pour tous les autres cas. Aussi nous allons leur appliquer presque les mêmes observations que nous avons faites sur les mots dérivés, lesquelles ont lieu même plus souvent pour les mots composés.

1° Il n'y a pas de règle sûre pour savoir si les mots sont composés, parce qu'il y en a un très-grand nombre qui ne le sont pas, quoiqu'ils en aient l'apparence, spécialement pour ceux qui connaissent seulement les premiers rudiments de la langue, et pour lesquels sont nécessaires des secours qui la facilitent. Tels sont, par exemple, en latin, un très-grand nombre de mots qui commencent par *abb, add, acc, aff, agg, all, app, arr, ass, att*; par *cog, coll, com, con, coo, corr*; par *de, diff, dis*; par *ig, ill, im, in, irr*; par *per, præ, pro*; par *re, sub*, et tant d'autres.

2° Quand les mots sont composés, on rencontre très-souvent une grande difficulté pour le connaître, parce que la première ou la seconde partie *composante* sont défigurées, et quelquefois les deux, et aussi parce que les composés diffèrent fréquemment de leurs simples, dans la déclinaison, dans la conjugaison, dans les prétérits, dans les supins ou dans d'autres circonstances qui les dénaturent notablement aux yeux des

par ordre alphabétique est en même temps le dictionnaire des choses classées dans un ordre logique et ré-
gulier. Les significations qui ont rapport à une même
catégorie d'objets se touchent, comme chaque lettre
est voisine de celle qui la suit immédiatement.

En employant graduellement les lettres de l'alphabet, on est arrivé à la syllabe Im pour exprimer
les édifices et leurs dépendances; eh bien, Ima sera

---

personnes qui ne sont pas bien familiarisées avec ces langues. Exemples :
la préposition *ad* se change souvent en *ac, af, ag, al, ap, ar* ou *as.* La
préposition *cum* se convertit en *cog, col, com, con, coo* et *cor.* La préposition *in* se change en *ig, il, im* ou *ir*, etc. De même dans les mots composés de *ago , cado , capio, facio , fateor, habeo, jacio , lego , premo,
rapio* et d'autres l'*a* et l'*e* se changent en *i*.

Dans beaucoup d'entre eux, il y a de plus une autre irrégularité dans
un ordre inverse pour les temps dérivés du parfait et du supin. Les composés de *do* et autres verbes appartiennent la plupart à une conjugaison
différente de celle des simples, ce qui donne aux premiers un aspect complétement distinct et défigure de plus en plus la composition.

3° Les composés ont surtout ce défaut. Lorsqu'on connaît bien les
deux simples dont se compose le mot et la signification de l'un et de
l'autre, on n'est pas sûr de son sens, parce que le rapport entre ces significations est obscur ou tout à fait incohérent, ou opposé à ce que les mots
expriment ordinairement.

Nous avons examiné dans un dictionnaire latin les nombreux composés
de diverses prépositions, principalement de celles qui changent souvent la
signification du simple en un sens contraire, comme *de, dis* et *in*, et
nous avons trouvé que le nombre de mots composés qui prennent le sens
contraire à celui du simple, est presque tout à fait égal au nombre de
ceux qui conservent le même sens ou tout autre analogue. D'un autre
côté, nous avons trouvé des composés qui signifient le contraire de leurs
simples jusque dans les composés de la préposition *re*, qui renferme,
d'une manière si positive , l'idée de la répétition des actes. Bien plus, il y
a beaucoup de composés dans lesquels le verbe a une signification affirmative, tandis que le participe ou l'adjectif verbal en a une négative.
Tels sont : *immuto* et *immutatus; inhumo* et *inhumatus; insuesco* et

l'édifice en général, IME les pièces qui le composent, et qui vont se différencier par les lettres placées dans l'ordre alphabétique correspondant à l'ordre logique des pièces de l'édifice, IMEBA la façade, IMECA le portique, IMEDA le portail, IMEFA la cour, IMEGA le péristyle, etc.

---

insuetus; invaleo et *invalidus; inno* et *innabilis; illacrymor* et *illacrymabilis*, etc., etc.

D'un autre côté, il y a un nombre incalculable de composés dont la signification est tellement différente de celle de leurs simples, que ces significations n'ont aucun rapport entr'elles, ou bien ce rapport est si éloigné et si obscur que, même en connaissant leurs sens, il est extrêmement difficile de deviner comment on a pu passer de l'une à l'autre. Nous allons citer quelques exemples latins.—*Abdo*, *abigo*, *aborior*, *abscondo*, *adigo*, *adimo*, *afficio. Cogo*, *cohibeo*, *condo*, *conjicio*, *corripio*, *credo. Decipio*, *detraho*, *diligo. Ignosco*, *intereo*, *interficio*, *interimo. Perficio*, *perdo*, *pereo*, *perhibeo*, *perimo*, *perjuro*, *præcipio*, *prodo*, *prohibeo*, *promitto*, *prorogo*, *proscribo. Redigo*, *reperio*, *respondeo*, et mille autres.

Et même dans les autres composés, où le sens paraît se présenter naturellement et sans aucun de ces embarras, il est rarement assez clair et assez déterminé pour qu'on puisse le reconnaître avec certitude, sans aucun autre secours, et aussitôt qu'on trouve ce mot, particulièrement si la langue ne nous est pas familière.

En vain les grammairiens allégueront-ils des raisons plus ou moins plausibles pour expliquer les motifs de ces anomalies, qu'on puise fréquemment dans les règles de l'euphonie ; cela ne détruit ni n'affaiblit la difficulté, spécialement pour les commençants.

Il convient de remarquer que les exemples ayant été pris dans la langue latine, la difficulté paraît beaucoup moindre pour les Français qu'elle ne l'est en réalité pour d'autres peuples ; parce que ces anomalies passent fréquemment aux mots français qui leur correspondent, ce qui n'arrive pas dans les autres langues qui ne dérivent pas du latin.

On voit donc que pour les mots composés ainsi que pour les dérivés, on ne peut établir de parallèle avec les autres langues, ni quant à la simplicité, ni quant à la facilité de les reconnaître, moins encore quant à la clarté du sens qu'on remarque constamment dans la langue du Projet.

Dans toutes les choses possibles tout est classé de cette manière. Quelle facilité pour apprendre et pour comprendre un semblable langage ! Quelle différence avec le désordre de composition des mots, lequel règne dans toutes les autres langues ! C'est la différence qui existe entre deux bibliothèques dont l'une offrirait rangés habilement ses cent mille volumes, soit par ordre de dates, de matières ou d'auteurs, et l'autre contiendrait les livres jetés pêle-mêle et au hasard. Quand même le travail n'eût été fait qu'imparfaitement dans la première, il serait toujours infiniment plus facile d'y trouver un ouvrage et de le replacer de nouveau dans l'ordre du catalogue.

Que celui qui doute de l'exactitude de cette comparaison prenne en main un dictionnaire de nos langues, n'importe lequel, qu'il l'ouvre à son gré à une de ses feuilles, quelle qu'elle soit, et qu'il compare la signification des articles qu'elle renferme, et il verra qu'ils n'ont entre eux d'autres rapports que celui de deux volumes pris au hasard dans un monceau de livres en désordre.

CHAPITRE II.

QUALITÉS ET AVANTAGES DE LA LANGUE DU PROJET ;
AUTRES PREUVES
DE SA SUPÉRIORITÉ SUR LES AUTRES LANGUES.

Des propriétés caractéristiques dont nous venons de parler, naissent des qualités et des avantages qu'elle possède dans un degré supérieur. Elle est facile, claire, riche, analytique et éminemment philosophique : de ces propriétés naissent aussi les singuliers avantages de ses Dictionnaires.

XXXII. — *Facilité.* En effet que faut-il pour savoir une langue ? Comprendre l'espèce, la signification de ses mots, les bien prononcer, les joindre les uns aux autres en suivant les règles de sa syntaxe.

L'espèce de mots est intelligible pour tous, puisque nous avons vu aux numéros 6 et suivants que toutes les parties du discours (substantifs, adjectifs, verbes, adverbes, prépositions, conjonctions, modificatifs, etc.) ont toutes une terminaison spéciale, qui les fait distinguer au premier coup d'œil, sans qu'on puisse confondre les unes avec les autres. Les commençants pourraient se méprendre dans les substantifs, adjectifs et verbes, lorsqu'ils se trouvent modifiés par la déclinaison ou par la conjugaison ; mais il est très-facile d'éviter l'erreur, en marquant d'un signe convenu les trois lettres qui les caractérisent : L, N et R, comme nous l'avons expliqué au n° 26.

Il faut sans doute un peu plus de temps pour connaître la signification de chacun des mots qui composent cette langue ; mais il en faut incomparablement moins que dans les autres idiomes. Cette différence résulte surtout de ce que chacune des lettres qui composent les mots, nous conduit comme par la main à la connaissance de leur signification par la place qu'elle occupe dans l'alphabet (1). En effet, comme nous l'avons déjà dit, chacune de ces lettres fixe les classes principales et secondaires auxquelles appartient l'objet indiqué, jusqu'à ce qu'il soit parfaitement déterminé par la dernière.

La facilité de la prononciation n'est pas contestable : la simplicité et le petit nombre de ses sons, leur parfaite distinction entre eux, l'absence de toute anomalie dans la manière d'écrire les mots, tout contribue à la rendre facile. Comparez cette simplicité avec les embarras et les difficultés des autres langues. Voyez, par exemple, les sons si variés et si capricieux des voyelles anglaises, les diphthongues et autres combinaisons du français, les variations qu'éprouvent

----

(1) Ceux qui douteraient de la facilité qui résulte de l'ordre et de la méthode constamment suivis dans cette langue, pourront consulter le troisième appendice du Projet, dans lequel il est démontré que par cette méthode on peut apprendre en moins d'une heure la signification de plus de six millions de mots, tous très-simples et de sept lettres seulement.

dans beaucoup de langues les lettres H, Q, C, X, S, T; les figures doubles CH, LL, GN, PH, et mille autres anomalies (1).

La syntaxe de cette langue est extraordinairement facile, puisque ses règles peu nombreuses ne sont entravées par aucune exception, et nous osons assurer qu'un jeune homme d'une intelligence médiocre peut, sans maître, et dans un assez court espace de temps, apprendre à écrire, traduire, parler et bien prononcer cette langue. Cependant, disons-le, le secours d'un maître sera toujours très-utile pour les commençants (2).

---

(1) Les différences que certains peuples mettent dans la prononciation de ces lettres ou d'autres analogues, ne présentent aucun obstacle aux communications par écrit. Elles n'en présentent pas plus dans la conversation entre les personnes du même pays. La difficulté qui pourrait se trouver dans la conversation entre les personnes de différents pays est si peu considérable et si facile à vaincre, en raison de la grandes implicité de l'alphabet et de l'exclusion de toute irrégularité dans la prononciation, que nous ne croyons pas nécessaire d'en parler. Cependant on peut voir des explications plus détaillées au n° 60.

(2) Quelques personnes, très-versées dans l'étude des langues mortes et vivantes, ont calculé qu'un jeune homme de capacité ordinaire et qui aurait fait quelques études, pourrait apprendre en trois ou quatre semaines à bien lire et à traduire cette langue assez promptement avec le secours du Dictionnaire. Ce calcul nous parait raisonnable, et il a été confirmé par le résultat de quelques essais que nous avons faits nous-même.

En effet, le temps nécessaire pour apprendre à distinguer toutes les choses énoncées dans les quatre premières bases du n° 4, d'après ce que nous disons dans les n° 6 et suivants, sera à peine de quelques heures; c'est ce qu'on verra par leur simple lecture.

Le temps nécessaire pour connaitre et apprendre la signification des

XXXIII. — *Clarté.* Cette langue possède la clarté, qualité si désirable dans tous les moyens de communiquer la pensée. Nous l'avons dit, tout y est déterminé par des règles fixes ; aucune anomalie, aucune équivoque dans les mots, dans leur prononciation, dans la manière de les écrire ; tout est distinct, rien n'est confus, et le sens des mots tellement déterminé, tellement invariable, que dans les relations de peuple à peuple, il ne pourra y avoir de ces malentendus produits par des mots, qui dans d'autres langues paraissent être vraiment synonymes et qui ne le sont pas en réalité.

XXXIV. — *Richesse extraordinaire de cette langue.*

prépositions, des conjonctions et autres modifications, sera très-court (voyez les nᵒˢ 10, 11 et 15). Celui qu'il faudra pour apprendre la signification des substantifs et des verbes principaux (que nous appellerons radicaux et qu'on peut placer dans le tableau indiqué) sera de quelques jours. Enfin la connaissance des autres mots, ceux-ci étant subordonnés à leurs radicaux, ne demande que peu de travail et peu de temps.

Pour obtenir ce résultat on doit avoir sous les yeux le tableau synoptique que nous publierons dans une seule feuille. Ce résultat nous paraît tout à fait assuré, si l'on emploie pour les commençants un livre écrit dans cette langue avec une traduction interlinéaire ; spécialement si ce livre est rédigé d'après le système de la *traduction de l'espagnol sans maître, par M. Sotos Ochando,* système qui fut très-recommandé par la *Société des méthodes d'enseignement de Paris,* pour l'étude de toutes les langues. Nous avons préparé cet ouvrage, mais avant de le publier, il faut que le Dictionnaire soit composé et adopté définitivement.

Pour parler cette langue avec rapidité, il faut l'habitude de penser en cette langue ; toutefois il faudra beaucoup moins de temps qu'il n'en faut pour apprendre à penser dans tout autre idiome.

Les observations suivantes suffiront pour prouver que sa richesse est d'une supériorité incontestable.

1° La langue universelle aura des mots différents pour désigner tous les objets, toutes leurs qualités, leurs actions, leurs circonstances, et tout ce qu'on exprime dans les autres langues. Pour arriver à ce résultat, on consultera les dictionnaires des peuples civilisés : on adoptera des mots qui répondront à tous les mots employés par ces peuples.

2° Cette langue se distingue plus particulièrement encore des autres par la variété, et même par la profusion et le luxe avec lequel elle multiplie les modificatifs de toute espèce. On a vu, au n° 15, que chaque nom peut recevoir huit degrés de comparaison soit en plus, soit en moins; huit autres de supériorité et d'infériorité; huit autres degrés soit augmentatifs, soit diminutifs, et dix variations pour la négation et la gradation (1).

3° On a dans cette langue des moyens très-simples pour distinguer les sens interrogatif, dubitatif, ironique, admiratif, optatif, ainsi que ceux de la sur-

---

(1) Ici l'on doit remarquer deux choses : 1° Dans le cas où il serait nécessaire ou utile de donner plus d'étendue à ces modifications, nous n'aurions plus à nous occuper de la manière de le faire; il suffirait d'employer les diphthongues, comme nous le disons aux numéros 10 et 11, à propos des prépositions et des conjonctions. 2° Si l'on employait les triphthongues, ces modifications deviendraient encore beaucoup plus nombreuses. Une si incroyable surabondance de modificatifs se concilie très-bien avec la clarté et la simplicité qui caractérisent cette langue.

prise, de l'indignation, du mépris, etc. Il suffit pour cela d'ajouter une syllabe aux verbes d'après les règles dont nous parlons au n° 44. En choisissant cette syllabe avec ordre et discernement, toutes ces nuances dans le sens de la phrase ne produiraient jamais aucune confusion ni aucun embarras.

4° Cette langue admet tous les noms propres, quelle que soit leur classe : elle donne des moyens pour les distinguer des noms communs ou appellatifs, et pour déterminer la classe à laquelle ils appartiennent; ce qui n'a lieu dans aucun autre idiome. Voyez cette remarque expliquée au n° 14, et plus développée au n° 39.

5° Elle comprend aussi toute sorte de mots techniques, et donne une grande facilité pour les distinguer et pour connaître leur signification, comme nous l'avons dit au n° 16, et comme nous l'expliquerons au n° 39. On en dit autant relativement à la signification des mots pris dans un sens métaphorique.

6° Dans cette langue il y a une latitude immense pour toute sorte de mots composés : en quoi elle n'est inférieure à aucune autre, et elle les surpasse toutes par la manière fixe et sans équivoque de déterminer leur sens. Voyez la note du n° 31, où cette matière est traitée avec beaucoup plus d'étendue.

7° Cette latitude est encore plus grande dans la formation d'un nombre immense de dérivés des verbes, des adjectifs et surtout des substantifs (1). On

____

(1) Il n'est pas facile de fixer le nombre des dérivés de chacune de ces

doit remarquer qu'ordinairement l'adjectif et le verbe dérivent du substantif, de sorte qu'il n'y a qu'une seule racine pour ces sortes de mots. Cette circonstance est extrêmement favorable à la simplicité du dictionnaire et à l'étude de la langue.

8° Remarquons une cause vraiment admirable, ou plutôt une source intarissable de richesse pour cette langue; c'est le nombre infini de mots réservés pour les cas imprévus, et dont la signification est préparée et déterminée d'avance, comme on le voit dans l'exemple des diphthongues et triphthongues appliquées aux prépositions et aux conjonctions (Voyez n°° 10 et 11); exemple qui peut s'appliquer à toute autre matière (1). On peut comparer cette langue à un entrepôt général, qui non-seulement renfermerait tous les instruments nécessaires pour les besoins présents, mais encore pour les besoins futurs que font naître toujours de nouvelles découvertes (2). En effet, les objets ou les

---

racines. A la fin du dictionnaire se trouvent, pour chaque substantif, plus de cinquante dérivés, bien que tous ne soient pas applicables à tous les substantifs. Si l'on veut en augmenter le nombre, la porte est ouverte pour toutes les nouvelles dérivations qu'on croira convenable d'établir. On pourra dire la même chose de tous les dérivés des adjectifs et des verbes.

(1) Pour preuve de cette assertion, nous nous en référons à l'exemple tiré de la chimie et qui se trouve dans le deuxième appendice.

(2) On pourra croire que c'est une qualité commune à toutes les langues; mais il n'en est pas ainsi. Sans doute, on peut inventer dans chacune d'elles un mot nouveau pour chaque objet nouveau; mais ce sera un mot au moins à moitié arbitraire, et ceux qui l'entendront ou le liront pour la première fois, ne pourront pas se former une idée positive de cet

idées nouvelles qui peuvent survenir, doivent avoir une place logique parmi les autres objets. Par conséquent les mots qui les exprimeront dans cette langue, doivent avoir leur place fixe dans l'ordre alphabétique, ou, ce qui revient au même, ces mots seront déjà fixés d'avance. Ainsi ceux qui les entendront ou les liront pour la première fois, comprendront presque entièrement leur signification.

Avant de terminer cette matière, nous remarquerons deux circonstances particulières, et qui, à première vue, paraissent incompatibles avec une telle richesse. La première, c'est que le Dictionnaire de la langue universelle sera plus court et la mémoire moins surchargée que dans les autres langues. En effet, les règles de composition, d'invention des mots ou de leurs dérivés sont si constantes et si uniformes, qu'en

---

objet. Il n'en est pas ainsi de la langue universelle ; car le mot destiné à signifier un objet étant, pour ainsi dire, une définition complète de cet objet, en donnera une idée suffisante.

On craindra peut-être qu'il ne soit difficile de former un nombre aussi extraordinaire de mots avec les seules vingt lettres que nous donnons dans l'alphabet, surtout n'admettant pas de mots trop longs ni des combinaisons de lettres dures à l'oreille.

Pour dissiper cette crainte, nous avons calculé le nombre de mots qui pourraient se former avec les 20 lettres, en excluant les combinaisons dures pour la prononciation, et nous avons trouvé par approximation le résultat suivant :

Avec des mots composés de
5 lettres, on formera 7 millions de ces mots.
6 lettres, ———— 400 millions.
7 lettres, ——— 30 milliards.
8 lettres, ——— 2,000 milliards.

connaissant celles d'un seul mot, on connaît celles des autres sans le secours d'un dictionnaire. La seconde, c'est que cette richesse ne causera ni les complications, ni les doutes, ni les embarras, ni la confusion qui résultent ordinairement de la richesse, dans les autres langues. Voyez les nᵒˢ 23, 30 et 31.

XXXV. — *Cette langue est essentiellement analytique.* En effet, chacun de ses mots est une définition analytique de l'objet signifié ; car chacune des lettres qui composent les mots, désigne la classe spéciale à laquelle il appartient, depuis les classes supérieures jusqu'à la dernière nuance (1).

Il résulte de là que dans cette langue, apprendre des mots n'est pas seulement apprendre des noms pour désigner des choses, mais encore se former une

---

(1) C'est ce que nous avons vu par les exemples cités dans la note du nᵒ 32, où l'on remarque que la première lettre de chaque mot indique que l'objet signifié appartient à une classe ou à un genre qui lui est supérieur ; la seconde lettre, qu'il appartient à un autre genre inférieur ; la troisième, le place dans une classe encore plus restreinte, jusqu'à ce qu'il arrive à la dernière nuance. Quelquefois, une seule lettre suffit pour déterminer deux, trois et même quatre genres distincts. Ainsi, dans le mot *Eruba*, l'R détermine trois circonstances ou trois classes : la première, c'est qu'il n'appartient pas à la vie végétale, qui ne va que jusqu'aux initiales EL, mais bien à la vie animale qui commence aux initiales EM ; 2ª que ce n'est pas un membre comme ENA (tête), ni une action comme *Epelar* (respirer), mais un individu ; 3° que cet individu est un animal vertébré et non sans vertèbres, parce qu'alors le mot commencerait par ES. Le B détermine aussi deux qualités ou genres, celle de ruminant et celle de n'avoir pas de cornes.

idée exacte et analysée de tout ce qu'ils expriment.
Celui qui a appris les mots *amade*, *amafe* et d'autres
indiqués dans la note du n° 32, non-seulement sait
ce qu'ils signifient, mais encore il connaît les qualités
principales de la chose signifiée. Par exemple, il sait
que le *chameau* et le *dromadaire* sont des animaux
vertébrés, mammifères, ruminants et sans cornes. Il
sait que *pape* et *primat* appartiennent à la hiérarchie
ecclésiastique relativement à la juridiction, et que
évêque, *prêtre* et *diacre*, appartiennent à la hiérarchie
d'ordre, etc., etc. De plus il sait que tous les mots qui
commencent par *am* appartiennent à la géographie et
en particulier à la géographie civile; que les mots qui
commencent par ERUB appartiennent aux animaux
vertébrés, mammifères et ruminants sans cornes. Il
sait encore que ceux qui commencent par LALGI, signifient parent consanguin, etc. Il faut bien remarquer que cette propriété s'étend absolument à tous les
mots de la langue. Il résulte de là que, quand il connaît la signification d'un mot d'une classe, il connaît
approximativement celle de tous les mots de la même
classe et les relations qu'ils ont entre eux, soit de
supériorité, soit d'infériorité, de dépendance, de
proximité, etc. Pour cette raison, celui qui dans cette
langue connaît un nombre de mots égal à celui que
connaît un enfant de neuf à dix ans, possède par là
même (à part de toute autre étude) un nombre incroyable de connaissances coordonnées et analysées
sur presque toutes les matières. De plus, il possède

en germe beaucoup d'autres connaissances qu'il développera en se servant de l'ordre alphabétique des lettres (1). Ainsi un enfant ne comprendra pas toute la valeur du mot ERUBA (chameau), mais il la trouvera dans le nom même, lorsqu'il acquerra les idées de vie, d'animal, de vertèbres, de mammifères.

XXXVI. — *Cette langue est éminemment philosophique.* En abordant cette question, nous devons avertir nos lecteurs que la qualité de langue philosophique convient à celle-ci d'une manière plus exacte et dans un sens plus profond que celui qu'on donne ordinairement à ces mots, quand il s'agit des autres langues. En effet, celle dont nous parlons ne sera pas seulement fondée sur les principes philosophiques d'une gram-

---

(1) Dans les autres langues, la connaissance du nom d'une chose ne nous donne par elle-même aucune idée de ses qualités, et ne nous sert de rien pour connaître ou pour deviner la signification d'autres mots, si semblables qu'ils soient. Généralement parlant, à peine y a-t-il, dans les autres langues quelques mots qui, semblables dans les lettres, le soient aussi dans leurs significations, excepté les dérivés et les composés. Au contraire, les noms les plus différents ont souvent entre eux un sens presque semblable. Tels sont :

Bœuf, taureau, veau. = Mouton, brebis, agneau. Aïeul, père, fils, frère, oncle, cousin, mari, femme = beau-père, gendre, beau-frère, etc. Les mots dérivés et composés paraissent faire une exception à cette remarque. Mais les anomalies qu'on trouve dans leur formation et dans leur signification sont si nombreuses et si variées, que pour les reconnaître et fixer leur sens, il faut très-souvent employer le même travail que pour connaître des mots qui nous sont tout à fait inconnus. (Voyez la note du n° 31.)

maire raisonnée, excluant toute sorte d'anomalie et tout mélange confus de mots de diverses origines, accumulés sans ordre et sans intelligence ; mais par sa précision, son analyse et sa méthode, elle sera un instrument puissant pour la formation des idées justes, et un moyen efficace pour corriger les idées fausses. Cette manière de nous expliquer ne paraîtra point exagérée à ceux qui ont approfondi la nature des langues, et qui savent que non-seulement elles nous servent d'intermédiaire pour communiquer nos idées ; mais qu'elles sont encore les instruments qui nous servent à les former, et par conséquent que le meilleur moyen de se faire des idées vraies ou de rectifier des idées fausses, c'est d'employer une langue précise et analytique.

Une langue bien faite n'emploiera jamais un mot avec des significations différentes, mais elle attachera à chaque mot sa signification réelle et définitive. De même elle exclura le sens vague et indéterminé de tous ces mots qui, sans changer de signification d'une manière positive, présentent un même objet sous différents aspects, passant de l'un à l'autre insensiblement et sans pouvoir préciser facilement le point de transition. Dans les deux cas, il y a grand danger d'erreur, parce qu'en employant toujours le même mot, il semble que l'on parle toujours des mêmes objets et sous le même point de vue, et cependant l'un et l'autre ont changé. De là il résulte qu'il y a deux expressions et deux objets, quand nous croyons qu'il n'y en a qu'un, et par conséquent quatre termes au moins dans le raisonnement (1) ; tandis que le raisonnement, pour être bon, ne doit avoir que trois termes,

---

(1) Si nous examinons les causes des disputes et de la divergence d'opinions, nous verrons que la plus grande partie de nos erreurs naît de ce double sens des mots.

Prenons un exemple. Le mot *souveraineté* s'emploie au moins dans quatre ou cinq sens différents, et tous très-exacts quand ils sont bien appliqués. Mais la confusion de ces différents sens est cause d'une foule incroyable d'erreurs, et quelquefois même de crimes atroces, de révolutions ou de réactions épouvantables. Tous ces maux auraient pu être évités en donnant constamment des noms différents à des choses réellement très-distinctes. En effet, la souveraineté ou le pouvoir suprême reçoit au moins les significations suivantes : la première, le pouvoir suprême exécutif, ordinairement concentré entre les mains du chef de chaque nation ; la deuxième, le pouvoir suprême législatif, qui souvent se trouve dans les mains de ce chef, mais presque toujours limité, ou partagé entre les différents corps de l'État ; la troisième, le pouvoir suprême constitutionnel délégué, et qui fréquemment est joint au pouvoir législatif, mais toujours avec quelques restrictions tacites ou exprimées, du moins quant aux bases capitales de la Constitution ; la quatrième, le pouvoir suprême fondamental et originaire, que les nations mettent rarement en exercice d'une manière directe, mais que l'on ne peut raisonnablement pas nier, puisque sans lui aucun des autres pouvoirs n'existerait.

Supposons que chacun de ces pouvoirs suprêmes et souverains dans leurs classes eût eu toujours un nom propre et particulier, consacré à le signifier sans jamais le confondre avec aucun des autres : Alors la clarté des idées qui aurait nécessairement résulté d'une distinction nette de ces noms, eût rendu impossibles les erreurs qui sont communes aujourd'hui dans des sens si opposés, et que les nations ont expiées d'une manière si cruelle. Alors, on n'aurait point rencontré un homme assez fou, qui eût pu compter parmi les prérogatives essentielles du chef de l'État, celle de posséder le suprême pouvoir constituant, et encore moins, celle de posséder, comme propre, le pouvoir originaire : personne aussi n'aurait songé à attribuer aux particuliers le souverain pouvoir exécutif.

Autre exemple : Le domaine sur les choses peut être : 1° un domaine parfait, absolu et indépendant, et ce domaine n'appartient qu'à Dieu seul ;

comme le démontrent les logiciens. Or le caractère spécial de cette langue est de fixer d'une manière positive le sens précis de chaque mot et d'exclure tout sens double, vague et ambigu (1), en le déterminant

---

2° le haut domaine qu'ont les nations sur les biens des associés, lorsqu'il est nécessaire à leur conservation, mais toujours d'accord avec les principes de droit naturel prescrits par le seul maître absolu qui est Dieu ; 3° le domaine qu'exercent les autorités, conformément aux lois et avec les restrictions que celles-ci posent, comme nous en voyons un exemple dans les lois d'expropriation : celui-ci découle du précédent ; 4° le domaine des particuliers sur leurs biens propres, tant qu'ils leur appartiennent ; 5° le domaine des êtres moraux dont l'existence (je dis l'existence et non la tolérance pour éviter des questions controversées) dépend de la loi ; supposant toujours que cette loi, comme toute autre, doit être d'accord avec les principes de la loi naturelle. On pourrait dire la même chose des mots *droit*, *légitimité*, *peuple*, et de mille autres qui, employés dans des sens différents, sont cause d'une foule d'erreurs et de maux qui affligent l'humanité. Ne croyez point que les erreurs qui découlent de cette fatale confusion de mots, s'arrêtent aux matières politiques. Nous aurions un tableau bien triste à faire, si nous parlions des questions religieuses qui se sont compliquées par la même raison et avec des résultats très-funestes pour le bien public ; nous ne manquerions pas non plus de faits à citer en médecine, en métaphysique et dans d'autres sciences.

Maintenant, consultons les dictionnaires des langues, et nous verrons que la plus grande partie de leurs mots ont deux, trois, quatre significations et même plus. Il est vrai que souvent le sens se détermine par le contexte de la phrase, ou par d'autres circonstances ; mais ces règles d'interprétation ne sont pas toujours applicables ni sûres, et il y a une foule de cas où le sens vague du mot conduit à de funestes équivoques. Là se trouve la cause la plus générale de toutes les erreurs, comme l'ont remarqué quelques écrivains qui ont traité cette matière avec beaucoup de tact. Ne conclura-t-on pas le besoin de former une langue universelle qui, basée sur des principes philosophiques, posséderait l'inappréciable avantage de n'employer aucun mot dans un sens double ?

(1) L'exclusion absolue de toute ambiguïté dans le sens des mots suppose une perfection dans les idées et dans leur formation, laquelle est incompatible avec l'imperfection de nos facultés et de nos moyens de com-

par un moyen sensible, sûr et analytique, comme est l'ordre alphabétique de toutes ses lettres.

Par cette raison, plusieurs personnes très-intelligentes, après un long examen de ce projet, lui ont reconnu plus de valeur comme instrument pour analyser, classer et fixer les principes des sciences, pour rectifier le jugement, pour donner une méthode à l'enseignement et pour faciliter les études, que comme un moyen de communication entre les savants de tous les peuples (1).

---

muniquer nos idées aux autres. On peut cependant améliorer beaucoup ce point très-important ; et ceux qui connaissent l'action et la réaction entre les idées et les signes, entre les langues et les progrès des sciences, reconnaissent les avantages incalculables qui résulteraient d'une langue vraiment philosophique.

(1) Le caractère philosophique de la langue recevrait une amélioration importante, si l'on adoptait un système plus large de ponctuation, qui contribuerait à rendre la phrase plus claire, et à mieux désigner la liaison et la relation des idées, et par conséquent à diriger le jugement, comme on l'indique au n° 27 de ce *Projet*.

Il y a des personnes qui espèrent qu'une langue perfectionnée pourra devenir la langue *caractéristique* que cherchait Leibnitz, comme un moyen efficace d'invention et comme une règle sûre pour diriger notre jugement *dans* toutes les sciences, avec la même *exactitude* et la même force démonstrative que *dans* les mathématiques. Le moyen de réaliser cette pensée est d'avoir des signes aussi fixes et aussi *exacts* dans leur signification que le sont les signes arithmétiques et algébriques.

Cette espérance, quelque flatteuse qu'elle soit, nous paraît exagérée et illusoire. L'*exactitude* des sciences mathématiques a pour base l'idée parfaite de l'unité et de toutes ses modifications. En supposant cette perfection absolue, on a pu inventer des signes également parfaits, et nous les trouvons par bonheur dans les chiffres arabes. En effet, nous pouvons exprimer exactement par le calcul et le raisonnement les nuances les plus insaisissables et qui surpassent l'imagination humaine,

XXXVII. — *De l'influence salutaire de cette langue pour la manière de raisonner dans toutes les sciences.* En admettant la doctrine exposée dans le numéro précédent, il est impossible de ne pas reconnaître l'avantage que nous venons d'indiquer ; car il en est la conséquence nécessaire. Cet avantage est d'une importance incalculable, tant pour les progrès matériels de la société que pour ses progrès scientifiques. Il est impossible, en effet, de s'accoutumer à parler et à raisonner dans une langue essentiellement analytique et philosophique, sans acquérir l'habitude d'un raisonnement exact sur toute sorte de matière (1).

---

comme par exemple : une fraction quadrillionième et d'autres infiniment plus petites. C'est pourquoi on a pu simplifier et améliorer les calculs au moyen de signes algébriques, sans que pour cela leur exactitude en souffre. Mais dans les autres sciences, nous n'avons ni ne pouvons avoir aucune base qui participe de cette parfaite exactitude qui appartient à l'idée de l'unité, et qui puisse nous guider sûrement dans les conséquences les plus éloignées. Il s'ensuit donc que ne pouvant avoir une exactitude parfaite dans les idées, nous ne pouvons non plus l'avoir dans les signes, selon ce que nous avons indiqué dans la note de la page 76.

Mais cette impossibilité, loin de nous décourager, doit au contraire stimuler nos efforts pour approcher de la perfection du langage ; car, s'il ne nous est pas donné d'atteindre le dernier degré de perfection, le champ du moins reste toujours ouvert pour travailler, et à force de constance, nos travaux pourront être couronnés de succès.

(1) Il ne faut pas croire que nous nous fassions illusion sur cette langue, et que nous pensions que par son exactitude philosophique elle pourra remédier à tous les abus qui naissent du langage, ou prévenir tous les égarements de la raison. Ennemi par caractère et par conviction de toute idée exagérée, rarement nous adoptons sans restriction les propositions trop générales, et surtout celles qui supposent une perfection dans les choses humaines. Par conséquent, on doit entendre nos propositions, non

Nous ajouterons la remarque suivante : les travaux préparatoires pour la formation de cette langue seront très-utiles pour les sciences, car ils demandent une grande précision dans l'analyse de tous leurs détails. Cette précision une fois obtenue et fixée par les noms mêmes des objets, deviendra une acquisition très-importante pour les progrès scientifiques, dont on pourra profiter sans travail et sans étude. Voyez un exemple remarquable au deuxième appendice.

XXXVIII.—*Singuliers avantages de ses dictionnaires.* Les dictionnaires de toutes les langues connues ont beaucoup d'importance et sont absolument nécessaires pour le but auquel ils sont destinés ; mais leur lecture et leur étude spéciale pour apprendre une science quelconque deviendrait aussi ennuyeuse qu'inutile. Au contraire la lecture des dictionnaires de la langue que nous proposons, non-seulement serait plus utile et plus agréable, mais encore bien plus im-

---

dans le sens absolu de perfection de cette langue, mais dans le sens comparatif par rapport aux autres langues, qui ne sont ordinairement formées que par le concours fortuit de causes hétérogènes.

Nous avons fait cette remarque pour prévenir les fausses interprétations et les satires mordantes de ceux qui se plaisent à exagérer les doctrines des autres (peut-être parce qu'ils ne les comprennent pas), et qui croient obtenir un grand triomphe en combattant des fantômes qui n'existent que dans leur imagination. Espérons que nos lecteurs procéderont avec plus de bonne foi et de discernement, et que, s'ils n'approuvent pas nos idées, ils se contenteront de les attaquer telles qu'elles sont, sans les défigurer pour pouvoir plus facilement les tourner en ridicule.

portante pour faciliter l'étude de toutes les sciences, et pour répandre l'instruction et les lumières dans toutes les classes de la société.

Cette vérité sera palpable dès le jour où sera formé le dictionnaire; mais il est très-difficile de la faire sentir avant sa réalisation. En attendant, nous allons indiquer notre pensée. On peut distinguer trois sortes de dictionnaires : l'un, qui n'est qu'un *compendium*, l'autre, qui sera le dictionnaire ordinaire, et le troisième, beaucoup plus développé, contenant les définitions et les observations nécessaires. Le premier, étant ce que l'on appelle un dictionnaire de poche, sera comme une espèce de résumé méthodique et coordonné des points les plus importants de chaque science, de chaque art, et de chacune de leurs parties, ce qui est d'une grande utilité, soit pour se rappeler soit pour acquérir une connaissance moyenne de ces mêmes sciences. Le second dictionnaire servira de répertoire plus abondant, où nous trouverons les mêmes connaissances établies dans le même ordre, avec la même clarté, mais aussi plus développées. Le 3e dictionnaire présentera les plus grands avantages : ce sera comme une encyclopédie peu volumineuse et pourtant plus complète que toutes les encyclopédies connues; puisqu'il comprendra, sinon tout ce qu'il faut savoir dans les sciences, du moins leurs parties les plus importantes.

En effet, d'après ce que nous avons dit au n° 35, chaque mot est une définition qui comprend, d'après l'ordre alphabétique des lettres, 1° les classes supérieures et inférieures auxquelles appartient l'objet signifié; 2° le genre le plus prochain où il pourra se confondre encore avec d'autres objets; 3° la différence spécifique exprimée par la dernière lettre radicale (1) qui lui donnera sa signification positive. Ainsi dans ce grand dictionnaire, à mesure que l'on changera les lettres radicales dans les mots, on indiquera quelles sont les idées qui distinguent ce mot du mot précédent, et on y ajoutera les explications nécessaires pour avoir une connaissance assez claire de l'objet (2).

---

(1) Nous appelons lettres *radicales* celles qui déterminent et fixent les objets et les choses dont on parle, pour les distinguer des lettres *grammaticales* qui font connaître la qualité des différentes parties du discours, comme le usbstantif, l'adjectif, le verbe, la préposition, etc., les accidents de déclinaison et de conjugaison, etc., et les signes de *composition* ou de *dérivation*, etc.

(2) Ainsi, par exemple, à l'occasion de l'A initial, destiné pour les corps en général, on donnera une idée de ce qu'ils sont, et de ce qui appelle plus particulièrement l'attention sur eux.

A l'occasion de l'initiale ABA (corps simple) on expliquera ce qui le constitue tel qu'il est, en indiquant ses circonstances les plus importantes, par exemple : que chaque jour on en découvre d'autres, et que leur nombre pourra diminuer, si l'on trouve des moyens de les décomposer.

A l'occasion de l'E initial, on donnera une idée de ce qu'est la vie soit végétale, soit animale.

A l'occasion des initiales EC on signalera les caractères de la vie végétale, et dans les initiales *EM* ceux de la vie animale. Aux initiales *ER* on expliquera ce qui caractérise en général un être animal, comme aussi ce qui en fait un vertébré.— Aux initiales ERA on expliquera ce qui constitue la classe générale des mammifères, et en particulier celle des quadrumanes. C'est ainsi que l'on procédera dans toute matière.

CHAPITRE III.

SUITE DES AVANTAGES. FACILITÉ ET EXACTITUDE POUR LES TRADUCTIONS.

XXXIX. — Pour apprécier consciencieusement les avantages de la langue projetée quant à la traduction, c'est-à-dire, quant à la propriété de rendre par des mots le sens des mots des autres langues, il serait convenable de parler de nombreuses et très-graves difficultés que ces langues présentent, même quand il s'agit de traduire les expressions des langues qui leur sont très-analogues. Mais il sera facile d'observer que dans celle du Projet les difficultés disparaissent généralement, ou deviennent si légères que, comparativement, au moins, elles n'en méritent pas le nom. Mais pour ne pas donner trop d'étendue à cette question, nous parlerons seulement de la traduction d'un nombre très-considérable de substantifs, qui n'ont pas de mots qui leur correspondent dans d'autres langues. Sans parler des noms propres de personnes, de familles, de populations et de territoires des pays respectifs, on trouve dans ce cas beaucoup de noms d'emplois, de monnaies, de poids, de mesures, de jeux et mille autres relatifs aux lois, usages et coutumes particulières à certains pays, et qui n'existent pas dans d'autres.

Le moyen ordinaire et presque unique de traduire ces substantifs (s'il est permis de l'appeler traduction), c'est de les *transporter* intacts ou avec de légères variations dans les autres langues ; mais cette transposition, outre qu'elle défigure et dépare les langues par l'introduction de mots étrangers, entraîne de très-graves inconvénients, et particulièrement celui de ne donner aucune idée de la chose signifiée. Pour les atténuer un peu, on a l'habitude d'ajouter une note ou parenthèse à ces noms, lorsqu'il est très-important de savoir leur signification ; mais ce moyen, nécessaire pour se faire comprendre, est long, incommode, désagréable, embarrassant et même insoutenable dans un discours suivi, surtout lorsqu'on est obligé de l'employer souvent. Que signifient dans un livre français et presque pour tous les Français les mots *muphti, édile, dollars, reis*, et mille autres (1)? La même chose a lieu dans les autres langues ; seulement lorsque ces substantifs, par leur long usage, sont devenus familiers dans un langage et ont acquis pour ainsi dire le droit de cité, ils peuvent être compris par ceux qui parlent ; et alors même ils ne sont ordinairement en-

---

(1) Quelquefois il y a des mots qui correspondent à ces noms par la manière dont ils sont écrits ou prononcés, mais non par leur signification. — Dans ce cas, l'inconvénient est plus grand que dans les cas exprimés dans le texte, puisque ces noms nous donnent une idée positivement fausse des objets. Tels sont les mots *consul* et *diocèse* et mille autres, auxquels nous donnons un sens bien différent de celui que les Romains leur appliquaient.

tendus que par ceux qui sont versés dans cette matière. Tels sont en français les mots *divan*, *dey*, etc.

Ces inconvénients sont notoires pour tout le monde ;
nous les tolérons néanmoins, parce que les langues
connues n'offrent pas de moyens de les éviter. Mais,
au contraire, la langue du projet les fournit, parce
que l'ordre alphabétique des lettres du nom employé
dans la traduction (véritable traduction qui ne dé-
nature pas la langue), détermine et éclaircit le sens,
aussi bien et même mieux que les explications qu'on
pourrait donner au moyen de notes et de parenthèses.
Cela est si vrai, que ce sens sera compris même par
les personnes qui n'auraient jamais entendu prononcer ce nom.

Ainsi, par exemple, les substantifs *orbe*, *cisce*,
dalde, feront connaître, à celui qui aura une légère
teinture de la langue projetée, que le premier signifie
un pied de vers latin de deux syllabes brèves (le
pirrique), que le second signifie un instrument sonore
à l'instar d'une crécelle, et le troisième une espèce
de préfet ou de sous-préfet.

On objecte, et avec quelque raison, que quelquefois
le sens reste vague ; mais dans cette objection, comme
dans presque toutes les autres, on trouve une nouvelle
preuve des avantages de cette langue. Dans d'autres
idiomes, les noms, par exemple, de dignités, d'emplois, etc., d'une nation, ne donnent aucune idée de
ce qu'ils expriment, à ceux qui ne les connaissent pas
d'avance, et n'indiquent pas même qu'on parle d'é-

tres vivants, et moins encore d'hommes, ni de fonctionnaires (1). Au contraire, cette langue les traduit par un nom qui explique le sens avec assez d'exactitude, même pour ceux qui n'ont aucune idée de l'emploi ; il suffit pour cela de faire attention à l'ordre de ses lettres, comme nous l'avons vu dans les exemples que nous avons cités (2).

Outre cette ressource si avantageuse, il reste toujours celle qu'on emploie dans les autres langues, laquelle consiste à copier le nom de la langue originale, mais avec des différences extraordinairement favorables. En effet, au moyen de la diphthongue monosyllabique qu'on peut placer devant le mot, on évite de le confondre avec un autre, comme il arrive quelquefois même dans sa langue originale, et on détermine de plus sa signification. Qu'on jette un coup d'œil sur l'exemple cité dans le *Nota*, et qui s'applique à toute espèce d'objets, et l'on reconnaîtra jusqu'à quel point on peut produire l'exactitude et la clarté à

---

(1) Il est très-important de remarquer que ceci a lieu dans beaucoup de matières, même pour ceux qui parlent une même langue, et principalement s'ils appartiennent à des pays dans lesquels existent ou dans lesquels ont existé longtemps différents gouvernements, comme en Allemagne, en Italie et dans diverses provinces d'Espagne. Dans ce cas qui n'est pas rare, un Espagnol, par exemple, comprendra mieux le nom de la langue universelle, qui porte en lui-même sa signification, que le nom castillan pris du catalan, qui ne lui donnera aucune idée de l'objet.

(2) Nous pouvons encore nous rapprocher davantage d'une traduction complète, à l'aide de l'additionnelle *fa* avec ses diphthongues *faa*, *fae*, *fai*, *fao*, *fau*. (Voir le n° 43.)

l'aide de ce moyen que ne possède aucune autre langue.

XL. — *Nota.* Dans le projet, nous avons destiné les diphthongues monosyllabiques à faire connaître la signification des noms propres d'hommes, d'emplois, de cours d'eau, d'étoiles, etc., distinguant par ce moyen vingt classes ; lorsque dans les autres langues il n'existe pas de règles même pour reconnaître si le nom est propre, et à coup sûr on confond très-souvent un nom propre avec ceux qui ne le sont pas. Mais malgré la distinction de vingt classes, il peut être convenable de fixer la signification du nom propre plus précisément, et la langue projetée s'y prête d'une manière presque illimitée, sans altérer la simplicité de ses règles ni la fixité ni la clarté du sens. Nous allons le rendre palpable par la diphthongue *ao*, en laissant aux lecteurs le soin d'en faire l'application aux autres diphthongues initiales.

Cette diphthongue indique que le mot suivant est le nom d'un emploi civil, en le distinguant des dignités religieuses marquées par la diphthongue *au* (Voir le n° 14), mais sans déterminer plus particulièrement cet emploi. Cette diphthongue admet six classes de changements ; savoir : la même diphthongue *ao*, *aoa*, *aoe*, *aoi*, *aoo* et *aou*. On pourrait donc distinguer avec leur aide six classes d'emplois ; par exemple, *ao*, pour les degrés hiérarchiques des familles royales et nobles ; — *aoa*, pour les emplois administratifs ; —

aoè, pour les judiciaires; — *aoi*, pour les autorités du peuple; — *aoò*, pour les autorités militaires; — *aou*, pour les maritimes. Dans chaque division on marquerait leurs différents degrés en ajoutant respectivement à la diphthongue ou à la triphthongue une consonne et même deux (*aob*, *aoef*, *aoils*, etc.). Cela fournirait vingt-cinq ou trente dégrés pour chacune des six classes ou subdivisions; on aurait par conséquent un moyen simple et tout prêt pour distinguer deux cents classifications environ avec la seule diphthongue *ao* initiale et monosyllabique, en la destinant à signifier d'une manière fixe près de deux cents degrés dans les emplois civils.

Nous ne voulons pas parler des diphthongues composées de quatre voyelles, etc.; quoique à l'aide de l'*h*, plus ou moins aspirée, elles puissent être admises dans cette langue (et seulement dans celle-ci) sans violenter la prononciation. Nous les mentionnerons cependant pour faire sentir jusqu'à quel point s'étendrait la souplesse de la langue, si on avait besoin de s'en servir.

Le développement si étendu que nous venons de donner aux diphthongues monosyllabiques paraîtra tout d'abord embarrassant, et nous ne déciderons pas s'il convient de porter jusqu'à ce point une semblable minutie dans cette matière et dans beaucoup d'autres, sur lesquelles nous avons donné des explications analogues. Il nous semble que pour le moment il n'y a aucune nécessité de le faire; mais cela pourrait arriver plus tard (1), et les hommes de génie sauront choisir l'époque, le mode et l'extension qu'on doit donner à ces indications. Nous supposons qu'ils ne seront jamais en contradiction avec les bases de la langue, d'où naissent tous ses avantages. En attendant, nous pouvons établir trois choses : 1° que les principes de cette langue la rendent susceptible de ce développement si étendu ; 2° qu'une si grande minutie ne détruit pas la simplicité et la clarté de cette langue, ni la facilité de reconnaître la valeur et le sens de chacun de ces mots ; 3° ces applications se présentent maintenant à notre imagination comme compliquées et embarrassantes à cause de leur nouveauté et du manque d'usage ; mais leur emploi fréquent nous les rendrait familières et très-faciles, puisqu'elles seraient faites dans un ordre constamment logique.

Nous oserons même nous élever à de plus hautes pensées. Comme tout ce que nous proposons a seule-

---

(1) On peut voir les n°ˢ 16, 41 et suiv., et les sections ABA, AS et autres du Dictionnaire.

Pour le moment nous laissons tout cela sans applications positives, puisqu'elles ne sont pas nécessaires quant à présent. Pour le même motif nous n'avons pas employé ordinairement dans le Dictionnaire les diphthongues, ni les consonnes qui viennent après *b, c, d, f, g, p* et *t* (comme *bla, cre, fli, gro*), ni les combinaisons *abd, acm, ign, ofd* et mille autres semblables, ni les initiales *sb, sc, sp, st, mn* et un très-grand nombre d'autres analogues ; bien qu'on les emploie en plusieurs langues qui ne sont pas regardées comme ayant une prononciation trop dure. Si dans un avenir plus ou moins éloigné, on juge opportun de les employer, il n'y aura aucun inconvénient à le faire.

ment le caractère d'un projet qui doit être examiné,
corrigé et rectifié par des hommes versés dans la linguistique, il n'y a aucun inconvénient à ce que nos
indications ne soient pas entièrement exactes, ni
même à ce que quelques-unes soient entièrement re-
jetées, pourvu qu'on recueille quelque fruit des autres.
Ainsi, avec ce préliminaire, nous nous hasardons à
entrer dans le domaine de l'avenir. En effet, qui sait
s'il n'arrivera pas un temps, où l'étendue des connaissances humaines exigera la latitude du langage dont
nous venons de parler, d'autant plus qu'il est très-
facile d'en faire l'application à presque toutes les
sections du dictionnaire.

Peut-être le monde n'a pas parcouru encore la
dixième ni la centième partie de sa durée, et moins
encore celle de ses progrès scientifiques, parce que
ceux-ci suivent une progression beaucoup plus élevée
que la progression arithmétique. Les langues actuelles
ne se prêtent pas certainement à un langage tel que
l'exigent tant de connaissances si multipliées et si délicates. Elles se prêteraient encore moins à ce langage,
s'il devait être universel, et renfermer des mots qui
répondissent aux idées de tous les temps et de tous
les pays. Peut-être la Providence se propose-t-elle de
nous initier à une langue qui puisse plus tard satisfaire tous les besoins du langage. Peut-être aussi
cette langue servira-t-elle seulement comme intermédiaire pour une autre plus parfaite, que Dieu fera connaître dans le temps convenable, en employant un

instrument quelconque, puisqu'ils sont tous bons entre ses mains.

Nous savons bien qu'il y a des prophètes de mauvais augure, qui nous annoncent comme prochaine la fin du monde ; malgré les démentis que beaucoup d'autres ont reçus, bien qu'ils l'annonçassent comme imminente, en se fondant presque sur les mêmes raisons qu'on allègue aujourd'hui. Mais il ne manque pas d'interprètes respectables et très-instruits sur les saintes Écritures, qui donnent au monde une série de siècles très-longue et indéterminée. En effet, les passages que l'on cite d'Isaïe et d'autres prophètes, sont plus forts (sans vouloir pour cela dire qu'ils parlent d'une manière claire et décisive) que les conjectures des visionnaires de nos jours. Ces prophètes nous peignent avec les expressions les plus vives la propagation de l'Église par toute la terre, la fermeté et la durée de son règne, la paix générale, la conduite pure, les brillantes vertus des fidèles et l'application de tous les instruments de guerre aux travaux pacifiques des champs et des arts. Ces promesses et mille autres pareilles font croire à ces interprètes que la providence du Rédempteur réserve à son épouse des jours, des siècles et peut-être même des milliers de siècles, où il y aura plus de pureté, de charité et de justice que dans les siècles qui se sont déjà écoulés. Cependant ces interprètes reconnaissent toujours qu'à la fin du monde se renouvellera la triste époque d'une corruption générale, qui paraît clairement annoncée dans l'Écriture-Sainte. Les heureuses espérances dont nous avons parlé, pourront être vaines, et notre esprit n'ose pas donner son entière adhésion à des opinions que l'Église n'accepte ni ne réprouve ; mais le cœur se complaît à considérer comme possible la réalisation de ces espérances. Cette pensée le distrait et le console du triste spectacle que lui offre l'humanité ensevelie dans les ténèbres de l'idolâtrie, ou déchirée par le schisme et l'hérésie, ou déshonorant par ses vices et ses crimes la religion qu'elle a reçue du ciel. Ainsi les âmes pures et jalouses de la gloire du Seigneur ne rencontrent, comme la colombe de Noé, aucun endroit pour se reposer, sinon à côté du petit nombre de personnes qui se sont sauvées de l'inondation générale. Qu'il soit donc permis au fidèle de se consoler au moins avec cette flatteuse espérance : peut-être les six mille ans que compte le monde, si souillé par l'immoralité de la race humaine, seront une petite partie de sa durée ; peut-être serviront-ils comme les taches du soleil à faire ressortir davantage l'éclat des siècles infinis qui les suivront ; peut-être tous les hommes, réunis par l'unité de croyance et sous la direction d'un seul pasteur, vivront-ils dans la paix avec leur cœur, avec leurs proches et avec leur Dieu, ne formant qu'un seul peuple, *quorum sit cor unum et anima una.* L'esprit s'élève et se dilate avec cette consolante pensée, et les œuvres de la création et de la rédemption, prenant à nos yeux des proportions immenses, mais non supérieures, ni même égales à leur Auteur.

dissipent les nuages qui obscurcissent notre faible raison en l'assujettissant à des considérations étroites et mesquines.

En parlant de milliers de siècles, l'imagination de l'homme se confond et s'égare ; mais pour Dieu, ils sont comme un jour, et un jour déjà passé, *tanquam dies hesterna quæ præteriit*. La raison ne les repousse pas, et il ne manque pas de philosophes très-catholiques, qui les admettent comme réellement passés depuis la création de la matière jusqu'à la création d'Adam. D'après leur opinion, cette matière occupait comme une vapeur les espaces immenses où brillent maintenant tous les astres. La foi chrétienne en dit encore davantage. Elle nous enseigne en effet que (ce monde terrestre existant ou n'existant pas), ces milliers et millions de siècles s'écouleront, et l'éternité sera aussi entière qu'au jour de la création.

Eh bien ! si le monde doit encore durer des siècles, si le cercle de ses connaissances doit s'agrandir indéfiniment, ayons donc une langue dont les ressources soient pour ainsi dire infinies et s'harmonisent avec ses impérieuses exigences.

CHAPITRE IV.

Emploi et avantages des syllabes additionnelles. — Elles sont destinées à fixer le sens vague des mots trop génériques, et à classer par leur nom tout seul un nombre très-considérable d'objets.

XLI. — *Des additionnelles commençant par B ou par C.* — Ce que nous avons dit dans le numéro précédent s'applique d'une manière semblable à beaucoup de noms, dont la signification est ordinairement vague et peu déterminée dans d'autres langues.

En effet, il arrive fréquemment dans les langues, qu'elles possèdent seulement un ou deux substantifs pour exprimer beaucoup d'objets plus ou moins analogues entre eux, mais qui varient d'une manière très-importante sous les rapports de grandeur, d'étendue, d'efficacité, de dignité, etc., qu'il importe de faire connaître et de bien déterminer. Dans ces cas il est très-convenable d'avoir différents mots qui fixent par eux-mêmes ces circonstances sans d'autres explications qui entraveraient les discours à chaque instant (1).

---

(1) Nous citerons quelques exemples : en espagnol le mot *Rio* (rivière) peut se rapporter au Manzanares, au Segura, à l'Èbre, au Danube, au Mississipi, etc. En français *ville* peut se dire de Saint-Germain, de Ver-

Il existe encore des noms qui déterminent ces circonstances, mais qui sont difficiles à apprendre et à retenir d'une manière claire et distincte. C'est ce qui arrive très-ordinairement pour les noms qui appartiennent au langage technique de certaines professions, ou aux usages des pays étrangers (1).

Eh bien! la langue universelle offre des moyens très-simples de déterminer ce sens d'une manière positive, et en suivant son principe inaltérable de l'ordre alphabétique des lettres. Tel est, par exemple, celui d'employer certaines syllabes, en les ajoutant par un système simple au nom des objets. Pour le mettre à exécution, nous proposons de considérer comme additionnelles les syllabes qui commencent par *b*, *c*, *d* et *f*, quand elles suivent un substantif. On le comprendra bien par les exemples que nous allons citer.

Afin de donner une plus grande latitude à la pensée et de déterminer plus positivement les circonstances, nous diviserons et subdiviserons ces syllabes selon qu'elles commencent par *b*, *c*, *d* ou *f*, et selon les lettres voyelles ou consonnes qui viennent

---

sailles, de Lyon, de Paris ou de Londres. Un troupeau peut avoir dix, cent, mille têtes de brebis, par exemple.

(1) Voici quelques exemples : les noms de bateaux, même avec des noms français, à plus forte raison s'ils sont anglais, chinois, japonais, etc.— ceux des grades de l'armée dans divers pays ; — ceux des mois ou autres divisions du temps chez les Hébreux, Grecs, Égyptiens, Turcs, Chinois, Indiens, etc., avec des milliers d'autres noms qui se rencontrent sans cesse.

après. Ainsi celles qui commencent par *b* se diviseront en trois classes : classe première ou inférieure, *ba, be, bi, bo, bu;* — classe deuxième ou moyenne, *bla, ble, bli, blo, blu;* — classe troisième ou supérieure, *bra, bre, bri, bro, bru.*

Exemple. Supposons que *jala* signifie embarcation. Nous divisons les embarcations en trois classes, savoir : inférieure, moyenne et supérieure, c'est-à-dire embarcations petites, moyennes et grandes. Pour les classer nous prenons comme base le nombre de tonneaux que chacune peut porter, ce qui nous semble être le moyen le plus simple. Dans ce cas, *jalaba* exprimerait une embarcation petite en général, jusqu'à la capacité, par exemple, de 100 tonneaux; *jalabla* exprimerait les moyennes en général, par exemple, jusqu'à 1000 tonneaux, et *jalabra* les grandes en général, celles qui dépasseraient 1000. Dans cette hypothèse, *jalabe, jalabi, jalabo, jalabu,* signifieraient en particulier et respectivement les intermédiaires, savoir, par exemple, celles de 1 à 10 tonneaux, de 10 à 30, de 30 à 60, et de 60 à 100, et l'on suivrait la même règle dans les deux autres classes. Il est bien entendu, d'après ce que nous avons dit dans beaucoup d'autres endroits, qu'à l'aide des diphthongues (et dans un cas nécessaire des triphthongues), on fixerait beaucoup mieux la capacité des embarcations. *Jalabea* serait une barque de moins de 2 tonneaux; *jalabee,* de 2 à 4; *jalabei,* de 4 à 6; *jalabeo,* de 6 à 8; *jalabeu,* de 8 à 10, en procédant d'après la même méthode dans les autres divisions et subdivisions.

Ce système a une application facile, spécialement pour les objets qui forment entre eux une échelle de nombre, de grandeur, d'efficacité, de dignité, etc. On prendrait pour base un nom générique, et l'on classerait les divisions subalternes par les additionnelles en *b*, *bl*, et *br*, qu'on subdiviserait par les voyelles *a*, *e*, *i*, *o*, *u*. S'il était nécessaire on ferait encore d'autres subdivisions au moyen de diphthongues et triphthongues, d'après ce que nous avons dit dans l'exemple précédent.

Exemples sur divers objets. — *Asina* (lac), générique : pourrait prendre, pour base pour les classes et subdivisions, l'étendue du terrain qu'il occupe. — *Asere* (rivière, ou mieux, cours d'eau), générique : pourrait prendre pour base, quant aux trois divisions principales, la quantité d'eau insuffisante pour toute navigation, ou seulement suffisante pour une petite navigation, ou suffisante pour une grande navigation (1). — *Asoba* (vent), générique : prendrait pour base des divisions l'espace parcouru, par exemple, en une seconde. Les vents pourraient être classés en faibles, forts et violents. — *Atibe* (population), géné-

____

(1) Pour prévenir certaines objections il convient de remarquer : 1° qu'il y a un nom générique pour un cours d'eau en général, ainsi que des noms génériques pour un cours d'eau innavigable, navigable en petit et navigable en grand ; 2° que les noms que nous proposons n'empéchent pas de faire par les moyens ordinaires d'autres explications qui pourraient être convenables. (Voyez encore ce que nous disons là-dessus au n° 63.)

rique. On prendrait pour base le nombre des habitants. On pourrait les classer ainsi : —première classe, d'1 habitant à 1,000 (subdivisions, 1 à 20 exclusivement—à 100—à 400—à 1,000);—deuxième classe, de 1,000 à 100,000 (subdivisions, 1,000 à 5,000—à 20,000 — à 60,000 — à 100,000); — troisième classe, au delà de 100,000 (subdivisions de 100,000—à 200,000—à 500,000—à 1,000,000—plus de 1,000,000). — *Emane* (troupeau d'*animaux*), générique. On prendrait pour base le nombre des têtes, par exemple, première division, juqu'à 100 têtes; deuxième division, jusqu'à 1,000; troisième division, au delà de 1,000 : ces trois divisions auraient les subdivisions expliquées. — *Geba* (militaire), générique. On prendrait pour base les grades : première classe, soldats; deuxième classe, officiers; troisième classe, généraux. — *Gabi* (troupe), générique. On prendrait pour base le nombre des soldats : première division, jusqu'à 1,000; deuxième division, jusqu'à 100,000; troisième division, plus de 100,000. — *Jone* (monnaie), générique. Pour les monnaies des temps ou des pays, lesquelles n'ont aucune analogie avec les nôtres, on peut employer les diphthongues monosyllabiques, ainsi que nous l'avons expliqué dans le numéro précédent. En outre on peut employer les additionnelles et marquer leur valeur avec beaucoup d'approximation, en prenant pour base de l'échelle depuis 1 centime jusqu'à 100 francs, et en suivant l'ordre établi pour les cas précédents. Si on veut

BIBLIOTHÈQUE IMPÉRIALE

distinguer et dénommer par classes les monnaies d'or, d'argent, de cuivre ou autres (*jonma, jompa, jonra* et *jonsa* (voir la section JO), il sera plus facile de le faire avec les additionnelles, en prenant pour base le poids de la monnaie par grammes de un à mille.

Les additionnelles peuvent être employées pour des objets égaux entre eux, et dans lesquels il faut marquer seulement l'ordre numérique premier, deuxième, troisième, tels que les saisons, les mois, les jours de la semaine, les heures du jour (1). On peut les former très-simplement jusqu'au nombre de quinze, par les syllabes *ba, be, bi, bo, bu; bla, ble, bli, blo, blu; bra, bre, bri, bro, bru.* Quand les objets dépassent le nombre quinze, il nous paraît plus simple d'employer le nombre ordinal *vingtième, centième*, etc., que de chercher des règles et des explications nouvelles.

Tout ce que nous avons dit des syllabes additionnelles qui commencent par B, s'applique à celles qui commencent par la consonne C, qui admet les mêmes classes, divisions et subdivisions; mais nous serions portés à établir entre elles la différence que nous avons déjà proposée, savoir : les additionnelles qui commencent par B signifieront les objets en pro-

---

(1) Nous ne voyons pas d'obstacles à appliquer ces additionnelles aux cinq doigts des mains et des pieds, aux cinq classes de troncs que distinguent les botanistes dans les végétaux (section EGE), et à d'autres cas analogues qui se présenteront en diverses matières.

gression ascendante, de moins à plus, par exemple :
de soldat à général, de barque à vaisseau, etc.; et
celles qui commencent en C exprimeront une progression descendante de plus à moins, de Londres
à un hameau, depuis le fleuve Saint-Laurent jusqu'à
un petit ruisseau, depuis le généralissime jusqu'au
soldat (1). Quelqu'un nous a fait observer qu'il y aurait plus de simplicité dans le système, en réduisant
tous les cas aux additionnelles avec B, et en procédant toujours par une progression ascendante. Nous
préférons, néanmoins, les deux lettres et les deux
progressions, non-seulement pour rendre la langue
plus riche et plus variée, mais aussi parce que dans
quelques cas on trouverait de la difficulté ou de
l'obscurité à commencer par le moins pour arriver au
plus (2).

---

(1) Dans cette hypothèse, *jalaba* équivaudra à *jalacru*, *jalabe* à *jalacro*,
jalabi à *jalacri*, etc., etc. On pourra réserver pour le style relevé les
syllabes qui commencent par C.

(2) Cela aura lieu très-souvent, si dans la suite on admet, pour plus de
richesse et de variété, ce que nous n'avons pas proposé jusqu'à présent,
savoir : de donner plus d'étendue aux additionnelles, en les appliquant à
un grand nombre de matières dans lesquelles il existe quelque succession
ou gradation, comme, par exemple, pape, patriarche, primat, métropolitain, suffragant; évêque, prêtre, diacre, sous-diacre, acolyte; fils,
petit-fils, arrière-petit-fils et petit-fils au quatrième degré.

A cette occasion nous émettrons notre opinion sur ce sujet. Sans nous
opposer à ce qu'on donne cette extension aux additionnelles, nous croyons
que dans ce cas on doit le faire en conservant les noms propres et directs
qui sont indiqués dans le Dictionnaire, et qui sont plus courts, plus simples et moins monotones. De même nous désirerions que ceux-là seule-

XLII. — *Additionnelles commençant par D.* Après avoir expliqué l'usage que nous proposons des additionnelles commençant par B ou par C, nous ajoutons qu'on pourrait l'appliquer à celles qui commencent par D ou par F, dans la forme suivante (1) :

Les additionnelles en D pourront désigner : 1° les parties composant un objet, comme la racine, le col, la couronne et l'émail d'une dent, le canon, la tige et les barbes d'une plume ; 2° les circonstances modificatives d'un objet, comme dans *âge* : l'allaitement, l'enfance, la puberté, l'adolescence, la jeunesse, la virilité, la maturité, l'âge avancé, la vieillesse, la décrépitude et la caducité. Dans les couleurs (section API) les modifications que reçoivent les sept couleurs primitives par leurs divers mélanges, en prenant pour base du nom celui de la couleur primitive qui serait la prédominante.

XLIII. — *Additionnelles qui commencent en F.* Elles seront destinées aux cas suivants : L'additionnelle *fa* indiquera que l'objet signifié par le nom portant cette additionnelle, est semblable à celui signifié par le

---

ment entrassent dans le langage ordinaire, et qu'on réservât les autres pour les employer avec discernement dans des discours un peu plus relevés.

(1) Si les objets que nous désignons dans ce numéro ne semblaient pas aussi clairement déterminés par l'additionnelle, comme ceux que nous avons cités dans le numéro précédent, il serait nécessaire de spécifier leurs noms dans le Dictionnaire.

nom radical seul. Cela remédiera le plus possible au vague que, dans le n° 39, nous avons reconnu comme inévitable pour la traduction de certains emplois, jeux, usages et autres objets connus dans certains pays, et entièrement ignorés dans d'autres. Ainsi, par exemple, si dans la langue universelle nous appelons premier chef ou préfet d'un département *dalda*, une sérénade *bume*, et un tournois *melja*; les mots *daldafa*, *bumefa*, *meljafa*, signifieraient des choses d'autres pays respectivement semblables : c'est comme si nous disions une espèce de préfet, une espèce de sérénade, une fête semblable à un tournois. Il y a plus, à l'aide des diphthongues, il est très-simple et très-facile de distinguer les degrés de ressemblance. Ainsi, l'additionnelle *faa* exprimerait une ressemblance très-grande, qui se rapprocherait de l'identité; *fae* exprimerait une ressemblance notable; *fai*, une ressemblance médiocre; *fao*, une légère ressemblance, et *fau* seulement une ressemblance ou analogie très-éloignée. Tout cela, comme on voit, est clair et simple, et l'on n'a besoin d'employer ni parenthèses, ni explications toujours ennuyeuses, difficiles, vagues, embarrassantes et insoutenables dans le discours, surtout lorsqu'elles sont nombreuses.

Quant aux additionnelles *fe*, *fi*, *fo*, *fu*, *fla*, *fle*, *fra*, etc., nous les réservons avec intention pour des cas imprévus; car il est probable que pendant les essais de la langue, il surviendra d'utiles applications à des matières importantes.

XLIV. — *Applications des additionnelles aux verbes et aux adjectifs verbaux.* Les lettres *ar*, *er*, *ir*, *or*, *ur*, placées après les trois premières lettres d'un polysyllabe, désignent constamment que celui-ci est un verbe, d'après ce que nous avons établi comme règle sans exception. De même les consonnes B, C, D, F, G, et J, placées après le verbe et suivies d'une ou de deux voyelles, signifient le mode et le temps, et les finales L, N, R, S et T désignent la personne, et, par conséquent, la conjugaison reste ainsi complétement terminée. Nous pouvons donc, à notre gré, et sans aucun danger de doute ni d'obscurité, ajouter à la suite les lettres ou syllabes que nous croirons convenables pour désigner les modifications qu'on jugera opportunes, pourvu qu'on le fasse par des règles fixes et constantes qui excluent tout arbitraire.

Avec cette seule indication, on découvre un champ vaste, pour enrichir la langue de toutes espèces de nuances dans la signification des verbes, pour éviter tout danger de monotonie, et pour donner une grande variété de coloris au discours de tout genre. Elle n'aura donc à envier ni les conjugaisons moyennes des Grecs, ni celles des Hébreux, des Basques, de quelques idiomes américains et autres dont nous parlent plusieurs écrivains.

Qu'on remarque en outre que dans cette matière, comme dans tout, la langue projetée procède avec simplicité et sans danger d'ambiguïté. Une seule page, ajoutée à la grammaire, comme appendice, fixerait tous ces détails, sans la moindre obscurité ni la moindre explication.

Ces observations pourraient s'appliquer aux noms verbaux, auxquels on a destiné les autres consonnes, quand elles sont après les infinitifs *ar*, *er*, *ir*, *or*, ou *ur*, et elle nous donneraient des résultats analogues et non moins heureux.

Nous n'avons pas l'intention de déterminer, quant à présent du moins, les modifications indiquées, et moins encore de fixer les syllabes avec lesquelles on doit les signifier. Cela n'est pas urgent, puisque la langue possède déjà des éléments plus que suffisants pour procéder avec toute espèce de latitude et de facilité, sans ces secours de parade et de surabondance. Cependant nous proposons les règles suivantes :

Première règle. Les syllabes qu'on emploierait après avoir complété la conjugaison, et qui commenceraient par B, seraient destinées à donner de la variété aux verbes, quels qu'ils fussent, dans tous leurs modes, temps et personnes. Dans ce cas nous aurions un nombre presque indéfini des syllabes par lesquelles on pourrait terminer les verbes dans un mode, un temps et une personne quelconques sans changer et sans obscurcir le sens (1).

---

(1) Ainsi le mot *ucerardel* (que tu aimes) et tout autre d'un verbe, pourrait recevoir sans changer le sens : 1° les syllabes simples *ba*, *be*, *bi*, *bo*, *bu*; *bla*, *ble*, *bli*, *blo*, *blu*; *bra*, *bre*, *bri*, *bro*, *bru*, au nombre de quinze;

Deuxième règle. Toutes les autres consonnes (en les supposant placées de la même manière, c'est-à-dire, après avoir complété la conjugaison) pourraient être employées pour désigner autant de classes, de circonstances ou modifications de la signification du verbe, comme on en trouve des exemples dans les langues que nous avons citées et dans d'autres; et chacune de ces classes pourrait se diviser et se subdiviser en d'autres classes subalternes. Pour le moment, nous croyons inutile de les spécifier; nous dirons seulement que jamais ces classes ne parviendront à épuiser les moyens simples que cette langue possède pour les exprimer, quelques efforts qu'on fasse pour saisir les plus minutieuses nuances des actions; au contraire, on trouverait en elle le moyen de les exprimer d'une manière claire et positive; avantage très-important, et dont nous ne pouvons maintenant nous former une idée assez juste, faute d'expérience.

2° les mêmes quintuplées par des diphthongues, comme *bue*, *blio*, etc., qui donnent soixante-quinze de plus, et plus de mille syllabes inverses qui pourraient se former par l'addition de lettres consonnantes. A la rigueur, la mine ne serait pas épuisée, puisqu'on pourrait ajouter deux syllabes au verbe déjà conjugué, ce qui rendrait interminable le nombre de variations d'une personne quelconque du verbe, comme ressource poétique.

CHAPITRE V.

HARMONIE DE CETTE LANGUE : VARIÉTÉ DANS SES MOTS ET DANS SES TOURNURES DE PHRASES.

XLV.—*Harmonie dans la combinaison de ses lettres.*
En étudiant les langues des diverses nations, il est
facile de remarquer qu'il y en a plusieurs qui deviennent dures et difficiles à prononcer, à cause du
grand nombre de consonnes qu'elles emploient et de
la combinaison de ces consonnes. Il y en a d'autres
dans lesquelles les voyelles sont trop multipliées, ce
qui rend la prononciation molle, traînante et peu
agréable. Le hasard qui a présidé à leur formation,
ou au moins à leur progrès, a dû produire de semblables résultats. Mais la langue du Projet, ayant été
formée d'après une pensée fixe, et n'ayant rien à accorder à l'étymologie, ni à aucun autre précédent, on
a pu en choisir tous les mots à son gré, mêler avec
opportunité les consonnes et les voyelles, éviter ainsi
toute prononciation désagréable, et rendre par conséquent cette langue douce et harmonieuse. Qu'on
consulte l'essai du Dictionnaire, et l'on verra combien tous les mots sont aisés à prononcer.

On fera peut-être une objection, tirée de ce que
nous avons établi dans plusieurs numéros sur les
diphthongues et quatriphthongues, qu'on pourra em-

ployer pour donner une très-grande latitude à la langue. Mais il est facile de remarquer 1° que cela n'a lieu que pour quelques cas, où les règles établies ne permettent d'employer que des monosyllabes ; 2° que nous ne l'avons admis que pour des cas extraordinaires et imprévus, et pour prouver combien il est facile de satisfaire dans cette langue à tous les besoins que les progrès des connaissances pourront multiplier d'une manière indéfinie ; 3° que même dans ces cas si rares, l'interposition de l'*h* plus ou moins aspiré à volonté remédie à tout inconvénient.

XLVI. — *Latitude dans l'inversion des mots.* Cette latitude ne peut être établie maintenant d'une manière définitive. Elle ne sera pas décidée par des règles établies d'avance, mais par les tournures qu'adopteront les hommes de génie, de bon goût et d'une oreille délicate. Cependant nous ne craignons pas de donner à cette langue la préférence sous ce rapport, puisqu'elle réunit deux avantages qui auront une très-grande influence.

D'abord les mots ont d'eux-mêmes un emploi grammatical si déterminé dans la phrase et un sens si fixe, que ni l'un ni l'autre n'admette d'erreur. La langue latine, par exemple, doit sa grande liberté d'inversion principalement à sa supériorité sur les langues française, espagnole, italienne et autres par son mode de déclinaison : mais elle ne surpasse la langue du Projet qu'à l'égard de l'ablatif ; tandis que celle-ci l'emporte sur le latin, parce qu'elle peut placer le monosyllabe qui caractérise la déclinaison avant ou après le substantif (1). De plus, on possède toujours cet immense avantage qu'aucun mot ne peut ni se confondre avec un autre, ni avoir divers sens capables de rendre la pensée ambiguë.

Le second avantage qui a une influence remarquable dans les inversions d'une langue, c'est que des hommes de génie, de bon goût et d'une oreille délicate, adaptent l'inversion aux divers genres de style, et lui donnent la latitude la plus convenable à chacun d'eux. Personne ne niera la supériorité qu'offre sur ce point une langue universelle, qui servirait de véhicule pour communiquer les connaissances scientifiques parmi tous les savants de l'univers. Car ces savants doivent l'emporter par leur nombre et par leur mérite sur ceux qui auraient pu ou qui pourraient par la

---

(1) Toujours ami de la vérité et de l'exactitude, nous avouons qu'il y a un cas dans lequel la langue latine, et quelquefois la castillane, la française, l'italienne et autres, l'emportent pour l'inversion sur celle de notre Projet. Ce cas consiste à changer les terminaisons des adjectifs, suivant le genre du substantif auquel ils se rapportent, ce qui peut quelquefois faciliter les inversions. Mais en réfléchissant, on reconnaîtra que ce léger avantage sur ce seul point ne peut se comparer avec les autres, qui sont généraux et applicables à toutes les circonstances dans lesquelles il ne peut jamais résulter d'erreur sur aucun mot ; ni sur son caractère grammatical de substantif, adjectif, verbe, adverbe, préposition, conjonction, etc. ; ni sur ses circonstances de nombre, de cas, de mode, de temps ou personne ; ni sur sa signification, quelle que soit la place qu'on désire lui donner dans la phrase.

suite éclairer et améliorer toute autre langue particulière.

XLVII. — *Nombre des variations grammaticales.*
1° Dans la déclinaison, en mettant les monosyllabes *la, le, li, lo, lu* avant ou après le substantif. Exemple : *lo Nabe* ou *Nabelo* (de Dieu, au génitif); *le acuban* ou *acubanle* (beau, à l'accusatif). 2° Dans les adjectifs pris substantivement : *un acuban* ou *acubaun* (le beau). 3° Dans l'article : *il la Nabe, il Nabela, lai Nabe, Nabelai lo Israël* (le Dieu d'Israël, au nominatif). 4° Dans les conjugaisons en ajoutant une syllabe qui commencerait par B. Exemples : *Ucerarde*, ou *ucerardebi, ucerardebu*, etc., etc. (Voir le n° 44). 5° Dans les prépositions, conjonctions, modificatifs, et même dans les mots techniques, métaphoriques et diphthongues monosyllabes, en plaçant après le mot ces monosyllabes avec un trait d'union : *Fle Nabe* (*cum Deo*) ou *Nabe-fle.*

XLVIII. — *Deux ou plusieurs noms signifiant la même chose* (1). Tels sont :

---

(1) L'inconvénient que nous avons remarqué comme très-grave et très-fréquent dans presque tous les mots de beaucoup de langues, ne consiste pas en ce qu'une chose ait beaucoup de noms; puisque cela donne de la richesse, de la variété et des moyens d'éviter la cacophonie. Il consiste, premièrement, en ce que chaque mot a ordinairement deux, trois, quatre sens et même plus; et en second lieu, en ce que les changements que reçoivent les mots par tant de déclinaisons et conjugai-

1° Les noms d'objets qui par leurs qualités ou circonstances diverses appartiennent à différentes classes et sections du Dictionnaire, et qui, pour la même raison, peuvent avoir un nom dans chacune d'elles. Exemples : *oignons*, *aulx*, *poires*, etc., doivent avoir des noms dans les sections de végétaux : *huile*, *vin*, dans les liquides; *poissons*, *huîtres*, etc., dans les *animaux*, et ils peuvent tous en avoir un autre dans les aliments.

2° Beaucoup d'objets sont compris sous un nom générique et ont de plus un nom spécial. Ainsi, *ville*, *frégate*, *sergent*, *diacre*, etc., sont des noms spéciaux des génériques *population*, *embarcation*, *militaire*, *ecclésiastique*, etc.; et on pourrait employer ces derniers, lorsqu'il ne sera pas nécessaire de spécifier davantage le sens. A cette classe peuvent se rapporter les noms qui sans aucune variation ont un sens très-général, et appartiennent pour ce motif à une section, par exemple, à celle d'instruments, de figures ou autres qualités générales; et ils ont encore un

---

sons, souvent irrégulières, font que beaucoup de substantifs, adjectifs et verbes se confondent sans cesse entre eux, et avec les adverbes ou avec les prépositions, conjonctions et pronoms. Il résulte de là un travail très-grand et très-aride pour l'étude de la langue, et, ce qui est pis, un danger continuel de confondre le sens des mots et de tomber dans de graves erreurs. La plupart des mots qu'admet, pour exprimer une chose, la langue projetée et desqnels nous allons nous occuper, ont tous les avantages ci-dessus mentionnés, sans aucun des inconvénients; puisque aucun mot ne peut avoir plusieurs sens, ni se confondre avec un autre dans sa construction grammaticale.

autre sens plus spécial, et par là il appartiennent encore à une autre section. Exemple : *presse*, en imprimerie ; *croix*, dans des choses d'église ; *remède*, en médecine ; *répétition*, *diminution*, *personnification*, en rhétorique, etc., etc. Il a y aussi d'autres objets qui peuvent avoir un nom dans la section de métiers, comme cordonniers, tailleurs, etc., et avoir aussi un autre nom dérivé des objets dont ils s'occupent, comme souliers, habits, etc., qu'ils vendent ou fabriquent.

3° Dans diverses matières nous avons cru opportun de former des sections particulières des choses, des qualités et des actions, comme dans *ab* et les suivants. Dans ces cas on trouve ordinairement deux ou trois noms corrélatifs dans différentes sections, comme *tas* et *entasser*, *plein* et *remplir*, *rupture* et *rompre ;* par conséquent, dans chacune de ces sections on pourra former des noms corrélatifs, et chacun aura deux ou trois noms sans aucune confusion. Ainsi, de *abarla* (tas), nous tirerons *abarlar* (entasser), et de *alarber* (*entasser*), nous tirerons *alarbe* (tas) ; de *abisba* (rupture), nous tirerons *abisbar* (rompre), et de *ajunmar* (rompre), on tirera *ajunma* (rupture).

4° Les contraires et les négatifs peuvent être signifiés par le nom du positif, en ajoutant un modificatif (*Nan*, *Nen*, etc.), d'après ce qu'on a dit au n° 15. Néanmoins, le plus souvent ils ont un autre nom dans la même section ou dans une autre, lequel nom sera le plus en usage, comme étant plus simple et plus court. On en trouve des exemples dans un grand nombre de sections du Dictionnaire.

5° Tous les noms propres peuvent s'employer en les faisant précéder d'une diphthongue monosyllabique, d'après ce qui a été dit dans le n° 14 ; et plusieurs d'entre eux peuvent être remplacés par un nom spécial dans une autre section, comme *Sirius*, *Herschell*, en astronomie, et d'autres objets dans d'autres sections. Cela s'applique même au grand nombre de noms qui n'admettent pas de traduction dans d'autres langues, comme nous l'avons expliqué au n° 39. Cela reçoit aussi son application dans beaucoup de noms dont nous nous sommes occupés en parlant des syllabes additionnelles, n° 41 et suivants.

6° Enfin, il y a un grand nombre d'objets qui, ayant un nom dérivé, selon les règles établies dans le n° 18, et beaucoup plus détaillées dans l'addition au Dictionnaire, peuvent avoir dans la section correspondante un autre nom, qui ordinairement est plus simple et plus court.

XLIX. — *Licences permises dans l'usage de la langue projetée.* Ce que nous avons dit au n° 28 doit faire sentir combien ces licences sont utiles pour donner à la langue une très-grande variété dans l'emploi des mots, et une facilité remarquable pour éviter toute espèce de dureté dans la prononciation. Ne voulant pas répéter les mêmes réflexions, nous renvoyons au n° 28 (1).

L. — *Autres avantages de la langue.* Nous ne parlerons pas des avantages indiqués dans l'Introduction à ce Projet, puisqu'ils conviendraient à toute langue, quelles que fussent ses qualités, si elle était universelle. Nous pouvons cependant remarquer que ces avantages s'appliquent plus particulièrement à cette langue qu'à toute autre, à cause de la plus grande facilité qu'elle donne pour les obtenir.

Presque toutes les personnes qui ont, tant soit peu, réfléchi sur la formation de cette langue, ont été frappées de l'appui extraordinaire que la mémoire y trouve pour se rappeler, soit les noms des objets qu'on veut exprimer, soit la signification des mots. Dans le troisième Appendice, on voit la preuve la plus éclatante de l'incroyable facilité qu'offre l'ordre alphabétique, qui est la base de cette langue, pour diriger et soutenir la mémoire des noms et de leur signification. On y présente l'exemple d'une nomenclature appliquée à une armée d'après cet ordre, et l'on voit clairement qu'on peut apprendre dans une heure les

---

(1) Nous recommandons aussi beaucoup, comme nous l'avons déjà fait au n° 28, la parcimonie et la réserve avec lesquelles on doit procéder dans l'emploi de ces licences, plus portés à les diminuer qu'à les prodiguer ; particulièrement quelques-unes d'elles, dans lesquelles on découvre aisément une insupportable affectation, quand on les applique avec légèreté ou avec excès.

noms militaires de plus de six millions de personnes.
Cet exemple ne peut être appliqué dans tous les cas
d'une manière si étonnante ; mais on peut l'appliquer
toujours dans une proportion de laquelle n'approche
aucune autre langue dans aucune matière. Nous
exceptons cependant le langage arithmétique, qui fixe
les nombres dans une proportion beaucoup plus élevée.

Mais cette langue possède encore un autre avantage
qui, à notre avis, est plus important que tous les
autres : c'est celui de favoriser puissamment la civilisation et la conversion au christianisme des nations
les plus barbares. Il y a sans doute de nombreux
obstacles à vaincre pour obtenir des résultats si heureux ; mais ils seraient bien plus aisément aplanis, si
on parlait à ces peuples un idiome qu'ils pussent
comprendre, parler, lire et même écrire avec facilité.
C'est un sujet dont nous nous sommes entretenus avec
plusieurs personnes, qui se sont trouvées en rapport
avec des tribus sauvages, et elles ont reconnu que la
langue de notre Projet, qui offre tous ces avantages,
serait un moyen très-efficace pour obtenir la civilisation et la conversion de ces peuples.

———

CHAPITRE VI.

AMÉLIORATIONS DE LA LANGUE PROJETÉE.

LI. — Parmi les améliorations sur lesquelles nous pouvons et nous devons compter pour rendre justice à cette langue, sont comprises les diverses classifications que nous avons indiquées pour la nomenclature dans plusieurs sections du Dictionnaire. Nos connaissances insuffisantes sur bien des points de la science nous empêchent de faire nous-mêmes ces classifications avec leurs détails : nous en réservons la formation aux personnes compétentes. Pour les préparer elles ne rencontreront aucune difficulté, et il leur suffira de choisir la classification scientifique qui paraîtra plus naturelle et plus simple, puisque la section, qui correspond à ces matières dans l'ordre alphabétique du Dictionnaire, est déjà marquée.

A ces classifications appartiennent celles des trois règnes de l'histoire naturelle (sections AR, AS et AT, — EF et EL, ER et ES) ; celle des maladies (IR) ; des instruments de chirurgie (IS) ; des médicaments de pharmacie (IT) ; de l'art vétérinaire (EY) ; des figures de rhétorique (OP), et beaucoup d'autres.

Nous avons aussi réservé aux hommes spéciaux dans les autres sciences, les arts et les métiers, la classification de quelques objets particuliers qui doivent entrer dans les sections respectives du Dictionnaire commun, parce qu'ils sont d'un usage assez général ; cela n'empêche pas qu'on n'en réserve d'autres pour les dictionnaires techniques, parce qu'ils appartiennent presque exclusivement au domaine de ces sciences, de ces arts et de ces métiers.

Nous appelons plus particulièrement l'attention de nos lecteurs sur la nomenclature chimique dont on parle dans le deuxième Appendice. Là on pourra connaître les avantages des classifications des choses, appuyées sur des nomenclatures méthodiques, d'après les bases de la langue universelle. Nous ne doutons pas que les savants n'appliquent ces avantages à toutes les matières scientifiques, et même, jusqu'à un certain point, aux matières artistiques et industrielles (1), ce qui épargnera beaucoup de temps et de travail et facilitera les progrès dans toute espèce de connaissances. Ceux qui ont réfléchi sur l'action et la réaction continuelles des idées et de

---

(1) Si le temps nous le permet, nous ferons quelques essais sur ce sujet. Nous reconnaissons bien qu'ils se ressentiront du défaut de connaissances nécessaires pour leur donner l'exactitude la plus convenable ; mais nous espérons que ces mêmes fautes exciteront le zèle d'autres savants pour améliorer et perfectionner ces essais. Puisque nous avons affronté, pleinement convaincus de notre insuffisance, l'essai du Dictionnaire en entier, disposés à recevoir avec résignation, et même avec reconnaissance, les justes critiques sur ses défauts, sur ses fautes graves et peut-être sur les contradictions qui nous auront échappé dans un si grand nombre de détails, nous ne chercherons pas à éviter celles qui nous surviendront dans nos nouveaux travaux.

leurs signes, et par conséquent des langues et des
progrès scientifiques, reconnaissent les avantages incalculables qui pourraient résulter d'une langue vé-
ritablement philosophique.

LII. — *Améliorations que nous ne pouvons pas spécifier
aujourd'hui, mais qui seront infailliblement très-nombreuses et très-importantes.* Pour se convaincre de la
vérité de ce que nous annonçons, il suffit de faire la
réflexion suivante : ce projet est si vaste qu'il s'étend
à tout ce qui peut être l'objet du langage humain
sous tous ses rapports, en tout temps et en tout pays.
Néanmoins c'est le résultat des travaux d'un seul
homme de peu de connaissances, de médiocre capacité, et qui à l'âge de soixante ans n'avait pas eu seulement l'idée de s'occuper de cette matière. De plus,
même depuis qu'il s'en occupe, des travaux sérieux
lui enlèvent plus de la moitié du temps. D'un autre
côté, il a complétement manqué des ressources et
des secours qui lui eussent rendu facile la formation
du Projet; il a eu seulement pour boussole l'idée primitive, qui fut pour lui comme une inspiration qui l'a
constamment guidé dans le développement du Projet.
Ce serait une espèce de prodige qu'il eût réussi à
trouver ce qu'il y a de mieux dans une seule section.
Il serait donc bien plus étonnant qu'il eût réussi dans
les innombrables détails qu'embrasse le Projet.

Oui; il ne faut pas en douter : un projet si important subira sans doute un examen consciencieux de

la part des hommes savants et spéciaux dans les sciences, les arts et les industries. Cela nous paraît immanquable, puisqu'ils sont tous très-intéressés à avoir de bonnes nomenclatures pour toutes les connaissances dont ils s'occupent, parce que c'est une condition essentielle du Projet de procéder toujours par les mêmes principes et par une application uniforme dans tous ses détails. Aussi nous croyons que dans aucune matière on puisse appliquer plus à propos que dans celle-ci le principe vulgaire : *Facilius est inventis addere, et ea perficere.* Comment donc pourrait-on soutenir que tant de lumières accumulées n'amélioreront pas le Projet dans toutes ses applications, et ne trouveront pas des ressources pour aplanir les difficultés qui peuvent survenir!

Cette réflexion si simple et si convaincante par elle-même, a pour nous une force irrésistible basée sur une longue expérience. Il serait impossible d'offrir le tableau des modifications et des améliorations que le Projet a subies dans le cours de nos travaux ; mais nous pouvons assurer qu'il s'est à peine écoulé une semaine sans amélioration nouvelle. On peut donc regarder comme certain que le monde scientifique, en travaillant avec ardeur sur un sujet de si haute importance, élèvera cette langue au degré de perfection que réclament les intérêts de la science, de l'humanité, de la morale et de la religion.

—————

CHAPITRE VII.

CONSÉQUENCES DES CHAPITRES PRÉCÉDENTS.

LIII. — *Universalité de cette langue pour toutes les personnes d'une médiocre instruction.* Cette universalité est le résultat nécessaire de tous les avantages que nous venons d'exposer, et plus particulièrement de la facilité qu'elle offre sous tous les rapports. On pourra soulever des questions sur les obstacles et sur les difficultés qui retarderont plus ou moins ce résultat ; mais il est immanquable. Le genre humain ne peut rester insensible, lorsqu'on lui annonce une langue universelle pour les personnes instruites même très-médiocrement. On soupire après elle avec ardeur depuis deux siècles, et le besoin s'en fait sentir plus vivement de jour en jour. Les nombreuses découvertes et les perfectionnements en tout genre qui font honneur à notre siècle, encouragent tous les esprits ; et les aspirations vers de nouveaux progrès, loin de se ralentir, ne font que s'accroître. Mais parmi toutes ces aspirations, celle de multiplier les rapports sociaux, scientifiques et industriels entre tous les peuples de la terre, doit tenir la première place. Les congrès européens de savants, les expositions publiques de tout genre, les chemins de fer, les communications télégraphiques terrestres et sous-marines et mille autres circonstances réclament aujourd'hui avec instance une langue, qui puisse mettre en rapport direct les hommes intelligents de tous les pays du monde. Serait-elle difficile et dispendieuse, n'aurait-elle aucun des avantages spéciaux qui caractérisent celle du Projet; elle serait encore reçue avec enthousiasme, et nul sacrifice ne paraîtrait trop grand pour obtenir des résultats aussi importants que ceux d'une langue universelle.

Une langue dont l'étude aurait présenté les mêmes difficultés que celles qui se rencontrent ordinairement dans l'étude de tout idiome étranger, aurait satisfait complétement leurs désirs. Et certes on n'aurait pas exigé comme nécessaires la facilité et les autres circonstances favorables que présente la langue que nous proposons.

Les savants qui, depuis deux siècles, ont cherché cette langue avec tant d'empressement, ne s'attendaient pas à la trouver avec des conditions si favorables.

Il n'est donc pas croyable qu'on abandonne et qu'on néglige une langue qui offre tous ces avantages même dans son état de projet, et qui recevra sans aucun doute des améliorations nombreuses par le concours de tant de savants intéressés à la perfectionner, et par l'influence de tous les gouvernements intéressés aussi à encourager leurs travaux (1).

---

(1) Parmi tous les gouvernements, celui du souverain Pontife mérite de notre part, dans cette matière, une attention toute particulière : lui qui, comme chef de l'Église, pourrait faire adopter cette langue par tous

les missionnaires pour la grande œuvre d'instruire et de civiliser les peuples innombrables, dont les langues ne se prêtent pas à ce résultat. Cette idée nous a été suggérée par l'opinion de notre compatriote Son Excellence Monsieur Joseph Serra, alors évêque de Puerto-Victoria, que développa avec assez d'étendue *El faro nacional* dans son n° 162. Celui qui comparera la facilité avec laquelle les peuples les plus sauvages l'apprendront avec les difficultés immenses que leur présentent les complications et les irrégularités des autres langues, reconnaîtra combien cette opinion est fondée. Un dictionnaire peu volumineux du latin (que tous les missionnaires connaissent), un de la langue universelle, un catéchisme pour les enfants et un autre plus étendu, un résumé de l'histoire des deux Testaments, un abrégé de morale, et trois ou quatre petits livres de dévotion, de méditations, etc., etc., dont le prix total ne s'éleverait pas à trois mille douros (15,000 francs), suffiraient pour donner la première impulsion à l'entreprise, qui se perfectionnerait plus tard d'elle-même.

TROISIÈME SECTION.

OBJECTIONS ET RÉPONSES.

En traitant un objet si vaste dans tout ce qui le concerne, et dans toutes ses nombreuses applications, si grave dans ses conséquences, si complétement nouveau dans son mode d'exécution, tel qu'est la langue universelle que nous venons proposer ; il est bien naturel qu'il se présente à l'imagination un grand nombre de difficultés, capables de faire une impression profonde sur ceux qui pour la première fois considèrent un projet, qui se montre avec des dimensions si colossales. Aussi nous croyons-nous obligés d'examiner les principales objections sans en atténuer la force, et d'y donner des réponses qui satisferont la raison des hommes impartiaux.

LIV.—*Observations préliminaires.═Première observation.* Avant d'entrer dans le détail des objections qu'on a soulevées contre notre Projet, nous ferons observer que presque toutes ont pour objet d'indiquer des inconvénients partiels ; mais ces inconvénients étant admis, même dans toute leur étendue, ne pourraient qu'atténuer quelques-uns des avantages propres à cette langue, mais sans détruire tous les autres qui sont incontestables. D'ailleurs ces inconvénients non-seulement existent dans les autres langues, mais encore ils y sont en plus grand nombre, et cependant personne ne croit devoir en abandonner l'étude. Les objections qu'on apporte, fussent-elles fondées, ne devraient pas nous faire renoncer au Projet ; elles devraient au contraire nous engager à chercher les moyens d'éviter ou de diminuer les inconvénients qui en découleraient. Cette tâche, qui serait bien difficile, s'il s'agissait de langues établies et consacrées par les siècles, devient facile pour une langue que l'on veut établir et qu'il s'agit de créer.

Deuxième observation. Cette langue est à l'état de simple projet. Mais un grand changement doit s'opérer en elle si, après sa publication, elle devient l'objet de l'étude et des observations des savants du monde civilisé ; car ils sont intéressés, aussi bien que tous les gouvernements et toutes les classes de la société, à faire réussir cette entreprise avec toute la perfection et la promptitude possible. Voyez ce que nous avons dit là-dessus au n° 53. Cette idée a toujours fait notre consolation : elle nous a soutenu contre la défiance que faisait naître dans notre esprit la comparaison de notre faiblesse avec ce qu'il y a de gigantesque dans cette entreprise.

Troisième observation. Il n'y a rien de parfait dans

les œuvres humaines : ce serait donc une grande témérité de notre part de prétendre que cette langue
sera parfaite (1). Aussi quels que soient les mots dont
nous nous servons pour exprimer sa perfection en
général et ses avantages sur quelques points particuliers, on doit entendre ces mots dans la limite qu'im-
pose le bon sens en toutes choses. Ainsi, lorsque

---

(1) Dans les langues, comme dans tous les moyens de communiquer la
pensée, une raison spéciale vient s'opposer à la perfection. La voici :

Les idées sur toutes choses varient sans cesse, même dans le même
homme. Il n'y a personne qui, presque chaque jour, ne modifie plus ou
moins ses appréciations sur les objets qu'il connaît, et plus particulièrement
sur ceux qui le touchent de plus près, comme les idées sur nos pères, sur
nos supérieurs, sur Dieu, sur le roi, etc. L'idée complexe qu'un théolo-
gien a de Dieu comprend un nombre incalculable d'idées subalternes sur
sa puissance, sur sa sagesse, sur sa justice, sa bonté, sa providence pour
l'Église, sur la prédestination, etc. Il n'avait pas ces idées lorsqu'il com-
mença à connaître Dieu; il les a acquises graduellement et pour ainsi
dire jour par jour. Cependant le nom de Dieu, il ne l'a pas changé. La
même chose arrive à un fils, à un mari, à un homme politique, à un
naturaliste, à un astronome, etc., relativement aux idées de paternité,
de mariage, de roi, d'une rose, du soleil, etc.

Ces idées varient encore plus d'un homme à un autre homme, et surtout si ces hommes appartiennent à des sectes, à des écoles, à des
peuples différents, et si leur âge, leur éducation et leur travail ne sont
pas les mêmes. Ainsi, à la rigueur, jamais le nom d'un objet n'a un sens
tout à fait identique pour tous les hommes, ni même pour deux hommes
seulement. Il est donc impossible que la communication réciproque de
leurs idées soit absolument parfaite. Ce que nous venons de dire a lieu
surtout d'une langue à une autre. Cela n'empêche pas cependant que les
hommes ne s'entendent entre eux, quand ils désignent le même objet
avec les mêmes mots.

Ainsi, quelle que soit la différence des idées de deux personnes, par
exemple sur Napoléon, sur le pape, sur le roi, etc., il n'y aurait aucune
équivoque quand on parlera de leur naissance, de leur âge, de leur
mort, etc.

nous disons, par exemple, que l'ordre alphabétique des lettres d'un mot fixe clairement sa signification dans cette langue, on ne doit pas prendre ces expressions dans un sens absolu. En effet, il y a des cas où il reste quelque chose à déterminer, et qui ne peut être fixé que par l'usage et par une convention; mais jamais le sens n'est complétement arbitraire ni indépendant des lettres qui composent le mot, comme il arrive presque toujours dans les autres langues.

Nous ne nous laisserons donc pas rebuter par les obstacles qui peuvent surgir sur la route que nous avons à parcourir avant d'arriver à notre but. Nous travaillerons avec ardeur et confiance; et si nos premiers efforts ont déjà triomphé de si grandes difficultés, comment ne pas espérer que toutes les autres difficultés seront vaincues par les efforts réunis de toutes les hautes intelligences, et par le concours que commandera l'intérêt général de tous les gouvernements et de toutes les classes de la société?

Quatrième observation. Enfin nous avertissons que notre intention bien positive est de présenter les difficultés et les objections dans toute leur force. Nous ne pouvons ni ne voulons faire illusion à personne, et moins encore aux lecteurs instruits; c'est loyalement et sans prétention que nous soumettons cet Essai à leur impartial examen. Les hommes de haute capacité ne se laissent point illusionner par des moyens aussi mesquins que le serait celui de dissimuler la force des objections, et encore moins quand

les esprits sont naturellement prévenus contre la
pensée de l'auteur, comme il arrive en cette circonstance.

LV. — *Première objection.* = *Impossibilité de l'établissement d'une langue universelle.* La plus grande
partie des observations que l'on nous a faites sur
notre Projet a eu pour objet les difficultés de son exécution : difficultés que quelques-uns ont exagérées au
point de regarder son exécution comme impossible. Le
plus grand nombre ont formé leur opinion sur la fausse
idée qu'ils nous supposaient de vouloir former une
langue, qui serait la langue vulgaire du monde entier.
Cette idée est tout à fait contraire à la nôtre. En effet,
une langue universelle, dans ce sens qu'elle serait
vulgaire et usuelle pour tout le monde, est impossible à établir et encore plus à conserver, au moins
dans l'état de la civilisation actuelle (Voyez n° 62).
De plus, elle se ressentirait certainement de beaucoup
de défauts, qui l'empêcheraient d'être réellement philosophique. Nous ne nions pas pour cela qu'il n'y ait
de graves difficultés pour établir une langue universelle pour les personnes instruites ; mais nous croyons
que ces difficultés ne seront pas aussi grandes qu'on
le pense. Nous croyons encore que ces difficultés, se-
raient-elles plus grandes, ne seraient pas insurmontables ; et l'on peut assurer que l'on en triompherait
enfin, à cause de l'immense intérêt que doit inspirer à
tous les individus et à toutes les nations un Projet

d'une importance si grave pour les sciences, les arts, le commerce, le bien-être de l'humanité, la morale et la religion. Enfin il est hors de doute que quelque limitée que soit son exécution, on sera toujours récompensé avec usure de tous les travaux consacrés à un objet d'une si haute importance. Mais quoi qu'il en soit, la réponse aux difficultés de l'exécution est simple, facile et concluante. Les avantages immenses d'une langue universelle et ceux d'une langue philosophique sont incontestables. Faisons tous nos efforts pour en créer une, qui soit la plus universelle et la plus philosophique possible. Quand elle sera formée et connue, on s'occupera de vaincre les obstacles qui se présenteront pour son adoption, sans préjudice des modifications que l'expérience fera connaître comme convenables ou nécessaires. Mais il serait souverainement absurde de renoncer ou de s'opposer à des projets d'une utilité incalculable, sous le prétexte ou par la crainte de difficultés plus ou moins graves que la prévention nous fait imaginer, sans connaissance de cause et sans aucune raison positive.

Les découvertes les plus importantes ont été attaquées avec violence comme impossibles et absurdes; mais la vérité a triomphé, et ses plus ardents détracteurs se sont couverts de honte et de confusion. Les connaissances familières ne nous choquent point; elles eussent cependant passé pour fabuleuses et absurdes dans des temps plus reculés. Qui aurait cru que la vitesse de la lumière était de plus de quatre millions

de lieues par minute, et le volume du soleil un million
de fois plus grand que celui de la terre? Qui aurait
pensé que l'on pourrait mesurer et peser le soleil, la
terre, la lune et les planètes; que par le moyen d'un
chemin de fer on pourrait transporter des poids immenses avec une vitesse de plus de vingt lieues à
l'heure? Enfin que par le moyen des fils électriques
nous aurions pu communiquer avec les Chinois et
avoir leurs réponses en moins de deux minutes? Ne
nous hâtons donc point de décréditer et de regarder
comme absurde et impossible un système, dont la
réalisation s'opérera peut-être de nos jours.

LVI. — *Deuxième objection.* Cette langue manque
de métaphores, car aucun mot ne pourra exprimer que
l'objet qui correspondra à l'ordre alphabétique que
nous avons établi. Elle manquera de variété, parce
que ceux qui la parleront ou qui l'écriront, se verront
forcés d'employer toujours le mot que réclame l'ordre
inflexible de la logique et de la philosophie. Enfin,
elle manquera d'harmonie, conséquence nécessaire de
l'absence du langage figuré et de la variété. Par conséquent, manquant de ces trois secours si importants,
elle ne pourra être employée ni pour la rhétorique, ni
pour l'éloquence, ni pour la poésie.

Réponse. Les avantages dont une langue serait
privée, si elle manquait des qualités énoncées dans
l'objection, seraient sans doute très-considérables.
Serait-ce cependant une raison pour la condamner,

si d'un autre côté elle avait d'autres avantages qui l'indemniseraient, et avec usure, de ceux qui lui manqueraient? Les richesses, les forces, le talent et la mémoire; le langage parlé, le langage écrit, le langage mimique et télégraphique; les voyages à cheval, en voiture, en diligence, en chemin de fer, ont chacun leurs avantages particuliers et manquent de beaucoup d'autres; mais pour cela il ne faut point rejeter ces moyens, ni aucun d'eux; il faut au contraire s'en servir dans les cas où ils sont les plus avantageux. Admettons donc que cette langue ne puisse servir ni pour les discours académiques, ni pour l'éloquence, ni pour les écrits de pure littérature, ni pour la poésie : elle sera, pour ces inconvénients, comparable aux chemins de fer qui ne servent point pour les montagnes, aux navires qui sont inutiles sur terre, à la parole qui ne peut servir pour les absents, et au télégraphe inutile pour ceux qui sont présents. Mais qui donc pourra nier que cette langue, mettant en communication facile et directe tous les hommes instruits de l'univers, ne produira pas d'immenses progrès dans les sciences, dans les arts, dans le commerce et pour la civilisation? Qui pourra, parce qu'elle ne serait pas propre pour la poésie, lui refuser les avantages de facilité, de richesse, de clarté, d'exactitude, d'analyse philosophique et ceux que nous avons démontré lui appartenir? Il ne lui manquerait que les qualités de variété et d'harmonie, dont l'importance n'est pas comparable à celle des autres avantages.

Que l'on ne croie pas cependant que nous recon-
naissions comme certaine la base de l'objection; car
non-seulement nous croyons que la langue universelle
pourra posséder les qualités qu'on lui conteste, mais
encore qu'elle les possédera à un degré supérieur à
celui de toutes ou presque toutes les autres langues.

En effet, il est faux que cette langue doive manquer de métaphores, par la raison que le sens propre
d'un mot ne peut jamais être double. Quand nous
disons d'une personne qu'elle est *un foudre de guerre*,
le fléau de Dieu, le sens métaphorique que nous y
découvrons ne vient pas de ce que les mots *foudre*,
fléau puissent avoir un double sens, mais de ce que
nous établissons un rapport de ressemblance entre la
personne et ces objets, et nous reconnaissons bien
l'impossibilité qu'il y a à ce qu'une personne soit
réellement un *foudre* ou un *fléau*. Nous pouvons même
ajouter que l'impossibilité qu'il y a dans cette langue
de donner deux sens propres à ses mots, assure mieux
l'intelligence des métaphores, et lui donne encore
une plus grande clarté et plus de force et d'énergie, par cela même qu'elle détermine mieux l'application de la métaphore, en écartant le sens propre
des mots.

Il y a plus : dans tous les cas où l'on emploie les
figures, il y a un moyen facile d'avertir que le sens
est figuré, car on peut employer le signe de la métaphore (n° 17) qui va jusqu'à déterminer quelle est la
figure employée. Or, ce secours qui est une spécialité

de cette langue, nous fournit les moyens : 1° de fixer d'une manière positive le sens figuré, et son application ; 2° de diminuer la force de la figure puisque ce sera une manière abrégée de l'indiquer ; il sera équivalent aux expressions : *comme si nous disions, presque comme, pour ainsi dire*, et autres employées à cette fin ; 3° de les exagérer un peu sans violence, et de les approprier ainsi au langage sérieux qui rejette les figures outrées. L'homme poussé par une vive passion n'emploiera jamais ce moyen qui pourrait retarder sa marche ; mais il pourra l'employer lorsqu'il se trouvera dans un état plus calme, et c'est l'état le plus ordinaire et le plus général. Nous nous croyons, par conséquent, autorisé à dire que pour l'usage du sens figuré, cette langue n'est pas inférieure aux autres idiomes, et qu'elle possède même des moyens de les surpasser tous. Cet avantage aura lieu dès à présent et sans compter sur les améliorations que pourront introduire les hommes de génie qui la cultiveront, comme nous en avons fait la remarque dans la deuxième observation préliminaire du n° 54.

Quant à la variété et à l'harmonie de cette langue, voyez les numéros 45, 46, 47, 48 et 49, où l'on fait connaître les moyens nombreux qu'elle possède pour varier les phrases et les tournures.

L'objection fondée sur les métaphores, la variété et l'harmonie se trouvant détruite, et de plus tournée en faveur de cette langue, on doit tirer la même conséquence relativement à la rhétorique, à l'art oratoire et à la poésie, puisque la réponse est la même.

LVII. — *Troisième objection.* Nous admettons que la langue universelle soit formée; que l'on ait fait les classifications convenables, et appliqué les mots qui conviennent à chaque objet selon les divisions et les subdivisions alphabétiques; il restera cependant encore des obstacles insurmontables. En effet, à chaque pas arriveront infailliblement de nouvelles découvertes, non-seulement d'objets individuels jusque-là inconnus, mais encore de classes entières et très-nombreuses. Nous voyons que cela arrive dans presque toutes choses, par exemple pour les corps simples, pour les trois règnes de la nature, pour les instruments, pour les vêtements, pour les meubles, etc..., etc... La langue, quoique formée, ne suffisant pas pour satisfaire à toutes les exigences du langage, il sera nécessaire que chaque jour les hommes de tout l'univers s'entendent pour l'invention et pour l'adoption de nouveaux mots, ce qui est certainement impossible. Nous en dirons autant de tout ce qui a rapport à la morale. Que de mots nouveaux n'a pas introduits la révolution française dans l'année 1790 et dans les années suivantes? Combien d'autres n'en introduit-on pas chaque jour dans la politique, les sciences, les arts et le commerce? et combien n'en inventera-t-on pas jusqu'à la fin des siècles? Où placerons-nous donc tous ces objets afin de pouvoir leur donner le nom philosophique que réclame cette langue ?

Réponse. — Nous ferons d'abord observer que cette difficulté, si c'en était une, serait commune à toutes les langues, car il est nécessaire d'adopter de nouveaux mots pour les objets encore inconnus qui n'en ont pas ; mais ici se trouve un avantage très-important en faveur de la langue du Projet. Quel que soit l'objet nouveau, on trouvera, dans la division à laquelle il appartient, des mots réservés pour l'exprimer, et que nous avons destinés pour les cas imprévus. Il en résulte que le choix du mot nouveau est prévu depuis longtemps avec son sens déterminé, de telle manière que celui qui trouvera ce mot pour la première fois, en connaîtra le sens presque entièrement ; tandis que dans les autres langues on procède en aveugle pour le choix d'un mot, et quand on l'a trouvé, rien ne vient en aide à celui qui l'entend ou le lit pour lui faire deviner sa signification.

LVIII. — *Quatrième objection.* Cette objection est la confirmation de la précédente, mais elle se montre plus forte et plus difficile à résoudre. La voici : pour exprimer les objets d'une classe, par exemple, les éléments primitifs des corps, ou bien les individus du règne animal ou végétal, ou une de leurs divisions subalternes, il est indispensable d'adopter dans la langue universelle une classification déterminée, qui naturellement sera la plus généralement reçue par les savants au moment de la formation de cette langue. Nous accordons gratuitement que l'on ait employé une grande prudence pour choisir la classification la plus conforme aux principes philosophiques admis dans l'état actuel de nos connaissances sur les points indiqués. Mais personne ne niera qu'il ne puisse y avoir de nouvelles découvertes (et l'on peut bien assurer qu'il y en aura toujours plusieurs dans certaines matières), lesquelles changeront complétement la classification actuelle, et qui même la remplaceront par une autre plus parfaite. Alors la langue universelle devra, dans ces cas, modifier sa nomenclature, sous peine d'être un obstacle insurmontable à tout progrès scientifique. Par conséquent il sera nécessaire de changer les noms des objets à chaque découverte qui aura trait aux classifications déjà adoptées, et ce changement aura lieu successivement chez les divers peuples au fur et à mesure que l'on admettra ces nouvelles découvertes.

Ceci posé, il est évident que non-seulement la langue ne sera plus universelle, puisqu'on ne l'entendra pas dans tous les pays, mais qu'encore elle deviendra un galimatias inintelligible, car ses mots changeront complétement de signification. Exemple : pour exprimer les éléments primitifs des corps on a destiné les initiales ABA, et pour l'oxygène le mot ABABA parce qu'il est placé le premier dans la classification actuelle. Mais si dans un autre système il occupe le dixième, quinzième ou vingt-septième rang, il s'appellera par exemple *abadi*, *abaga* ou *abaju*, etc..... et *ababa* signifiera *or*, *cuivre* ou tout autre corps inconnu jusqu'à ce jour, et qui dans le nouveau système occupera le premier rang. Cette variation s'étendra aux autres éléments, se répétera souvent et rendra le langage inintelligible. D'un autre côté, comme ces variations ne peuvent être simultanées chez tous les peuples, il s'en suivra que les objets conserveront leurs noms primitifs dans certaines contrées, pendant que dans d'autres on en aurait changé jusqu'à deux, trois et quatre fois. Il résultera de là une telle confusion que ce sera une vraie tour de Babel.

Réponse. — Dans tous les cas proposés on peut conserver le nom déjà reçu pour un objet, et il n'y aura pas un inconvénient notable à ce que ce nom ne corresponde pas exactement à l'ordre alphabétique, dans lequel il devrait se trouver d'après les nouvelles découvertes; chose facile à faire connaître, soit dans l'enseignement, soit dans le dictionnaire. Cet inconvénient existe dans les autres langues et sur une plus grande échelle, puisque le nom de l'objet n'a par sa nature constitutive aucune signification. Il résulte donc toujours un avantage de notre nomenclature, puisque même dans les cas objectés on trouve une idée presque exacte de l'objet, tandis que dans tout autre système tout est entièrement arbitraire.

Il faut surtout remarquer que si parfois ces petites

anomalies se multipliaient d'une manière notable et devenaient trop importantes , la langue présente divers moyens très-faciles pour rétablir l'ordre alphabétique des mots , en les adaptant aux nouvelles classifications que la science aurait consacrées. Un de ces moyens serait d'interposer une voyelle dans le mot radical de la section , qui doit subir le changement réclamé par le besoin de se prêter à l'ordre de la nouvelle classification (Voyez la note 1). Un autre moyen serait de prendre pour base de la nouvelle nomenclature quelqu'une des nombreuses racines, qu'on a réservées dans toutes les sections du dictionnaire pour des imprévus (2). Dans les deux cas, on aurait pour chacun des objets nouvellement classés deux noms différents, qui marqueraient la place qu'ils occupaient dans la classification ancienne et qu'ils doivent occuper dans la nouvelle. Ce moyen est bien plus court, plus simple et moins équivoque

---

(1) Appliquant ce moyen à l'exemple proposé, l'oxygène s'appellerait ABABA selon le système actuel, où il occupe le premier rang. En supposant qu'on adoptât un nouveau système de classification et que l'oxygène se trouvât au dixième rang, en interposant la voyelle *e*, il se nommerait ABAEDA. Il nous resterait encore d'autres moyens pour changer quatre fois la classification en interposant successivement les voyelles *a*, *i*, *o*, *u*. Après toutes ces variations on n'aurait pas épuisé le nombre des moyens, car on pourrait les multiplier à l'infini, en employant les triphthongues et même les quadriphthongues.

(2) On pourrait par exemple destiner à cet usage les initiales ABLA ou d'autres , et dans chacune nous trouverions les ressources inépuisables indiquées dans la note qui précède.

que les moyens employés à présent, tels que celui de marquer dans une parenthèse les noms des auteurs des systèmes qu'on veut indiquer. Le mode que nous indiquons est évidemment un avantage remarquable de la langue du projet.

On insistera peut-être, en disant que ces réponses ne sont pas satisfaisantes, puisqu'il restera toujours quelque chose de vague et d'inexact dans les mots de cette langue, ce qui demandera des exceptions plus détaillées, comme il arrive dans les autres langues.

Pour ne pas entrer dans des détails trop minutieux, nous accordons tout ce qu'on vient de nous objecter. Qu'est-ce qui en résulte? ce que nous avons établi dans la troisième observation préliminaire du n° 54, savoir, que cette langue, comme toutes les choses humaines, est imparfaite. Mais est-ce une raison pour la rejeter, lorsqu'on reconnaît qu'elle est infiniment supérieure à tous les autres idiomes? Profitons donc de ce que nous connaissons de mieux, et travaillons à l'améliorer encore, avec d'autant plus de confiance et d'ardeur que nous avons une longue expérience d'avoir obtenu des améliorations tout à fait inattendues (1).

---

(1) Un exemple éclaircira ce point : arranger une bibliothèque avec une perfection telle, que tous les ouvrages soient distribués par appartements, salles, armoires et rayons avec une parfaite division des matières principales et subalternes, est impossible; car il y a des œuvres et des volumes qui renferment des sujets très-différents. Ce serait plus impossible encore si l'on voulait en outre un ordre parfait par siècles, années, nations, écoles, etc.

Mais parce que la perfection est impossible, laisserons-nous tous les

LIX. — *Cinquième objection : les idiotismes des langues.* C'est une qualité essentielle de la langue du Projet de suivre toujours les règles d'une grammaire philosophique et d'exclure toute espèce d'anomalie. Il faudra donc, pour la parler et pour l'écrire, renoncer à tous les idiotismes de nos langues, dans lesquelles nous avons l'habitude de penser depuis notre enfance. Il faudra en outre adapter nos pensées aux principes philosophiques du langage pour les rendre dans la langue projetée. Or la moindre réflexion suffit pour reconnaître que ces opérations philosophiques sont difficiles pour les personnes instruites, et impossibles pour celles qui ne connaissent pas la philosophie des langues.

Réponse. Cette objection, qu'on propose avec tant d'apparat, tombe d'elle-même à la plus légère réflexion. En effet elle se fonde sur les nombreuses anomalies des langues dans lesquelles nous avons l'habitude de penser. Il est donc clair que les difficultés, loin de s'affaiblir, deviendront bien plus graves, si l'on trouve encore d'autres anomalies dans les langues dans lesquelles nous voulons exprimer nos pensées. Entrons dans quelques détails, et nous verrons clai-

---

livres entassés sans aucun ordre? Quand nous en aurons un nouveau, le mettrons-nous par hasard dans le premier rayon vacant? Personne n'approuverait ce désordre. Tous préféreront une classification quelconque, quelque imparfaite qu'elle soit, et même on la regardera comme le moyen le plus convenable pour en faire plus tard une meilleure.

rement que l'objection contre notre langue en devient la meilleure apologie.

L'objection suppose de nombreuses irrégularités dans les langues les plus usitées, et cela malheureusement n'est que trop vrai; tandis qu'il n'y en a pas dans celle du Projet. Voilà donc un avantage très-grand qu'elle possède sur les autres, et qui en facilite l'étude. On nous objecte qu'il faut connaître la philosophie du langage pour parler cette langue philosophique; mais c'est un mauvais raisonnement. Pour parler une langue il faut savoir les règles de sa grammaire, mais non pas étudier les motifs qu'on a eu pour les établir. Nous ajoutons qu'il est plus facile et plus simple d'établir des règles générales et sans exceptions pour chaque matière, par exemple, pour la déclinaison, pour la conjugaison, pour le régime, etc., que de multiplier les règles et de faire en outre de nombreuses exceptions. C'est justement par cela qu'il nous a été facile d'établir toutes les règles de notre langue (sauf les améliorations que les savants apporteront); tandis qu'il est si difficile d'apprendre tous les détails du latin, du français, de l'anglais et de presque toutes les autres langues.

A cette réponse, tout à fait satisfaisante, nous ajouterons quelques réflexions qui feront connaître que l'objection devient elle-même une apologie de la langue du Projet.

Tout le monde sait combien une bonne traduction offre de difficultés, qui sont d'autant plus grandes que les langues ont plus d'anomalies et d'idiotismes. De là nous déduisons trois réflexions très-favorables à la langue du Projet : 1° Les difficultés sont doubles dans les traductions des autres langues, car ordinairement il y a des anomalies dans la langue du texte original et dans celle de la traduction; tandis qu'en employant celle du Projet, il n'y a d'anomalies que dans une seule. 2° La difficulté n'existe que pour parler et écrire la langue universelle, mais non pour la traduire; et c'est ce qui importe le plus pour faciliter les communications générales entre les peuples. 3° La difficulté qui reste pour parler est facile à vaincre; car réduire à une tournure normale les anomalies de notre langue qui nous est familière, est beaucoup plus facile que de deviner ou de connaître les anomalies d'une langue qui n'est pas la nôtre (1).

(1) Nous devons remarquer qu'il est plus aisé d'apprendre à traduire une langue quelconque que de la parler. La traduction de la langue projetée doit être singulièrement facile; car on peut toujours comprendre sans peine une pensée exprimée avec ses termes propres, sans équivoque et sans anomalie; quoique dans d'autres langues on puisse l'exprimer avec des mots différents. Rendons-le sensible par un exemple. C'est une anomalie dans la langue française que deux négations aient la valeur d'une seule dans ces phrases : *Je ne veux rien; rien ne lui platt; nul soldat n'est venu*, etc. Dans la langue universelle il n'y aura point cette anomalie, et l'on suivra la tournure du latin : *Nihil volo; nullus miles venit*, sans pouvoir ajouter une autre négation; car si on l'ajoutait, la phrase deviendrait affirmative. Ainsi, dans la traduction d'une phrase de la langue universelle, il ne peut y avoir ni malentendu ni danger d'erreur, parce qu'il n'y a point d'anomalie. Il y aurait danger d'erreur à vouloir traduire littéralement la phrase française, qui est anormale, par une phrase de la langue universelle qui n'admet aucune ano-

Nous avouons bien qu'il peut y avoir encore de la difficulté et des embarras dans l'emploi de quelques phrases ou tournures de la langue; mais il est clair qu'il y en a beaucoup plus dans tous les autres idiomes, et l'objection qu'on nous fait à ce sujet tournera à la louange de notre langue.

Il y a plus : cette difficulté, cet embarras que nous éprouverons à traduire dans une langue philosophique nos pensées conçues dans nos langues si irrégulières, recommande cette langue sous d'autres points de vue et d'une manière particulière. 1° Par l'usage de cette langue, on acquiert l'habitude d'exprimer les choses (et par conséquent de les penser) avec exactitude : habitude qui est la plus importante de toutes celles qui ont rapport au perfectionnement des sciences. 2° Ceci nous fait espérer qu'elle contribuera à améliorer les autres langues, en les rapprochant de cette exactitude, et en contribuant efficacement à fortifier cette habitude.

LX. — *Sixième objection : la prononciation.* La langue du Projet ne pourra être employée pour les communications orales, parce que chaque peuple prononcera les lettres de l'alphabet à sa manière. Or

---

malic. Ainsi on voit avec quelle raison nous avons dit que cette difficulté et ce danger ne seraient jamais doubles, que la seule difficulté qui resterait serait pour parler et non pour écrire, et que cette difficulté serait plus facile à vaincre que celle qu'on aurait fait disparaître.

cette prononciation est si différente, que les Français, par exemple, et les Espagnols n'entendraient pas les Anglais : cela est démontré par l'expérience. Les Anglais en parlant le latin ne sont pas compris par les Français, ni par les Espagnols, qui le prononcent d'une manière très-différente. Cette différence serait plus frappante, si l'on parlait de la prononciation arabe, chinoise, japonaise, etc.

Réponse. Nous pourrions accorder sans de graves inconvénients tout ce qu'on a dit dans l'objection. Nous avons considéré cette langue universelle principalement comme le moyen de communication par l'écriture entre tous les hommes de quelque instruction, des différentes parties du monde. Ainsi au n° 62 nous parlons d'elle comme d'une langue presque morte, en supposant qu'on l'emploiera rarement dans les communications orales, et nous avons remarqué que cela était convenable pour écarter les dangers de fréquents changements. Les avantages de cette langue resteraient donc tels que nous les avons annoncés, quant au but principal d'une langue universelle. Dans les cas peu fréquents de communications orales, elle se trouverait dans les conditions ordinaires des autres langues relativement à la prononciation. Mais cela ne devrait pas être un obstacle à son adoption comme universelle, en raison de toutes les autres qualités qui lui assurent une supériorité incontestable.

Mais nous n'admettons pas la comparaison qu'on établit entre la langue du Projet et toutes les autres, relativement à la difficulté de la prononciation. Examinons. Lorsqu'on compare ces langues sous ce rapport, on cite ordinairement la castillane comme la plus facile, parce que la prononciation est presque toujours conforme à l'écriture. Cela est vrai comparativement aux langues française, anglaise et à presque toutes les autres. Mais elle ne peut se comparer, sous ce rapport, à celle du Projet. Pour le prouver, il suffira de citer les différences de sons que la langue castillane admet dans les lettres *c*, *ch*, *g*, *r*, *x*, dans l'*h* suivi de certaines voyelles, dans le *l* simple ou double, dans le *u* précédé de *g* ou de *q*, dans l'*y* grec qui est tantôt voyelle et tantôt consonne, etc., etc. Ajoutez-y la différence qui se trouve dans la manière de prononcer les mots aigus, graves et *esdrujulos*, différence très-remarquable et même très-influente dans la signification des mots. Elle offre donc de nombreuses anomalies dans la prononciation et dans l'écriture, lesquelles demandent une étude sérieuse et réfléchie de la part des étrangers. Si elle est reconnue comme très-facile à apprendre sous ce rapport, c'est parce qu'on la compare au français, à l'anglais, et à d'autres langues. Mais on peut dire qu'elle est difficile et compliquée, si on la compare à celle du Projet, qui n'a aucune anomalie ni dans la prononciation ni dans l'écriture.

On peut faire encore une observation importante : L'alphabet de la langue que nous proposons, n'étant composé que de vingt lettres, est plus facile à apprendre que s'il en avait un nombre plus grand. En outre, par cela même qu'elles sont peu nombreuses, leurs différences dans les sons deviennent plus remarquables, et par conséquent plus faciles à distinguer sans danger de les confondre. Ainsi les nombreuses nuances qui se trouvent dans les sons de voyelles et de diphthongues du français et de l'anglais (1), nonseulement rendent ces langues beaucoup plus difficiles à apprendre, mais aussi elles sont souvent une occasion de se méprendre sur les mots, et par conséquent sur le sens de la phrase. Cela est si clair, qu'il est inutile de s'arrêter à faire des réflexions sur ce sujet.

L'exemple des Anglais, qui prononcent le latin d'après les règles de la prononciation anglaise, ne peut s'appliquer à la langue du Projet, comme il ne s'applique pas au français, à l'espagnol, à l'italien, etc. Jamais un Anglais ni un Français n'ont eu la préten-

---

(1) **Destutt Tracy, Beauzée**, etc., énumèrent dix-sept sons voyelles (d'autres en distinguent vingt et un ou vingt-deux) et vingt sons consonnes dans la langue française. Cela serait encore tolérable, si ces sons étaient représentés dans l'écriture par autant de lettres ou caractères; mais quelles difficultés pour bien en saisir les nuances, lorsque les dixsept (mieux les vingt et un) sons voyelles sont représentés par cinq seules lettres? Cependant il y a encore quelque chose de plus pénible, c'est qu'il y a des règles très-nombreuses à consulter pour savoir fixer ces sons dans telles et telles combinaisons. Ce n'est pas encore tout, puisque pour chacune de ces règles il y a des exceptions qui parfois vont jusqu'à plusieurs douzaines. Nous pourrions en dire autant de l'anglais et d'autres langues. On doit juger, par ces considérants, si l'on peut raisonnablement préférer ces langues à celle du projet, comme le prétendent quelques personnes, pour en faire des langues universelles, quand même celle-ci n'aurait en sa faveur les autres avantages dont nous avons parlé.

tion de prononcer l'espagnol d'après les règles de leurs langues. Ils ne trouvent aucune difficulté à prononcer l'*e* et l'*a*, et les autres voyelles toujours de la même manière, et lorsqu'ils apprennent cette langue, ils sont ravis de la simplicité de sa prononciation qui leur épargne tant de peine et d'ennui.

On a demandé quel serait le son de chacune des lettres de l'alphabet, et quelle devrait être la règle invariable de la prononciation, surtout dans les cas où se trouveraient réunies des personnes de nations différentes. Nous ne sommes pas juges compétents pour fixer cette règle; mais nous donnons notre avis, et nous espérons que pour l'admettre ou pour la rejeter, on déposera toute espèce de rivalité frivole. La prononciation, adoptée pour la langue française dans les cas ordinaires pour chacune des lettres, nous paraît la plus convenable avec les explications et les exceptions suivantes : 1° Nous disons, la prononciation de chacune des lettres *dans les cas ordinaires* pour exclure tous les changements qu'elles subissent par leurs combinaisons avec d'autres lettres, comme on voit dans les cas suivants : *ai, au, an, ail; ei, eu, ey, en, eun; in, oi, œil, ou; un, um; ce, ci; ge, gi, gu, ph, tion, ase*, etc. 2° Nous donnerions à l'*e* le son d'un *e* fermé ou très-faiblement ouvert. Le son de l'*e* muet est trop faible et trop obscur, et d'abord il est réservé comme une licence pour faciliter la prononciation dans les cas indiqués aux n⁰ˢ 28 et 49. 3° Nous remplacerions le son de l'*u* par celui de la diphthongue *ou*,

qui nous paraît plus harmonieux et plus généralement connu dans d'autres pays.

Si l'on adoptait cette prononciation, on pourrait
établir facilement la langue, sans entrer dans des discussions minutieuses, longues et difficiles, et sans
courir le risque de compromettre l'universalité de la
langue par une circonstance accidentelle et peu importante. En outre on ne peut refuser à cette prononciation d'être facile, douce et harmonieuse. Elle a
aussi l'avantage d'être employée déjà dans la diplomatie, et d'être très-généralement répandue dans
tous les pays civilisés. D'ailleurs nous espérons que
les Français s'occuperont avec ardeur aux travaux
qui restent encore à faire pour compléter le Projet, et
qu'ils seront les premiers à répandre cette langue ; ce
qui leur donnera la préférence de fait et de droit pour
en fixer la prononciation.

LXI. Plusieurs personnes trouvent longue et embarrassante la manière que nous proposons aux n°s 39 et
40, pour rendre dans cette langue les noms propres et
d'autres dont la traduction est difficile. Nous avouons
que cette manière n'est pas aussi satisfaisante que
nous voudrions. Ainsi nous souhaitons que les savants trouvent quelque autre moyen plus simple et
plus avantageux. En attendant que cela arrive, personne ne peu raisonnablement rejeter le nôtre. Nous
croyons cependant qu'on peut éviter presque tous ses
inconvénients, en supprimant la diphthongue qu'on
doit placer avant les noms propres toutes les fois

qu'on peut le faire sans danger d'erreur ; surtout si l'on a soin de commencer ces noms par une majuscule.

Voici les cas où cette suppression peut avoir lieu : 1° Lorsque ces noms ont été employés peu avant avec la diphthongue convenable. Ainsi dans un morceau que nous avons publié comme un essai dans la langue du Projet, on trouve souvent les mots *Adam*, *Caïn*, *Noé*, etc., sans la diphthongue, après les avoir employés avec elle : *ae Adam*, *ae Caïn*, *ae Noé*, etc. 2° Lorsque l'on trouve réunis plusieurs de ces noms de la même espèce, il suffit de mettre la diphthongue devant le premier : *ae Sem*, *Cham et Japhet*. 3° Lorsqu'on emploie ces noms comme substantifs d'apposition : *le roi Attila*, *le poëte Virgile*, etc. 4° Lorsque l'on trouve dans le nom une ou plusieurs lettres qui n'appartiennent pas à la langue du Projet, telles que *æ*, *œ*, *y* voyelle, *ch*, *ll*, *ñ*, *q*, *v*, *x*, *w*, *ph*, *th*, etc. 5° On pourrait appliquer ce principe aux combinaisons que cette langue n'admet pas, telles que les lettres doubles *bb*, *cc*, *dd*, *ff*, *gg*, etc., et les initiales *bd*, *mn*, *ps*, *pt*, *sb*, *sc*, *sd*, *sg*, *sh*, *sl*, *sm*, *sn*, *sp*, *st*. Le nombre de noms propres compris dans les cinq cas précédents, spécialement dans le quatrième et le cinquième (1), est si considérable, qu'en adoptant cette explication, on

______

(1) Exemples : Chus, Ceballos, Nuñez, Quinto, Valle, Alexandro, Cyro, Josepho, Thomas. — Crœsus, Nattier, Barclay, Nessel, Bdelle, Kant, Kleber. — Mneme, Mnasile, Black. — Quintiliano, Raphael, Pyrro, Rowe, Scarron, Sady, Scuderi, Spencer, Smith. — Psammenite, Ptolomeo, Syrus, Thales, Wala. — Sicco, Tozzi, Offa, Pazzi.

ne peut craindre l'embarras dont il est question dans l'objection. On obtiendra toujours l'avantage d'obvier au défaut de confondre les noms propres avec ceux qui ne le sont pas, comme il arrive fréquemment dans les autres langues. Cependant les noms compris dans les cas quatrième et cinquième, n'auront pas leur signification aussi bien déterminée, que lorsqu'on emploie la diphthongue d'après le n° 14 et surtout d'après les n°ˢ 39 et 40.

On nous a fait encore d'autres objections contre notre Projet; mais elles nous ont paru si faibles que nous croyons ne devoir pas nous en occuper.

Nota. Plusieurs personnes qui ont examiné avec attention notre Projet, nous ont fait des observations, qui avaient pour but de lui donner une plus grande latitude, en l'appliquant d'une manière spéciale à des matières que nous n'avons exprimées que d'une manière générale, ou en y introduisant des modifications dans certains détails, lesquelles pourraient améliorer quelques-unes des classifications qui sont la base du Projet.

La plupart de ces observations sont appuyées sur les règles ou les usages des idiomes les plus connus dans les pays les plus civilisés de la terre, tels que les langues hébraïque, grecque, latine, française, anglaise, espagnole, etc. : circonstance qui, selon l'avis de ces personnes, pourrait contribuer à rendre le Projet plus facile à comprendre et à exécuter.

Quelques-unes de ces observations nous ont paru peu conformes à l'esprit de simplicité et d'uniformité caractéristiques de la langue projetée. Nous croyons donc qu'on doit les rejeter, d'autant plus que les avantages qu'on leur attribue paraissent très-douteux et peu importants. Mais on nous a fait d'autres observations qui nous paraissent utiles, et propres à améliorer le Projet dans quelques-uns de ces détails : ce qui nous confirme encore dans les espérances que nous avons conçues et que nous avons fait connaître au n° 52.

Cependant nous croyons qu'il n'est pas à propos de nous occuper maintenant de l'examen de ces détails, et qu'on doit le réserver pour l'époque de la formation définitive de la Langue et de son Dictionnaire. Aujourd'hui ces détails nous paraissent prématurés et même embarrassants, puisqu'ils ne feraient que partager et par conséquent affaiblir l'attention, qui doit se porter tout entière sur le plan général et sur les principes constitutifs qui sont la base du Projet.

QUATRIÈME SECTION.

— ◆ —

LXII. — *Première question.* ⸗ *Universalité de la langue.* Nous croyons qu'il est impossible d'établir une langue universelle et vulgaire pour être employée par tous les peuples dans le langage ordinaire et familier. En supposant même son admission, elle cesserait bientôt d'être universelle. Enfin cette universalité ne pourrait se réaliser dans la langue de notre Projet sans compromettre ses qualités les plus importantes, et par conséquent, les immenses avantages qui en découlent. En effet, une langue vivante, devenue universelle et vulgaire chez les peuples innombrables qui sont répandus sur la surface de la terre, ne saurait conserver constamment cet ordre philosophique et analytique dans les idées, cet ordre alphabétique dans la formation des mots et cette régularité jamais démentie sous aucun rapport, qui constituent essentiellement notre langue. C'est l'opinion unanime de toutes les personnes que nous avons consultées sur ces trois points, et ils nous paraissent si clairs, que nous croyons inutile de nous y arrêter davantage.

Ainsi, lorsque nous proposons une langue comme universelle, nous parlons d'une langue pour les savants, comprise par tous les hommes qui recevront une éducation tant soit peu distinguée. C'est une universalité analogue *jusqu'à un certain point* à celle du latin dans presque tout l'Occident au moyen âge. Nous avons dit *jusqu'à un certain point*, parce que, à notre avis, il y aura deux différences remarquables. D'un côté, la connaissance de cette langue deviendra plus générale que celle du latin à l'époque indiquée quant au nombre des peuples, puisqu'elle s'étendra parmi toutes les nations du monde; et quant au nombre des personnes, puisque le latin exigeait plusieurs années d'une étude très-aride et très-pénible, tandis que la langue du Projet sera extrêmement facile pour tous ceux qui auront appris à lire et à écrire dans la langue de leur pays. Mais, d'un autre côté, la langue du Projet sera employée très-rarement dans les communications intérieures de chacune des nations; tandis qu'on parlait le latin dans tous les exercices publics littéraires, dans les leçons et dans les explications des professeurs, et on l'employait dans les livres de texte, dans les testaments et dans presque tous les documents publics. Cette langue sera donc une langue morte, quoique très-généralement comprise. A notre avis, c'est une circonstance très-importante ; parce qu'on évitera par là presque tout danger de l'altérer et de lui faire perdre tous les avantages qu'elle doit à ses bases essentielles.

Cependant nous regardons comme très-vraisemblable, et même comme certain, que les langues vivantes emprunteront un grand nombre de mots et de tournures à cette langue scientifique à cause de sa facilité, de sa clarté, de son exactitude et de son analyse, et surtout à cause d'une espèce de nécessité qui se présentera très-souvent. En effet, on aura naturellement recours à cette langue pour suppléer aux nombreux mots qui manquent dans les autres idiomes, qui ne sont pas assez clairs ni assez explicites pour exprimer tous les objets et toutes leurs circonstances importantes. Tels sont les mots dont nous avons parlé aux numéros 39 et 41, et beaucoup d'autres analogues. Cet emprunt enrichira toutes les langues avec des mots et des tournures, qui seront toujours philosophiques et analytiques, ce qui contribuera à former des habitudes d'exactitude et d'analyse dans tous les esprits.

OBSERVATION IMPORTANTE.

Lorsque nous avons dit qu'une langue universelle vulgaire nous paraît impossible, nous ne parlons pas d'une impossibilité absolue ; car nous n'avons pas la prétention de réduire la possibilité des choses aux bornes trop étroites de notre faible intelligence. Nous voulons dire seulement que cette langue ne peut avoir lieu de nos jours et selon le cours ordinaire des choses ; mais nous ne parlons pas d'époques très-éloignées, ni de circonstances tout à fait différentes des nôtres, et qui sont peut-être réservées à l'humanité par les dispositions secrètes de la Providence.

Qui sait s'il n'arrivera pas enfin le jour heureux d'une fusion complète ou presque complète de tous les peuples de la terre ? Dans l'ordre civil on entrevoit un ordre de choses, qui pourrait éviter les guerres au moyen, par exemple, d'une confédération universelle, et d'un tribunal suprême qui déciderait sans appel les questions internationales. C'est ce qu'on fait dans quelques confédérations composées d'États indépendants dans leur administration intérieure ; mais subordonnés dans leurs rapports réciproques à une autorité centrale et supérieure. Les peuples désirent ce résultat, quels que soient les moyens employés pour l'obtenir ; les savants cherchent ces moyens dans les congrès de la paix, et l'on en trouve quelques traces dans la diplomatie des principales puissances de l'Europe. Malheureusement, nous parlons à une époque, où les résultats de cette diplomatie sont moins favorables qu'à d'autres époques encore récentes ; mais on sait que souvent les progrès de cette espèce se font attendre pendant longtemps, et avec des vicissitudes tantôt contraires tantôt favorables. L'influence que les peuples commencent à avoir, presque dans toutes les nations, dans la gestion de leurs affaires pourra contribuer d'une manière efficace à obtenir d'heureux résultats.

Quant à la partie religieuse, la tolérance qui a gagné beaucoup dans ces dernières années, et une sage distinction entre les droits des deux puissances, la spirituelle et la temporelle (distinction vers laquelle il y a une tendance remarquable) pourront être des moyens très-importants pour le triomphe de la vérité contre l'erreur. Lorsque l'une et l'autre se trouveront en face, sans d'autres armes que la solidité respective des raisons qui militeront en faveur de chacune, il n'est pas douteux que la victoire ne se déclare pour la vérité. Ce triomphe nous paraît encore plus sûr, lorsque nous réfléchissons sur la protection que Dieu a promise à son Église; protection qui apparaît, même de nos jours, par des prodiges d'une force irrésistible pour tout homme qui les examine de bonne foi. Et pourquoi la catholicité, c'est-à-dire l'universalité de l'Église, n'aurait-elle pas un accomplissement plus étendu et plus complet? Et pourquoi l'unité de la religion dans le monde ne serait-elle pas accompagnée de l'unité du culte, des cérémonies et de la langue employée dans la liturgie (1)? Dans ce cas, la connaissance de cette

---

(1) Nous, non-seulement nous respectons comme une loi obligatoire

langue deviendrait très-commune parmi toutes les classes de la société.

Qu'on n'aille pas croire que nous voulons présenter ces hypothèses comme des faits, qui se réaliseront positivement dans les temps à venir. Nous nous abstenons même de les donner comme probables. Nous les avons indiquées dans le seul but de manifester que nous suspendons tout à fait notre jugement sur la possibilité d'une langue universelle vulgaire dans des temps lointains, dont les circonstances sont complétement inconnues.

LXIII. — *Deuxième question.* == *Nombre , qualité et ordre des lettres de l'alphabet.* C'est après de mûres réflexions, et après avoir consulté plusieurs savants, que nous avons formé notre alphabet. Nous le soumettons encore au jugement des hommes de la

---

l'usage de la langue latine dans la liturgie romaine avec exclusion de toutes les langues vivantes ; mais en outre nous avons une conviction intime de la convenance et même de la nécessité presque absolue de cette loi pour éviter les dangers et les inconvénients des langues vivantes dans cette matière. Mais ces inconvénients ne sont pas les mêmes dans une langue morte, et telle est celle que nous proposons selon les explications données au n° 60. Ainsi l'Église pourrait trouver utile d'établir la liturgie dans cette langue, afin d'en faciliter aux fidèles l'intelligence. On voit, bien que cette hypothèse n'a rien de commun avec la prétention extrêmement dangereuse d'admettre dans la liturgie les langues vivantes de tous les peuples avec toutes les variations qu'elles subissent continuellement, et avec d'autres inconvénients qu'il serait hors de propos d'examiner ici.

science, en indiquant les raisons qui nous ont dirigé dans notre travail.   —

Il faut avant tout que le nombre des lettres soit largement suffisant pour satisfaire à toutes les exigences d'une langue universelle; mais on doit en même temps ne pas trop les multiplier pour rendre la langue simple et facile.

Les vingt lettres que nous proposons suffisent; et il ne peut rester aucun doute sur ce point d'après les calculs que nous avons faits, et dont le résultat se trouve énoncé au numéro 34. Cette vérité est encore confirmée par les innombrables combinaisons de lettres, qui sont restées sans application dans toutes les sections du dictionnaire, et qui sont destinées pour des cas imprévus. On peut ajouter, comme une autre preuve, les milliers de modifications que subit chaque mot par l'addition d'une seule syllabe : on a pu le voir par ce qui déjà a été dit plusieurs fois.

Quant à la simplicité de la langue, on ne peut méconnaître combien elle est importante, surtout dans le commencement, pour en faciliter l'adoption. Les habitants des diverses contrées de l'univers se trouvent divisés entre eux, plus encore par la différence de leurs usages, de leurs idées et de leurs langues, que par les distances qui les séparent et par la difficulté des communications. Il est donc nécessaire, ou au moins extrêmement sage, de simplifier autant que possible la langue qui doit les rapprocher tous. Or cette simplicité, si importante pour introduire et pro-

pager la langue, a été le but principal que nous nous
sommes proposé en réduisant les lettres au nombre de
vingt. Tout le monde reconnaîtra qu'il est facile de
bien caractériser le son toujours uniforme des cinq
voyelles, sans qu'il y ait danger de les confondre;
tandis qu'il nous paraît d'une difficulté presque insurmontable que tous les peuples distinguent clairement les dix-sept sons voyelles que trouvent Tracy,
Beaucée et autres, dans le français : il y a des écrivains qui y reconnaissent vingt et un ou vingt-deux
sons voyelles. On peut en dire autant des nuances
non moins nombreuses qui se trouvent dans l'anglais
et dans d'autres langues, relativement au son des
voyelles, et souvent aussi dans le son des consonnes.

Cependant, tout en préférant un si petit nombre
de lettres comme le plus convenable pour le moment,
nous accordons qu'un plus grand nombre aurait
aussi quelques avantages. On y trouverait une plus
grande latitude pour former les divisions et les subdivisions de l'alphabet, et par conséquent, pour exprimer un plus grand nombre d'objets et de nuances
diverses; cela pourrait être avantageux, surtout eu
égard aux nouvelles découvertes scientifiques et artistiques, dont nous avons parlé au numéro 40, et
qui peut-être se multiplieront au delà de tout ce que
nous pouvons imaginer à présent.

Il est donc très-possible qu'il vienne une époque,
où les progrès des connaissances humaines demanderont une augmentation de lettres dans notre alpha-

bet. Si cette époque arrivait, la civilisation et la communication continuelle auraient fait disparaître la plupart des différences qui divisent les peuples, et alors rien ne serait plus facile que d'introduire et de faire adopter les nouvelles lettres réclamées par les besoins de cette nouvelle situation.

Ce que nous disons est très-vraisemblable, quoique nous ne puissions pas indiquer dès à présent les détails d'une modification, que nous supposons très-éloignée, et le résultat d'un besoin qui se serait fait sentir longtemps avant. Nous pourrions espérer les résultats dont nous venons de parler, quand même nous n'aurions aucun indice de ce changement. Mais nous les regardons comme plus faciles à se réaliser, puisque nous connaissons un grand nombre de lettres qui se prêtent très-bien à l'augmentation de l'alphabet. Elles sont tellement connues, qu'on nous a souvent accusé de ne les avoir pas admises dès à présent, d'autant plus que leur admission n'empêchait pas que notre alphabet ne restât infiniment supérieur quant à la prononciation (qui est uniquement le point difficile) à tous les alphabets des autres langues. En effet, l'exclusion des sons de l'*u* français, de l'*e* très-ouvert, des consonnes *v*, *ch*, *ll* mouillé, *gn*, etc., est très-convenable aujourd'hui pour faciliter l'adoption de la langue ; mais ce ne sera pas une raison pour continuer à les supprimer, lorsque ce motif aura disparu, et qu'il y aura une raison d'augmenter l'alphabet. C'est ce qui est arrivé pour d'autres langues, dans lesquelles on a augmenté l'alphabet lorsqu'on l'a cru nécessaire ou utile.

LXIV.—*Troisième question.* = *Classifications.* Classer tous les objets dans un ordre clair, simple et uniforme, c'est le point qui va nous occuper. C'est aussi la question la plus importante du Projet.

La condition essentielle des classifications est celle de l'uniformité dans la manière de les former. On doit observer cette uniformité autant que possible, aux dépens même des usages reçus, et aux dépens de certains autres avantages qui nous paraissent moins précieux. On doit commencer les classifications par les classes supérieures, et descendre graduellement à toutes les classes inférieures. Pour y parvenir nous avons adopté l'ordre qui nous paraît le plus simple et le plus convenable, sauf les améliorations qu'une discussion consciencieuse pourra introduire, soit dans les divisions les plus générales, soit dans leurs détails.

Classification générale de toutes les choses. Les *choses* considérées de la manière la plus générale et comme opposées au *néant,* se divisent en substances ou êtres (substantifs), leurs qualités ou modes (adjectifs), leurs actions ou états (verbes), leurs circonstances et relations (adverbes, etc.). Parmi toutes ces choses il n'y a que les substances qui aient une existence propre et absolue : toutes les autres sont des accidents, qui n'existent que dans les substances ou par rapport à elles. Nous croyons donc plus logique et plus simple de placer tous ces accidents dans la classe principale qui convient aux substances respectivement, bien qu'ils puissent constituer des divisions et des subdivisions subordonnées.

Classification générale des êtres. Celle qui nous paraît la plus convenable c'est la division en êtres tout à fait matériels (les corps), êtres composés de la matière et de l'esprit (les hommes), et êtres immatériels (Dieu et les purs esprits). Cette division est conforme à celle que nous avons suivie dans le Dictionnaire.

Classification générale des corps. C'est principalement dans cette classification que nous regardons comme de la dernière importance d'établir un système philosophique et uniforme, qui puisse contribuer efficacement à faciliter et à améliorer l'étude de l'histoire naturelle dans toutes ses branches. Pour l'obtenir nous proposons les bases suivantes :

Première base. Dans toutes les classifications on procédera par un système uniforme, soit pour la manière de faire les divisions et les subdivisions, soit pour en fixer la nomenclature.

Deuxième base. Afin d'obtenir une plus grande clarté, on établira deux espèces de classes : les *supérieures* qu'on formera en commençant par les plus générales pour arriver jusqu'aux *genres* exclusivement; et les *inférieures*, depuis les *genres* jusqu'aux nuances les plus minutieuses des *espèces* et des *variétés.*

Troisième base. Dans les classes supérieures nous admettons cinq degrés qu'on peut appeler *règnes, types, tribus, ordres* et *familles* (1), en divisant les degrés supérieurs en inférieurs, c'est-à-dire, les règnes en types, les types en tribus, les tribus en ordres, et les ordres en familles.

Les règnes n'admettent pas toujours la division en types, ni les types la division en tribus, etc. Dans ce cas il y a ce que nous pouvons appeler *une lacune* dans l'échelle des cinq degrés que nous avons établis. Cela n'offre aucune difficulté pour la nomenclature; il y aura lacune dans les noms, comme il y en a dans les choses.

Quatrième base. Les mots destinés à exprimer chacune des classes comprises dans les divisions et subdivisions de ces cinq degrés seront des adjectifs. Ces noms seront pris, autant que possible, des qualités qui caractérisent ces classes et les distinguent des autres classes, comme il arrive à présent dans ces mots : *animaux, végétaux, vertébrés, mammifères, ruminants, reptiles,* etc. Si l'on ne peut pas fixer d'une manière claire la qualité caractéristique d'une classe,

---

(1) Nous croyons peu important que ces classes prennent ces noms ou d'autres. A la rigueur elles n'en ont pas besoin, et il suffirait de les appeler classes du 1er, du 2e, du 3e, du 4e et du 5e degré. Nous adoptons les noms cités ci-dessus, parce qu'ils sont très-usités et assez analogues à leur signification. Mais nous mettons une condition essentielle, c'est qu'on leur donne le même ordre dans toutes les matières, ce qui n'arrive pas à présent.

on pourra la nommer en employant le nom de l'individu le plus remarquable de la classe, et en le rendant adjectif par l'addition des syllabes suivantes : *pan*, pour les règnes; *pen*, pour les types; *pin*, pour les tribus; *pon*, pour les ordres, et *pun*, pour les familles (1).

Cinquième base. Conformément à ce qu'on a dit, les *familles* se diviseront en *genres* et ceux-ci deviendront le point de départ des classifications inférieures. Les noms des genres exprimeront les objets, qui sont considérés dans le langage ordinaire comme des individus, tels que lion, lapin, etc. : ils seront substantifs.

Sixième base. Les classifications inférieures admettront cinq degrés, comme les supérieures (2). Le nom

---

(1) Il ne suffit pas de rendre adjectif le nom de l'individu le plus remarquable de la classe, en y ajoutant la lettre N, qui caractérise les adjectifs, parce qu'alors cet adjectif exprimerait les qualités de cet individu, comme si le substantif *eresa* signifie le lion, l'adjectif *eresan* doit signifier ses qualités et non pas la famille à laquelle il appartient. Celle-ci sera signifiée par l'adjectif *eresapun*, parce que le lion en est le genre le plus remarquable. Comme chacune de ces syllabes peut admettre cinq diphthongues (*paan, paen, pain, paon, paun; pean, peen, pein*, etc.), chacune de ces classes peut admettre très-facilement cinq degrés dans les subdivisions, tandis qu'ordinairement elles n'admettent qu'un seul degré. Mais la flexibilité de la langue du projet est telle que chacune de ces classes pourrait admettre 25 degrés de subdivisions au moyen des triphthongues sans altérer les bases de la langue et sans produire aucune espèce de confusion. Cette latitude paraît tout à fait superflue et inutile; mais qui sait si les progrès des connaissances humaines ne la rendront pas nécessaire? (Voir le n° 40.)

(2) On pourra les nommer *genres, espèces, variétés, différences* et *nuances.*

de chacune des classes sera pris, autant que possible, de qualités caractéristiques qui les distinguent. Lorsqu'on ne pourra pas fixer clairement ces qualités, on emploiera le nom de l'individu le plus remarquable de la classe, en le rendant adjectif par l'addition des syllabes *tan*, *ten*, *tin*, *ton*, *tun*, appliquées respectivement à chaque degré des divisions (1).

Réponse à une objection. Quelques personnes ont proposé contre cette nomenclature une objection appuyée sur le nombre immense d'objets nouveaux qu'on découvre tous les jours dans l'histoire naturelle. Elles ne croient pas que cette langue puisse fournir assez de noms pour les exprimer tous, et satisfaire par là tous les besoins de la science. En effet, les espèces et les variétés de quelques genres des règnes végétal et animal se comptent, non plus par des centaines, mais par des milliers et par des dizaines de milliers, et peut-être dans peu de temps elles seront comptées par millions. Or il est évident que le Dictionnaire de la langue ne peut renfermer des noms pour chacune de ces variétés.

Mais il n'est pas difficile de démontrer que toute la force apparente de l'objection vient de ce qu'on n'a pas bien compris le système de nomenclature que

---

(1) Nous employons les syllabes *tan*, *ten*, *tin*, *ton* et *tun*, pour les distinguer des classes supérieures exprimées par les syllabes *pan*, *pen*, *pin*, *pon*, *pun*. Cela est nécessaire pour ne pas confondre, par exemple, les noms des *tribus* qui forment le 3e degré des classes supérieures avec les noms des *variétés*, qui appartiennent au 3e degré des classes inférieures.

nous proposons. Lorsqu'on le comprend, l'objection devient son apologie. Développons ce point.

Nous accordons que le Dictionnaire ordinaire de cette langue ne peut renfermer les noms de tous les objets déjà découverts, et ceux qu'on découvrira dans l'histoire naturelle ; c'est ce qui arrive aussi dans les Dictionnaires de toutes les langues. Ce détail est réservé pour les Dictionnaires techniques, ou plutôt pour les ouvrages très-volumineux, consacrés à chacune des nombreuses branches dans lesquelles se divise et se subdivise l'histoire naturelle. Sous ce point de vue la langue qui nous occupe ne diffère pas des autres langues.

Mais cette langue possède, quant au choix des mots, tous les avantages qu'on a expliquées dans la section 2ᵉ de ce Projet. Nous citons spécialement l'avantage de présenter dans chaque mot l'analyse de l'objet qu'il signifie, puisque les lettres qui composent ce mot expriment clairement les classes supérieures et inférieures auxquelles l'objet appartient, et par conséquent les propriétés qui le caractérisent.

Mais on objecte qu'en se soumettant strictement à cette méthode, on ne trouvera pas assez de mots pour les noms de tant de milliers et peut-être de millions d'objets, qu'on pourra découvrir dans l'histoire naturelle. Nous répondons qu'aucune autre langue ne se prête comme celle du Projet à fournir cette multitude de mots, qui puissent exprimer tous les objets d'une manière simple, claire et sans danger de se méprendre. Nous renvoyons le lecteur à la note du n° 34, page 70, et à l'Appendice 3ᵉ. Il y trouvera les preuves les plus claires de la facilité de trouver des millions de noms pour des objets nouveaux, et d'en connaître la signification sans danger d'erreur.

Nota. Bien que ce système n'offre à notre avis aucune difficulté ni aucun inconvénient, on pourrait y introduire une amélioration importante. Elle consisterait à ajouter aux noms qui composent le langage ordinaire et le dictionnaire commun, un autre nom, pour ainsi dire technique, qui déterminerait toutes les nuances des objets. Ce second nom se réunirait au premier par un signe spécial, tel que l'apostrophe ou le trait d'union, pour en faire un seul nom. Ces noms, ainsi composés, seraient expliqués dans les dictionnaires techniques et dans les traités et ouvrages destinés à des sciences spéciales. Nous allons développer notre pensée par deux exemples qui la rendront plus claire.

Supposons que les noms employés pour exprimer une rose et un papillon sont *elnada* et *eslace*. Ces noms peuvent suffire pour le langage ordinaire et par conséquent pour le dictionnaire commun et général. Mais dans chacun de ces objets on reconnaît aujourjourd'hui des milliers de divisions et de subdivisions, à cause du nombre immense des espèces, variétés et nuances qu'on a découvert, et qu'on découvre tous les jours. Or, de même que dans les végétaux et dans les animaux, on a fait plusieurs divisions et subdivisions de types, de tribus, d'ordres et de familles, pour arriver aux objets ci-dessus cités; on fera aussi les divisions convenables de genres, d'espèces, de variétés, de différences et de nuances de chacun de ces objets. Alors on composera des noms pour tous les individus de ces classes inférieures, en suivant toujours l'ordre alphabétique, de même qu'on a composé les noms de la rose (*elcana*), du papillon (*eslace*), et de tous les objets qui entrent dans le langage ordinaire. Les noms ainsi formés par les hommes de la science seraient ajoutés et réunis par l'apostrophe ou par le trait d'union aux noms *elcana* et *eslace*. Dans ce cas la première partie de ces noms, ainsi composés, exprimerait les objets (la rose, le papillon) pris dans un sens générique, et comme on le fait le plus souvent dans le langage ordinaire; et la deuxième partie exprimerait l'objet analysé jusqu'aux nuances les plus minutieuses pour les hommes de la science. Il est facile de remarquer que cette méthode faciliterait extraordinairement la connaissance plus exacte de ces objets, même aux personnes les moins initiées aux connaissances scientifiques.

LXV.—*Quatrième question.* = *Accent de la prononciation.* Dans le n° 25 nous avons proposé deux systèmes, qu'on pourrait adopter pour fixer les syllabes, sur lesquelles on doit appuyer pour prononcer les mots de la langue du Projet. Ces deux systèmes nous paraissent bons : ils ont tous les deux l'avantage de déterminer la syllabe sur laquelle appuie la voix, sans qu'il soit nécessaire de la marquer avec un accent écrit, comme il arrive souvent dans le latin et dans le castillan. Nous ajoutons qu'on ne voit pas d'inconvénient grave à ce que le choix entre ces deux systèmes reste à la discrétion des divers peuples de la terre, qui pourront élire celui qui serait le plus conforme à leurs usages respectifs. Cette liberté ne nuira pas à la clarté de la langue, puisque la différence de l'accent ne changera en rien la signification des mots. Néanmoins chaque individu doit se conformer au système adopté dans son pays, parce qu'une liberté arbitraire produirait de la confusion dans les auditeurs.

LXVI. — *Cinquième question.* = *Sur les articles.* Quant aux articles, on a demandé s'il sera mieux de les bannir de cette langue, en se modelant sur le latin, qui n'en a pas, ou de les employer comme dans le français, l'espagnol, l'italien, etc., ou abandonner cette matière au gré et au bon goût des écrivains. Nous croyons qu'on ne peut pas établir, au moins à présent, des règles générales ni dans cette matière, ni dans plusieurs autres. L'usage des écrivains distingués et d'un goût délicat fixera ces règles. Nous dirons cependant que l'usage de l'article doit être regardé comme nécessaire, toutes les fois qu'il sera réclamé par la clarté de la phrase. En latin les mots *filius regis* peuvent avoir plusieurs sens différents. Le contexte détermine souvent le sens qu'on doit leur donner dans une phrase, mais souvent aussi le sens est équivoque. La langue du Projet doit, d'après ses principes fondamentaux, repousser toute équivoque. On ne peut donc y supprimer l'article que dans les phrases où il sera tout à fait inutile pour en déterminer le sens.

CINQUIÈME SECTION.

APPENDICES,

LXVII. — *Premier appendice.* = *Théorie philosophique des verbes.* Dans l'application de la théorie philosophique du verbe, de ses modes et de ses temps, nous nous bornerons aux indications qui nous semblent nécessaires à notre but (1).

Le verbe signifie ordinairement une action, et quelquefois un état et même une qualité. Sa partie essentielle et radicale est l'indéfini (vulgairement infinitif), ainsi appelé parce qu'il signifie simplement l'action sans déterminer la personne (nous ajouterons le temps et le mode). De là découlent plusieurs conséquences utiles pour se former une idée de ce qu'est

(1) Ce point est important, parce que notre langue étant destinée à l'usage de toutes les nations, il est nécessaire que sa construction se modèle sur la nature intrinsèque des verbes, et qu'elle mette de côté toutes les anomalies introduites dans les autres langues. Cela est nécessaire pour qu'elle soit universellement acceptée.

le verbe considéré philosophiquement : 1° que la conjugaison doit avoir en tête l'infinitif; 2° que la signification propre de cet infinitif se conserve tout entière dans toute la conjugaison, tout en spécifiant les
circonstances qui la déterminent et la limitent à certains modes, temps ou personnes; 3° il résulte de là
qu'en bonne philosophie, cet infinitif doit se conserver entier dans toute la conjugaison, et que celle-ci
doit consister dans la simple addition de lettres ou
de syllabes qui expriment ses accidents; 4° que cet
infinitif ainsi compris n'est pas un mode du verbe,
mais le principe et la racine de tous les modes;
5° que par conséquent on ne doit pas le confondre
avec le mode qui porte vulgairement le nom d'*infinitif*. En effet, dans ce mode il y a passé, présent et
futur, comme nous le voyons dans le latin *amavisse,
amare, amatum ire*, et en français *avoir aimé, aimer,
devoir aimer*. On les trouve aussi dans les participes
amans, amatus, amaturus, amandus et dans *aimant,
aimé, devant aimer*. Ainsi, à la rigueur, on ne peut
pas l'appeler infinitif ni *indéfini*. Ce qui est indéterminé
dans ce mode ce sont les personnes, et c'est pour
cela que, ne trouvant pas d'autre nom qui nous pa-
raisse plus exact, nous l'appellons mode impersson-
nel (1); 6° enfin il en résulte que l'*indéfini* est un vrai

---

(1) Le mode impersonnel dont nous parlons ne se confond point avec
les verbes appelés unipersonnels, parce qu'ils n'ont qu'une seule personne à chaque temps comme *pleuvoir, neiger*, etc.

substantif, comme le reconnaissent les grammairiens, en disant que l'infinitif est le nom du verbe.

Théorie des modes du verbe. — Quant aux modes des verbes, nous ne nous arrêterons ni à l'indicatif, ni au conditionnel ni au subjonctif, car ils ne présentent aucune difficulté, qui demande une explication particulière. Mais comme nous avons fait quelques variations dans le mode impératif, nous devons en rendre compte. D'abord nous l'avons appelé *volitif* au lieu d'*impératif*. Ce dernier nom ne peut lui être conservé tout à fait sans un véritable contre-sens; car si quelquefois on s'en sert pour commander, le plus souvent on s'en sert dans un sens différent, quelquefois même opposé. Le nom de *volitif* nous semble son vrai nom, car dans toutes ses significations se mêle quelque acte de la volonté. En second lieu, nous avons divisé sa signification (1) en quatre sens différents, savoir : commander, supplier, exciter et permettre l'action. Cette division nous paraît si convenable que nous ne croyons pas avoir besoin de la justifier. Bien plus, elle nous paraît absolument nécessaire dans une langue philosophique, dont la qua-

---

(1) On pourra trouver surprenant que, ayant distingué ces quatre sens par quatre terminaisons différentes, nous en ayons laissé une terminaison, celle qui est la première, pour un sens indéterminé. La raison principale a été la facilité de traduire les impératifs des autres langues avec exactitude; dans les cas où le contexte n'est pas assez clair pour déterminer lequel de ces quatre sens est le sens véritable de la phrase.

lité la plus importante est d'éviter tout sens douteux et amphibologique.

Le mode que nous avons appelé impersonnel, est celui que l'on nomme communément infinitif ou indéfini, quoiqu'il ait trois temps très-bien marqués dans les langues les plus connues. Cette circonstance le distingue essentiellement du véritable infinitif ou indéfini, qui marque l'action sans aucune détermination de temps. Cette différence n'apparaît point dans nos langues, et nous confondons l'un avec l'autre. Mais cette confusion doit disparaître dans une langue philosophique.

Il faut bien remarquer que les trois temps de l'impersonnel sont de vrais substantifs, comme l'est l'indéfini lui-même, et qu'ils sont tous quelquefois sujet, régime indirect ou complément d'une préposition, comme les autres substantifs (1), quoiqu'ils ne se

---

(1) Ces exemples sont très-fréquents dans la langue française. En voici quelques-uns. Pour le sujet au nominatif : *Il est utile d'avoir étudié, d'étudier, d'avoir à étudier.* — Pour le régime direct ou l'accusatif : *Je voudrais avoir voyagé, voyager, avoir à voyager.* — Pour le régime indirect ou datif : *le silence est utile pour méditer, pour éviter l'orgueil.* — Pour le génitif : *la peine ou le plaisir d'avoir étudié, d'étudier, d'avoir à étudier.* — Pour les prépositions : *avant de dîner, après avoir écrit, loin d'avoir à payer.* — Pour le régime des verbes : *Je me repens d'avoir perdu le temps, il s'occupe à lire, il regrette d'avoir à refuser.* — Pour les adjectifs : *il était digne d'avoir été élu, il est digne d'être nommé, il est avide d'avoir à travailler.* — Pour le comparatif : *Étudier est plus honorable que rester oisif.* Dans l'espagnol, dans l'italien et dans d'autres langues, on rencontre de semblables exemples.

Dans le latin, les infinitifs *amavisse, amare, amatum ire* ou *ama-*

présentent pas toújours dans la même forme. On peut
en dire autant du gérondif, puisqu'il ne forme ni un
mode, ni un temps distinct de l'impersonnel : il n'en
est que la déclinaison. Cependant, comme il n'y a pas
d'inconvénient à admettre cette manière si usitée dans
nos langues, nous avons placé le gérondif dans la
conjugaison.

Quant au *participe*, nous croyons, comme la plupart des grammairiens, que c'est l'adjectif de l'impersonnel, avec ses trois temps, et que par conséquent on ne doit pas le regarder comme un mode
distinct. Sa formation doit donc être conforme à celle
des autres adjectifs, qui se forment en ajoutant un N à
leur substantif respectif, comme nous l'avons dit au
n° 6. La différence essentielle qui existe entre les participes et les autres adjectifs, comme entre l'impersonnel et les autres substantifs, c'est que le participe
et l'impersonnel ont dans quelques langues, comme
en latin, un régime direct que l'on nomme régime
direct ou accusatif ; tandis qu'au contraire les autres
adjectifs et substantifs n'ont pas ce régime, et ils ne

---

turum esse sont toujours le sujet ou le régime direct de la phrase. Mais
pour les autres cas ils prennent la forme du gérondif, comme on le voit
dans les exemples suivants : *tempus agendi, idoneus libris scribendis,
fortis ad patiendum, redeo ab ambulando, consumit tempus legendo,
scribendo piger.* Il suffit de faire un peu d'attention au sens de ces
phrases et à leur traduction pour reconnaître que ces gérondifs sont de
véritables verbes au mode impersonnel, et que ces verbes sous cette forme
admettent la déclinaison comme des substantifs.

peuvent avoir qu'un régime indirect ou bien celui de la préposition (1).

Théorie des temps du verbe. On reconnaîtra sans difficulté que les temps primitifs se réduisent essentiellement à trois : le *passé*, le *présent* et le *futur*. Les temps secondaires, qu'on pourrait appeler *relatifs*, fixent l'époque d'une manière non absolue, mais relative à un autre temps employé dans la même phrase. Ainsi ils se divisent en trois classes, savoir : antérieurs, simultanés et postérieurs.

En parlant avec toute la rigueur philosophique, tous les passés et futurs primitifs peuvent admettre les temps secondaires ou *relatifs*. Mais ces temps sont alors peu communs, et on peut les suppléer par des locutions adverbiales. Nous n'avons donc mis dans l'exemple de la conjugaison que ceux qui sont usités, afin d'éviter la complication et la confusion qui pourraient se produire dans l'esprit des commençants. Nous croyons néanmoins qu'on ne doit pas les exclure entièrement de cette langue, puisqu'elle doit se prêter à toutes les exigences raisonnables. On pourra donc

---

(1) Quelques personnes auraient désiré que nous eussions admis plus de modes que ceux dont nous avons parlé, et particulièrement l'optatif. C'est en effet un mode du verbe ; mais il y en a bien d'autres qui le sont aussi comme l'affirmatif, le négatif, l'admiratif, l'interrogatif, le dubitatif, l'ironique, etc., et *mille autres;* mais ce n'est pas une raison suffisante pour compliquer la conjugaison, par des terminaisons spéciales pour chacun d'eux ; il suffit de déterminer ces divers sens par une particule (par exemple : *forsan*, peut-être *utinam*, plût à Dieu), ou par quelque autre mot, comme nous l'avons fait au n° 15.

les employer quand cela sera convenable. Il est vrai qu'ils ne sont pas spécifiés dans la conjugaison que nous avons présentée au n° 7 ; mais ils sont positivement compris dans les règles qu'on a établies.

Conformément à cet enseignement, il sera très à propos d'employer, par exemple, la terminaison *beai* quand nous voudrons exprimer d'une manière positive que l'action a, a eu, et aura lieu, comme dans ces propositions : *Dieu est bon, la terre est plus petite que le soleil.*=*Bea* exprimera le présent avec le passé, et *bei* le présent avec le futur, dans les cas où il conviendra d'exprimer ces circonstances (1).

Pour la même raison on pourra employer les terminaisons *dia*, *die*, *dii*; pour le futur antérieur du subjonctif : *eo quod amaturus fuerim*; pour le simultané : *eo quo amaturus sim*; et pour le postérieur : *eo quod amaturus fuero.*

---

(1) Ces termisaisons *Beai*, *Bea* et *Bei*, seront des formules abrégées des trois phrases suivantes : 1re Je suis, j'ai été, et je serai ; 2e je suis et j'ai été ; 3e je suis et je SERAI.

DEUXIÈME APPENDICE.

Du langage chimique.

Un des besoins scientifiques les plus pressants de nos jours est celui de trouver un langage, qui se prête à exprimer avec clarté et avec exactitude les connaissances chimiques, qui font de si rapides progrès depuis quelques années. Lorsque ces connaissances commencèrent à former une science spéciale, on reconnut combien un langage clair et précis était avantageux, et l'on adopta les terminaisons *ique* et *eux* pour signifier les combinaisons chimiques. On y ajouta ensuite les mots *hypo....ique* et *hypo....eux*, et depuis les initales *proto, deuto, trito, per, hyper,* etc.

On ne peut méconnaître que ces nomenclatures ont été très-utiles à la science et ont contribué à ses progrès; mais ces progrès mêmes les ont rendus insuffisantes, et ont démontré qu'on avait procédé quelquefois d'après des données inexactes.

Cette insuffisance et cette inexactitude font que plusieurs auteurs introduisent des systèmes particuliers et des nomenclatures très-différentes. De là viennent des complications, des difficultés, des embarras et de la confusion, à un tel point qu'on est menacé d'une espèce d'anarchie dans le langage : anarchie qui doit augmenter à mesure que les con-

naissances et les nouvelles découvertes augmente-
ront.

Il est donc convenable et même urgent de chercher
et d'adopter un système plus large, et en même temps
plus exact, plus clair et plus simple, qui réponde
aux besoins scientifiques du jour, et, s'il est possible,
à ceux qui surviendront dans l'avenir en raison des
progrès de la science.

La simplicité et la fécondité de la langue de notre
Projet nous font croire qu'il pourrait remplir ces
conditions. Nous avons donc consulté des personnes
très-instruites dans cette matière, et aidé de leurs
lumières, nous proposons les cinq nomenclatures suivantes : celle des corps simples, celle de leurs combinaisons, celle de leurs proportions, celle des alliages,
et celle de la chimie organique.

Nomenclature des corps simples. — *Aba* initial est
employé exclusivement pour signifier les corps simples, autrement dits les éléments primitifs.

Aba : élément ou corps simple.

1er ORDRE. — *Métalloïdes.* = 1re Famille : *gazeux.*

Ababa,	oxygène.	*Abace,*	chlore.
Ababe,	hydrogène.	*Abaci,*	fluor.
Abaca,	azote.		

2e Famille : *solides volatiles.*

Abada,	iode.	*Abadi,*	phosphore.
Abade,	selenium.	*Abado,*	soufre.

3ᵉ Famille : *solides fixes.*

Abafa,	carbone.	*Abafi,*	silicium.
Abafe,	bore.		

2ᵉ ORDRE. — *Métaux hétéropsides.* = 1ʳᵉ Famille : *insolubles.*

Abaga,	zirconium.	*Abagi,*	yttrium.
Abage,	aluminium.	*Abago,*	glucynium.

2ᵉ Famille : *peu solubles.*

Abaja,	magnesium.	*Abaji,*	strontium.
Abaje,	calcium.	*Abajo,*	barium.

3ᵉ Famille : *très-solubles.*

Abala,	lithium.	*Abali,*	potassium.
Abale,	sodium.		

3ᵉ ORDRE. — *Métaux autopsides.* = 1ʳᵉ Famille : *électro-négatifs.*

Abama,	arsenic.	*Abamu,*	antimoine.
Abame,	chrôme.	*Abana,*	tellure.
Abami,	molybdène.	*Abane,*	titane.
Abamo,	tungstène.	*Abani,*	tantale.

2ᵉ Famille : *électro-positifs.*

Abapa,	cerium.	*Abesa,*	bismuth.
Abape,	manganèse.	*Abese,*	plomb.
Abapi,	fer.	*Abesi,*	mercure.
Abapo,	cobalt.	*Abeso,*	argent,
Abapu,	nickel.	*Abesu,*	or.
Abara,	cuivre.	*Abeta,*	sodium.
Abare,	urane.	*Abete,*	osmium.
Abari,	zinc.	*Abeti,*	palladium.
Abaro,	cadmium.	*Abeto,*	platine.
Abaru,	étain.		

Première note. Obligés d'adopter une classification, nous avons choisi celle du texte, parce qu'elle se divise et se subdivise par des groupes, dont la connaissance est très-utile pour diriger et pour rendre plus facile l'étude de la chimie. Cependant nous ne lui donnerons pas une préférence exclusive, d'autant moins qu'on n'y trouve pas tous les corps simples qui sont connus aujourd'hui. Dans le Dictionnaire nous proposons une autre classification. C'est aux savants dans cette science qu'il appartient de fixer la classification la plus convenable et par conséquent la nomenclature.

Deuxième note. Quelle que soit la classification qu'on adoptera, elle sera toujours incomplète, parce que l'on découvre tous les jours de nouveaux corps simples. Nous-même nous n'en avons énuméré que cinquante, bien qu'il y en ait plus de soixante connus aujourd'hui. D'après la méthode ordinaire, lorsqu'on découvre un nouveau corps simple, il faut inventer un nouveau nom tout à fait arbitraire, qui n'a aucun rapport avec l'objet, et qui très-souvent est très-difficile à retenir, à prononcer et à écrire. Dans la langue du Projet le nom est toujours simple et facile, et se trouve préparé d'avance dans la section à laquelle il appartient. Par cette dernière raison, les personnes qui l'entendent pour la première fois, reconnaissent, sans d'autre explication, non-seulement que l'objet est un corps simple, mais aussi quelle est la classe à laquelle il appartient et par conséquent ses qualités principales.

Et qu'on ne craigne pas d'épuiser les noms préparés pour les nouvelles découvertes. En effet, les syllabes simples, ajoutées au mot radical *aba*, nous donnent cent cinquante noms applicables aux corps simples.

En y interposant les consonnes *l*, *n*, *r*, *t*, (*abalba*, *abanco*, *aberfi*, *abesde*), nous aurons six cents noms. En y interposant les autres consonnes (*abacda*, *abadma*, *abapfa*, etc.), nous aurions deux mille noms. Si l'on emploie les diphthongues, et, dans un cas nécessaire, les triphthongues (*abafao*, *abanpia*, *abarnaoe*, etc.), on aurait plusieurs douzaines de milliers de noms destinées exclusivement pour désigner les corps simples. On pourrait à la rigueur employer les quadriphthongues, sans que la prononciation en souffrît; puisqu'on peut interposer l'*h* aspiré, d'après ce que nous avons établi au n° 28 du Projet. Cette nomenclature serait toujours aussi claire, parce que l'ordre rigoureusement alphabétique fixerait la signification d'une manière positive et non équivoque.

Troisième note. Quelle que soit encore la classification, on y trouvera une autre circonstance défavorable, qui peut avoir lieu pour tous les corps simples déjà connus. On ignore encore un grand nombre de leurs propriétés et de leurs analogies avec les autres corps simples, et nous voyons que tous les jours on fait là-dessus de nouvelles découvertes. C'est pourquoi les savants croient qu'il n'est pas encore temps de fixer les classifications. En outre, les corps simples, qui sous certains rapports se trouvent les plus analogues à d'autres, sont les moins analogues à ces mêmes corps sous d'autres rapports. C'est un inconvénient très-fréquent, et qui rend les classifications très-imparfaites. En choisissant donc une classification quelconque, il faut se résigner à ces imperfections et à ces anomalies, et réserver les explications et les exceptions pour les traités scientifiques. Aussi nous ne prétendons pas que la classification choisie pour la langue universelle puisse être exempte de cette imperfection, et nous accordons que la nomenclature ne peut non plus en être tout à fait exempte. Cependant on trouve dans cette langue le moyen d'en atténuer et presque d'en annuler les effets : ce qui n'a pas lieu dans les autres langues. Voici ce moyen : lorsque les anomalies de la nomenclature adoptée seront devenues notablement considérables, on pourra la rétablir très-aisément. Pour obtenir ce résultat, il suffira de refaire la classification d'après les découvertes et les connaissances de l'époque, et y adapter la nouvelle nomenclature, en ajoutant à la radicale *aba* une voyelle. Ainsi on emploierait les noms *abaeba*, *abaebe*, *abaebi*, *abaebo*, *abaebu*, etc., pour signifier les corps simples qui se trouveraient les premiers dans la nouvelle classification. Ce changement pourrait se répéter en substituant à la voyelle *e* les autres voyelles, ce qui donnerait lieu à çinq variations, et même à trente, si l'on employait les triphthongues; et à cent cinquante, si l'on employait les quatriphthongues. Et remarquez une chose très-singulière : ces diverses nomenclatures porteraient en elles-mêmes l'histoire tout entière de la science. Les noms *abaca, abaeca, abaica, abaoca, abauca, abaaca,* etc., marqueraient le nom qu'un objet avait respectivement à l'époque de la 1re, de la 2e, de la 3e, de la 4e, de la 5e, de la 6e nomenclature, etc., et par conséquent la place qu'on lui donnait alors dans la classification reçue : ce qui serait l'histoire des diverses phases de la chimie.

Nomenclature pour les combinaisons des corps simples.

B pour les acides de l'oxygène,	L pour les acides ⎫	
C — — de l'hydrogène,	M — — ⎬ imprévus,	
D — — du soufre,	N — — ⎭	
F — — du selenium,	P pour les oxydes basiques,	
G — — du tellure,	R — — neutres,	
J — — de l'arsenic,	S pour le 1er composant des sels.	
	T pour le 2e composant des sels.	

Nota. Il y a plusieurs centaines de combinaisons formées par deux consonnes, et qui sont applicables à autant de combinaisons chimiques, qui pourront se présenter dans l'avenir. Telles sont les syllabes qui commencent par *Bl, Br, Cl, Cr, dr, fl, fr, gl, gr, pl, pr — tr.* — Telles sont aussi *LB, lc — ld — lf — lg,* etc. *Nb, nb, nc,* etc. *Rb — rc,* etc. *Sb — Sc,* etc., et même plusieurs autres, auxquelles cette langue se prête sans aucun danger de confusion.

Nomenclature pour déterminer les degrés d'acidulation, d'oxydation, etc. Ayant exprimé les diverses espèces de combinaisons par des consonnes ajoutées au nom principal, on exprimera les degrés par des voyelles ajoutées à ces consonnes d'après les règles suivantes :

1° L'A placé après ces consonnes exprimera la combinaison respective sans déterminer ses degrés.

2° L'E exprimera le premier degré; l'I, le second degré; l'O, le troisième degré; l'U, le quatrième.

3° Les diphthongues finissant en *i* signifieront un demi-degré, savoir : *Ai*, un demi-degré; — *Ei*, un degré et demi; — *Ii*, deux degrés et demi; — *Ui*, trois et demi.

Ces gradations paraissent suffisantes pour l'état actuel de la science, et peut-être pour l'avenir; puisque les nouvelles découvertes confirment la théorie des proportions connues. Si elles ne l'étaient pas, nous avons dans les diphthongues un moyen simple d'y suppléer, lequel est compris implicitement dans ce que nous venons de dire. Les diphthongues finissant en A exprimeraient le sixième d'un degré; les diphthongues finissant en E, deux sixièmes; celles en *i*, trois sixièmes, comme nous l'avons dit; celles en *o* exprimeraient quatre sixièmes, et celles en *u*, cinq sixièmes.

Il reste en outre une ressource dans les triphthongues qui donneraient *vingt-cinq* nuances pour chaque degré, sans parler des quatriphthongues dont le nombre serait de plus de *cent* nuances pour chaque degré. Remarquez toujours que cette immense multitude de nuances ne produirait aucune confusion, comme les quantités les plus compliquées ne causent aucune confusion dans la numération arabe.

Résultats. 1° Ces bases une fois adoptées, toutes les anomalies, les inexactitudes, les embarras et les obscurités de la nomenclature actuelle disparaîtront.

2° On préviendra par là l'anarchie, qui paraît menacer le langage chimique.

3° On simplifie le langage; on le rend plus court, et il devient intelligible pour tout le monde.

4° On décharge la mémoire d'un très-grand nombre de mots inusités et difficiles à retenir.

5° On favorise beaucoup la clarté, le développement et le progrès de la science.

6° Les noms des objets qu'on pourra découvrir sont fixés d'avance, et d'une manière si claire et si simple qu'ils seront compris sans aucune explication par ceux mêmes qui ne les auront jamais entendus.

Nota. Si les premiers essais de cette langue offrent tant d'avantages dans l'étude de la science chimique, que ne devra-t-on pas attendre d'elle, lorsqu'elle aura été perfectionnée par le concours de tous les savants, et qu'elle aura été appliquée à toutes les branches des connaissances humaines!

Nomenclature des alliages des corps simples. Pour bien comprendre cette nomenclature, il faut se rappeler la manière employée pour còmposer les noms des corps simples, considérés en eux-mêmes et sans former des masses d'aucune espèce. On a vu que tous leurs noms commencent par les deux syllabes *aba*, qui leur sont communes ; qu'ensuite on y ajoute une syllabe qui est caractéristique du nom spécial de chacun des corps simples. Ainsi *ba* est la syllabe caractéristique du nom scientifique de l'oxygène ; *ra* est la syllabe caractéristique du nom du cuivre ; *ru, se, so, su*, etc., sont les syllabes respectivement caractéristiques des noms de l'étain, du plomb, de l'argent, de l'or, etc. Lorsque ces corps sont des masses plus ou moins considérables, ils conservent dans leurs noms la syllabe qui leur est caractéristique, mais on la fait précéder d'*ara* et non pas d'*aba*.

Cela étant ainsi, pour former les noms des corps composés de plusieurs éléments simples, on commence par les syllabes *ara*, et on y ajoute les syllabes caractéristiques de tous les éléments qui composent ce corps. On ne prend pas ces syllabes au hasard, mais dans un ordre logique, c'est-à-dire qu'on emploie premièrement les syllabes caractéristiques des éléments qui forment la plus grande partie du composé, et qu'on finit par les syllabes des éléments qui en fournissent la plus petite partie.

Cette nomenclature n'est pas tout à fait satisfaisante, parce qu'elle ne fixe pas la quantité proportionnelle de chacun des éléments qui composent les corps ; mais elle en donne une idée incomplète que les autres nomenclatures ne donnent même pas. Au reste, ces détails sont réservés pour les traités et pour les explications scientifiques. Toutefois nous croyons qu'en développant davantage notre méthode, on peut parvenir à une nomenclature plus avantageuse.

A la suite des syllabes caractéristiques à chaque corps simple on mettrait entre parenthèse le nom qui exprime le nombre proportionnel des parties que ce corps fournit pour le corps composé. Pour éviter la longueur du nom, on supprimerait les lettres initiales *ara* en le commençant par une majuscule. En outre, on supprimerait dans les parenthèses la syllabe *si* qui est caractéristique de la numération. Exemple : Le métal employé dans l'imprimerie est un composé de 8 (*sibri* dans la langue du Projet) parties de plomb (*avase*) et de 2 (*sibe*) parties d'antimoine (*aramu*). On écrirait donc : *Se* (*bri*) *mu* (*be*).

Nous ne donnons pas cet essai comme tout à fait satisfaisant ; mais on conviendra qu'il est préférable à la formule qu'on emploie ordinairement et qui est considérée comme un progrès dans la science : $Pb^8 St^2$. En effet, cette formule et les autres qu'on emploie dans les traités scientifiques (1) sont très-difficiles à

---

(1) En voici quelques-unes : Pb. plomb. — Zn. zinc. — Zr. zirconium. — W. tungstène. — Sb. antimoine. — Hg. mercure. — Mg. magnésium. — Sr. strontium. — Th. thorium. — Pt. platine. — Mn. manganèse.

apprendre et plus encore à retenir, même pour les personnes vouées à cette science, et presque inintelligibles pour toutes les autres. D'ailleurs la prononciation de ces formules est presque impossible. Cependant elle aide beaucoup la mémoire, et elle est absolument nécessaire pour la lecture, et très-difficile à suppléer dans toute espèce de discours public ou entretien familier. Profitons donc de la nomenclature qu'on vient de proposer, en attendant qu'on réussisse à en trouver une autre plus satisfaisante qui puisse la remplacer avec avantage.

Nomenclature de la chimie organique. Et ne pourrait-on pas obtenir une nomenclature semblable pour la chimie organique, afin d'en simplifier, faciliter et généraliser l'étude et les immenses applications? Quelques savants en chimie nous ont découragé, en nous disant qu'il la croyaient presque impossible, soit parce que le nombre des éléments composants est au moins de trois pour les végétaux et de quatre pour les animaux, soit parce que la variété de leurs combinaisons et de leurs proportions est très-grande et très-compliquée. Aussi ne leur paraît-il pas possible de les soumettre à des règles peu nombreuses et fixes. Mais nous avons plus de confiance dans les progrès des sciences, et nous espérons qu'on trouvera cette nomenclature favorable à l'étude de la botanique et de la zoologie, à leurs progrès et à leurs applications aussi nombreuses qu'importantes. Nous croyons même que les bases de cette nomenclature se trouvent implicitement contenues dans celle de la langue du Projet, comme le végétal se trouve dans sa semence, et les oiseaux dans leurs œufs. Rappelons-nous que dans cette langue chaque lettre d'un mot quelconque détermine une nouvelle classe de l'objet signifié, et par conséquent les qualités qui caractérisent cette chose. Très-souvent une seule lettre suffit pour déterminer deux ou trois classes, comme on le voit dans la note du n° 35. Il est donc facile de concevoir qu'un seul mot, sans être trop long, suffit pour déterminer les combinaisons des éléments composant un objet quelconque; tandis que dans le langage actuel on trouve des noms composés de trois, de quatre mots et même plus. La nécessité de nous occuper des points fondamentaux de notre Projet, et notre ignorance sur cette matière, nous empêchent de traiter à fond cette question. Nous la recommandons aux personnes familiarisées avec ces connaissances. Elles pourront facilement les caractériser, les simplifier et les adapter à une nomenclature qui remplisse les conditions voulues.

Cependant nous offrons à la méditation des savants un essai de cette nomenclature. Il paraîtra sans doute très-imparfait, mais il pourra être une occasion et un acheminement pour la perfectionner ou pour en trouver une autre plus convenable.

Voici le plan de cet essai :

La syllabe initiale *ez* suivie d'une consonne sera

destinée exclusivement pour la nomenclature de la chimie organique. La deuxième syllabe commencera par une consonne et désignera les centièmes parties d'oxygène qui se trouveront dans l'objet qu'on veut nommer. La troisième syllabe désignera les centièmes parties d'hydrogène, et la quatrième, celles du carbone. Dans les matières animales, il y aura une cinquième syllabe qui désignera les centièmes parties d'azote.

Pour fixer le nombre de ces centièmes parties, on suivra l'ordre alphabétique des syllabes qui commencent par une consonne et finissent par une voyelle, à l'exclusion de toute espèce de diphthongue. Il y a cent syllabes depuis *Ba* jusqu'à *Plu*, comme on le voit au bas de cette page (1). La syllabe *Bi* est la troisième; *Bru* est la quinzième; *Fo* est la quarante-quatrième; *Lu*, la soixante-dixième. Ainsi,

---

(1) En effet, le B nous donne 15 syllabes : *ba*, *be*, *bi*, *bo*, *bu*; *bla*, *ble*, *bli*, *blo*, *blu*; *bra*, *bre*, *bri*, *bro*, *bru*; le C nous en donne autant; mais d'autres consonnes ne se combinent pas bien avec *l* et *r* liquides. On doit donc faire le dénombrement de la manière suivante :

B	Il y a 15	syllabes	de 1 à 15
C	15	»	de 16 à 30
D	10	»	de 31 à 40
F	15	»	de 41 à 55
G	15	»	de 56 à 70
J	5	»	de 71 à 75
L	5	»	de 76 à 80
M	5	»	de 81 à 85
N	5	»	de 86 à 90
P		10 jusqu'à *plu*	de 91 à 100.

lorsque la deuxième syllabe sera *bi*, *bru*, *fo* ou *lu*, elle exprimera que la matière organique dont il s'agit contient respectivement trois, quinze, quarante-quatre ou soixante-dix centièmes parties d'oxygène. Lorsque ces syllabes seront la quatrième ou la cinquième du mot, elles exprimeront les nombres respectifs des centièmes parties d'hydrogène, de carbone ou d'azote.

Remarque. Les corps simples que nous venons de nommer sont ceux qui constituent ordinairement les matières végétales et animales. Mais il y a des matières organiques dans lesquelles on trouve d'autres corps simples, tels que l'azote dans quelques végétaux, et le soufre, le phosphore et quelques autres dans les animaux. Les parties de ces corps simples sont le plus souvent peu considérables, et peuvent être omises sans inconvénient dans la nomenclature et réservées pour des notes ou pour les traités scientifiques. Mais si on veut désigner ces parties par le nom, on ajoutera un autre nom uni au premier par une apostrophe. Le corps simple serait exprimé par la syllabe qui le caractérise, en supprimant les lettres initiales *aba*, et ses parties aliquotes seraient exprimées par une autre syllabe comme nous venons de l'expliquer. Ainsi, en supposant que *Abadi* signifie le phosphore, le mot *Dibo*, uni au mot précédent par une apostrophe, marquerait que la matière dont il était question avait quatre centièmes parties de phosphore.

Si la matière qu'on veut désigner manque de quelqu'un des corps simples, auxquels on a destiné une syllabe, celle-ci sera remplacée par une des suivantes : *ta*, *te*, *ti*, *to*, *tu*. Cela est nécessaire afin que la syllabe destinée à chacun de ces corps simples conserve toujours sa place de deuxième, de troisième, quatrième ou cinquième ; autrement il en résulterait une erreur positive. Si ce corps simple a moins d'une centième partie, on emploiera la syllabe *ta* ou *te*, en y ajoutant la voyelle convenable d'après ce que nous avons dit plus haut. Ainsi *tai* signifierait un demi-centième, *tao* un tiers de centième.

A la rigueur on pourrait encore déterminer plus minutieusement les nombres des centièmes parties au moyen des diphthongues d'après l'explication donnée plus haut. La diphthongue ajouterait une, deux, trois, quatre ou cinq sixièmes parties des centièmes, selon que la dernière voyelle de la diphthongue serait *a*, *e*, *i*, *o*, *u*. En employant des triphthongues, on déterminerait la quantité avec plus d'exactitude. Mais on néglige ces minuties dans la pratique. Si quelquefois on veut en tenir compte, on peut le faire par des notes.

Classification de ces matières organiques. —Les qualités les plus importantes des matières organiques pour la médecine, la teinture et pour d'autres emplois dans les arts, ne tiennent pas seulement au nombre et à la qualité des corps simples qui la composent. Souvent il y a plusieurs matières qui contiennent les mêmes corps simples et dans les mêmes proportions, et cependant elles diffèrent beaucoup dans leurs effets, selon qu'elles proviennent de végétaux ou d'animaux différents. Cependant les nombres, la qualité et la proportion des corps composants doivent influer sur ces propriétés si importantes. Une étude approfondie, basée sur des faits et accompagnée de comparaisons bien calculées, ferait connaître l'utilité de bien déterminer les corps composant ces matières organiques. Il serait donc très-convenable d'en faire des classifications pour simplifier l'étude, aider la mémoire et faciliter les progrès ultérieurs de la science.

Guidé par cette pensée, nous proposons comme un essai le système suivant de classification. Les classes seraient formées d'après les nombres des parties de chacun des corps simples qui composeraient les matières organiques. On y procéderait par des types, tribus, ordres, familles, etc., de la manière suivante :

Le premier type serait formé par les matières où l'oxygène prédominerait (1). Les deuxième, troisième et quatrième types seraient formés par les matières où prédomineraient respectivement l'hydrogène, le

---

(1) Cette circonstance est très-facile à connaître par la nomenclature que nous avons expliquée. Il est clair que la matière prédominante est celle dont les noms s'éloignent le plus de la syllabe *Ba* qui signifie *un*, et se rapprocheront le plus de la syllabe *plu* qui signifie *cent*.

carbone ou l'azote. Le cinquième type serait formé pour le cas où un autre corps simple prédominerait.

Dans le premier type, la première tribu serait formée par les matières où, après l'oxygène, prédominerait l'hydrogène. Dans cette tribu, le premier ordre serait formé par les matières où, après l'oxygène et l'hydrogène, prédominerait le carbone. Toutes les classifications seraient formées d'après le même système.

———

TROISIÈME APPENDICE.

LXVIII. — *Résolution d'un curieux problème par la méthode de la langue universelle.* Comment connaître et apprendre en très-peu de temps (moins d'une heure), la signification de plus de six millions de noms. Ce problème est appliqué ici à l'armée. On pourrait facilement faire à d'autres sujets une application analogue. Pour résoudre ce problème supposons une armée régularisée dans l'ordre indiqué dans les trois listes suivantes.

Liste première. Cent syllabes, qui étant les premières d'un mot signifient vingt divisions territoriales, en suivant l'ordre naturel de leur position géographique, et cent subdivisions classées d'après l'ordre de leur service spécial (1).

Division territoriale.	Service actif.	Service de réserve.	Service de province.	Garde nationale.	Pour les cas d'alarmes.
1° Madrid.	BA	BE	BI	BO	BU
2° Manche.	Ca	ce	ci	co	cu
3° Tolède.	Da	de	di	do	du
4° Estramadure.	Fa	fe	fi	fo	fu
5° Burgos.	Ga	ge	gi	go	gu
6° Barcelone.	Ja	je	ji	jo	ju
7° Tortose.	La	le	li	lo	lu
8° Valence.	Ma	me	mi	mo	mu
9° Alicante.	Na	ne	ni	no	nu
10° Carthagène.	Pa	pe	pi	po	pu
11° Almérie.	Ra	re	ri	ro	ru
12° Grenade.	Sa	se	si	so	su
13° Malaga.	Ta	te	ti	to	tu
14° Séville.	Ya	ye	yi	yo	yu
15° Huelva.	Za	ze	zi	zò	su
16° Gallice.	Al	el	il	ol	ul
17° Asturies.	An	en	in	on	un
18° Biscaye.	Ar	er	ir	or	ur
19° Navarre.	As	es	is	os	us
20° Aragon.	At	et	it	ot	ut

Le groupe **Armée du centre** comprend les n° 1 à 5, **Armée orientale** les n° 6 à 10, **Armée méridionale** les n° 11 à 15, **Armée du nord** les n° 16 à 20.

Liste seconde. Cent syllabes qui étant les secondes du mot, expriment cent compagnies de vingt bataillons respectifs d'infanterie, de cavalerie, d'artillerie ou de génie (2).

____

(1) Note du Traducteur. Nous aurions pu choisir un exemple appliqué au territoire français et à notre armée; mais la position géographique des provinces espagnoles nous paraît bien propre à rendre sensible l'avan-tage de suivre en tout, autant que possible, l'ordre naturel des objets pour en déterminer les noms.

(2) On obtiendra le même résultat en variant le système avec unifor-

	Bataillons.	Ordre des compagnies de chaque bataillon.				
		1re	2^e	3^e	4^e	5^e
	1°	Ba	Be	Bi	Bo	Bu
	2°	Ca	ce	ci	co	cu
	3°	Da	de	di	do	du
	4°	Fa	fe	fi	fo	fu
	5°	Ga	ge	gi	go	gu
	6°	Ja	je	ji	jo	ju
Infanterie.	7°	La	le	li	lo	lu
	8°	Ma	me	mi	mo	mu
	9°	Na	ne	ni	no	ñu
	10°	Pa	pe	pi	po	pu
	11°	Ra	re	ri	ro	ru
	12°	Sa	se	si	so	su
	13°	Ta	te	ti	to	tu
	14°	Ya	ye	yi	yo	yu
	15°	Za	ze	zi	zo	zu
Cavalerie. .	16°	Al	el	il	ol	ul
	17°	An	en	in	on	un
	18°	Ar	er	ir	or	ur
Artillerie. .	19°	As	es	is	ós	us
Génie. . . .	20°	At	et	it	ot	ut

Liste troisième. Cent syllabes qui étant les troisièmes d'un mot, désignent les vingt escouades et les cent soldats de chaque compagnie.

---

mité ; par exemple, en formant des régiments de deux ou de trois bataillons, comme également en donnant un autre nombre de soldats aux compagnies, aux escadrons ou régiments de cavalerie. On peut encore réserver pour chaque régiment ou bataillon un nombre déterminé de places pour les musiciens, les tambours, les employés dans les hôpitaux..., mais en procédant d'une manière uniforme. Enfin, en supposant que dans certains cas les compagnies ou bataillons n'atteindraient pas le nombre que nous avons désigné, il en résulterait seulement que le nombre de mots employés serait un peu moindre de six millions et plus de deux cents mille (qui résultent de notre explication. Il n'y aurait pas non plus d'obstacle si on voulait augmenter le nombre des soldats ou des compagnies... ; car on pourrait employer les diphthongues ou les syllabes *Bla*, *Cra*, *Fle*, *Gra* et autres analogues, sans changer de système.

Escouades.	Ordre des soldats de chaque escouade.				
	1	2	3	4	5
1°	Ba	Be	Bi	Bo	Bu
2°	Ca	ce	ci	co	cu
3°	Da	de	di	do	du
4°	Fa	fe	fi	fo	fu
5°	Ga	ge	gi	go	gu
6°	Ja	je	ji	jo	ju
7°	La	le	li	lo	lu
8°	Ma	me	mi	mo	mu
9°	Na	ne	ni	no	nu
10°	Pa	pe	pi	po	pu
11°	Ra	re	ri	ro	ru
12°	Sa	se	si	so	su
13°	Ta	te	ti	to	tu
14°	Ya	ye	yi	yo	yu
15°	Za	ze	zi	zo	zu
16°	Al	el	il	ol	ul
17°	An	en	in	on	un
18°	Ar	er	ir	or	ur
19°	As	es	is	os	us
20°	At	et	it	ot	ut

EXPLICATIONS.

La simple inspection de la première liste fait connaître le nom de cent divisions militaires. Chacun de
ces noms est composé d'une seule syllabe de deux
lettres. La consonne désigne la position géographique
de la division, et la voyelle désigne si elle appartient au service actif, de réserve, de province, de
garde nationale ou d'alarme. On ajoute une autre
syllabe de deux lettres, dont la consonne détermine et
fixe le bataillon de la division dans l'ordre établi
entre eux, et par conséquent l'arme à laquelle il
appartient; tandis que la voyelle désigne la compa-

gnie 1ʳᵉ, 2ᵉ, 3ᵉ, 4ᵉ ou 5ᵉ du bataillon. Si nous ajoutons une troisième syllabe de deux lettres, nous avons un nom militaire désignant chacun des cent soldats qui forment chaque compagnie. On désignera le numéro de l'escouade par sa consonne, et son n° 1, 3, 3, 4 ou 5 dans l'escouade par la voyelle. Nous avons donc le nom militaire d'un million de soldats. Enfin, si à ces trois syllabes nous ajoutons une des voyelles *a*, *e*, *i*, *o*, *u*, nous aurons les noms respectifs de la femme, du père, de la mère, du fils ou de la fille dudit soldat ; c'est-à-dire que nous connaissons les noms militaires de six millions de personnes, de dix mille compagnies et de cent divisions avec la désignation minutieuse que nous avons indiquée. Aucun de ces noms ne dépasse sept lettres, et l'on voit par l'inspection du tableau qu'il est facile de les apprendre dans une heure.

Ceci suffit pour la solution du problème ; mais pour donner un peu plus de latitude à ce problème, nous ajouterons ce qui suit.

La division territoriale prendrait le nom de la première division, le bataillon celui de la première compagnie, et le peloton celui du premier soldat du peloton en ajoutant une lettre, par exemple l'N, à la fin de la syllabe si celle-ci finissait par une voyelle, et à son commencement si la syllabe finissait par une consonne.

Quant aux noms des chefs, on placerait une syllabe avant le nom du corps qu'il commande, soit séparée,

soit unie par un trait-d'union de la manière suivante :
pour les noms des premiers chefs on ajouterait par
exemple la syllabe BA, et pour les deuxième, troisième, quatrième, etc..., les syllabes respectives
BE, BI, etc...

Application de cette nomenclature à quelques exemples.

CA, division de l'armée active de la Manche.
CE, division de l'armée de réserve de la Manche.
CI, division de l'armée de province de la Manche.
BA ce, premier chef de la division de réserve de la Manche.
BAa-ce, sa femme.
Bae-ce, son père.
BE-ce, deuxième chef de la même division.
BI-ce, troisième chef de la même division.
MI, division de l'armée provinciale de Valence.
BA-mi, BE-mi, BI-mi : ses chefs premier, deuxième, troisième.
Bae-mi, BEe-mi, BIe-mi : leurs pères.
DABO, quatrième compagnie du deuxième bataillon (par conséquent
infanterie) de la garde nationale de Tolède.

Applications à d'autres objets. On pourrait croire
que cette méthode de nomenclature n'est applicable
qu'au cas présent; mais un peu de réflexion suffira
pour reconnaître qu'il est facile de l'appliquer à
d'autres objets bien différents, comme à une statistique de tout le clergé, de la magistrature, de l'instruction publique; ou bien à la statistique générale
d'un royaume, de ses provinces, de ses villes et à la
statistique spéciale des grandes villes, comme Madrid,
Barcelone, Séville, etc. On peut l'appliquer aussi à
la classification des règnes minéral, végétal et ani-

mal, ainsi qu'aux arts, aux métiers, etc..., et à plusieurs autres matières (1).

Dans la note 2 de la page 193 nous avons indiqué la manière d'appliquer cet exemple à d'autres combinaisons militaires, où l'on trouverait un nombre plus grand ou plus petit de divisions, de bataillons, de compagnies ou de soldats. En appliquant ces indications avec discernement, on pourra faire des applications semblables dans les autres matières. Ces essais pratiques serviraient comme moyens de transition pour préparer et faciliter la formation définitive de la langue universelle et son adoption. Cette transition serait d'autant plus naturelle et plus facile, que dans la formation de toutes les sections du dictionnaire on procède précisément d'après la méthode dont nous parlons. Il y a cependant une précaution à prendre spécialement dans les choses qui sont d'un usage général, telles que les classifications de l'histoire naturelle. Ce serait de prendre toutes les initiales de la section qui dans l'ordre du dictionnaire est désignée pour chacune de ces classifications. Autrement ces nomenclatures détruiraient les bases du Projet. Cela allongerait les noms de quelques objets, d'une lettre ou de deux lettres; mais ce n'est pas un grave incon-

---

(1) On trouvera dans le Dictionnaire quelques applications remarquables de ces classifications. Voyez les initiales *Aba*, *Anb*, et autres. Nous engageons les lecteurs à réfléchir sur les cinq nomenclatures dont nous avons parlé au deuxième Appendice.

vénient, d'autant plus que l'on pourrait se passer de plusieurs mots, qui presque toujours sont nécessaires à présent pour désigner les individus des classes nombreuses.

En terminant ce Projet, nous espérons que nos lecteurs, au lieu d'attaquer notre pensée avec violence et acrimonie pour les fautes qu'ils y découvriront, feront en sorte de les supporter et de les corriger, conciliant le zèle pour la vérité avec cette indulgence si convenable aux vrais savants. Ainsi tous, jusqu'aux plus timides et aux plus modestes, pourront se glorifier de ce que, loin de mettre obstacle à une entreprise aussi importante que grandiose, ils ont contribué à la réaliser, ne serait-ce qu'avec un *denier*, comme la veuve de l'Évangile contribuait à la solennité du culte.

[illegible]

ESSAI

DU

DICTIONNAIRE DE LA LANGUE UNIVERSELLE.

L'objet principal que nous nous proposons dans cet essai, c'est de rendre clair et sensible le système de la langue du Projet, et l'ordre qu'on doit suivre pour la formation définitive de son Dictionnaire. Afin de mieux réussir, nous offrons une esquisse de toute la langue, en détaillant ses divisions et ses subdivisions, et nous ajoutons de nombreux exemples, qui suffiront pour donner une idée claire de toutes ses parties et des rapports qui se trouvent entre elles, afin d'obtenir un ensemble complet et bien coordonné. Cette esquisse ainsi développée fera connaître d'une manière claire et sensible que la formation définitive du Dictionnaire n'est pas une affaire aussi difficile que l'on croit généralement, et elle fera disparaître la plupart des préventions qu'on a contre tous les projets d'une langue universelle.

Notre travail sera sans aucun doute très-imparfait. On y trouvera des lacunes sur des sujets qui auront échappé à nos recherches, et les objets se trouveront souvent placés dans un ordre moins logique que celui que réclament les bases de cette langue; mais rien de plus facile que la correction de ces fautes. Un simple coup d'œil des connaisseurs dans les matières respectives de chacune des sections du Dictionnaire, suffira pour qu'ils reconnaissent ces fautes, et il leur sera très-facile de remplir les lacunes et de classer tous les objets dans un ordre clair et logique.

Cette tâche nous paraît si facile, que si notre position était assez favorable pour nous mettre en rapport direct et intime avec des personnes intelligentes dans chacune des sections du Dictionnaire, nous oserions nous engager à la remplir. Aussi sommes-nous convaincus qu'une Académie ou société d'hommes intelligents et laborieux (1) peut facilement com-

---

(1) C'est cette pensée qui nous a engagé à venir à Paris, dans l'espoir de trouver toutes ces ressources dans cette ville qu'on peut considérer comme le centre et le foyer de tout le mouvement scientifique, qui se fait sentir d'une manière si énergique dans tous les pays civilisés de la terre. Nous ne nous repentons pas de notre résolution, et nous avons déjà éprouvé la plus vive satisfaction de l'accueil que notre Projet a trouvé près d'un nombre considérable de savants, à la simple lecture du résumé que nous avons publié. Nous espérons que la lecture du Projet nous les rendra encore plus propices, surtout s'ils veulent bien tenir compte des explications orales qui pourront être opportunes, et que nous nous ferons un plaisir et un honneur de donner aux personnes qui voudront s'intéresser à une affaire si importante sous tous ses rapports scientifiques, sociaux et religieux.

Nous avons l'intention de soumettre notre Projet à l'examen et au jugement des Académies les plus célèbres des nations civilisées; mais nous le soumettrons d'une manière plus spéciale à l'Académie française et au Congrès linguistique de Paris, qui s'occupe avec tant de zèle du progrès et de l'amélioration des langues, et qui a établi un comité spécial pour examiner toutes les questions relatives à un langage universel.

pléter ce qui manque au Dictionnaire, ainsi que porter au Projet de la langue universelle de nombreuses améliorations, comme nous l'avons remarqué aux n°⁵ 51 et 52.

Pour faciliter la connaissance du Dictionnaire, nous croyons utile de faire les remarques suivantes :

1ʳᵉ *Remarque.* Comme les substantifs, adjectifs, verbes et adverbes, qui sont corrélatifs dans leur sens, ne diffèrent que par leur terminaison en voyelle, en N, en R, ou en C; en connaissant un de ces mots, on connaît tous les autres sans nécessité de les spécifier. Ainsi, ayant mis, par exemple, *abeba* (corps), on sous-entend *abeban*, corporel, et *abebac*, corporellement. Dans *abena*, il y a de sous-entendu *abenan*, restant, et *abenar*, rester. Dans *abunfi* (sphère), on sous-entend *abunfin*, sphérique. Dans *acedan* (dur), on sous-entend *aceda*, dureté. Dans *agabar* (mouvoir), on sous-entend *agaba*, mouvement, et de même dans les autres articles où se trouve cette corrélation dans le sens. Pour ce motif, ordinairement nous ne mettrons dans cet essai qu'un seul de ces mots corrélatifs. De même, on omet les augmentatifs, diminutifs, comparatifs, superlatifs, négatifs, réitératifs et les sens métaphoriques ou techniques; puisqu'ils se forment tous sans exception en ajoutant le monosyllabe modificatif qui leur correspond d'après le Projet. La même raison milite relativement aux verbaux et à tous les dérivés, qui sont innombrables. Leur formation et leur sens sont parfaitement déterminés dans les numéros respectifs du Projet, et dans les explications qu'on donnera à chacun d'eux à la fin du Dictionnaire.

Nous avons omis, de plus, dans cet essai, tous les monosyllabes qui appartiennent à la partie grammaticale, et que nous avons minutieusement expliqués à la section première du Projet, en déterminant la signification de chacun d'eux.

2ᵉ *Remarque*. Dans les premières sections du Dictionnaire, nous avons mis tout entiers les mots de la langue du Projet ; mais nous croyons qu'il n'y a pas d'inconvénient à supprimer dans les sections suivantes la répétition des initiales, en nous contentant de les exprimer à la tête de chaque section. Plus tard nous ferons encore quelques autres suppressions, qui nous paraissent opportunes, et que nous expliquerons avant de les employer.

3ᵉ *Remarque*. Les bases de cette langue ne permettent le sens double ou équivoque d'aucun de ses mots ; mais elles ne s'opposent pas à ce qu'un objet ait plusieurs noms. C'est un avantage pour la variété dans le discours, comme nous avons dit au nᵒ 48, et pour mieux fixer le point de vue sous lequel nous voulons considérer cet objet. Cela explique pourquoi les mots *croix*, *presse*, *conjonction*, *veine* et mille autres, sont traduits dans cette langue par des mots différents, et qui appartiennent à des sections distinctes du Dictionnaire. La même observation a lieu pour un grand nombre des dérivés dont nous nous occupons dans l'*addition* au Dictionnaire, pour les sections des aliments et des habits, qui sont pris ordinairement des règnes végétal et animal, et pour plusieurs autres sections.

4ᵉ *Remarque*. Il y a quelques cas dans lesquels, au premier abord, il paraît opportun de faire exception à l'emploi de l'ordre alphabétique, parce que le nom d'un objet peut contribuer à faire connaître un autre objet d'une section différente, lequel lui est semblable par sa forme ou par quelque autre circonstance. Prenons pour exemple les mots *pied*, *doigt*, dans la section *Afo*; *lit*, *grain*, *écaille* dans la section *Ara*; *pierre* dans la section *Asa*; *tissu*, *couche*, *vaisseau*, *cellule* dans la section *Ebé*; *dos* dans la section *Ece*, et mille autres dans les mêmes ou dans d'autres sections. Dans ce cas il paraîtrait avantageux d'employer le même nom pour deux objets distincts, afin que la sigification de l'un aidât à faire connaître l'autre par sa forme ou par une autre circonstance. Nous avouons que cette raison nous a fait hésiter pendant quelque temps; mais le mûr examen de cette question nous a décidé à abandonner absolument cette idée. En effet cette exception détruirait les bases de la langue d'où résultent tous ses avantages, et cela d'autant plus qu'en admettant une fois l'exception, il y aurait un grand danger de l'étendre indéfiniment. D'ailleurs ces cas sont rares comparativement, et plus qu'ils ne le paraissent, parce que la relation qu'il y a entre cet objet est très-minime, et si nous la remarquons, c'est un effet de l'habitude produite par l'identité du nom. Aussi le plus souvent on ajoute un génitif ou un autre mot pour déterminer la signification.

Ajoutons à cela que cette analogie, admise dans quelques langues, disparaît dans d'autres idiomes, et si on gagnait quelque chose pour une langue, on y perdrait pour plus de cent.

Enfin, en admettant qu'on gagnât quelque chose à connaître quelque circonstance presque toujours accidentelle, comme la figure ou la couleur; on perdra beaucoup plus en empêchant la connaissance de ce qu'il y a de plus important, de ce qui constitue la nature de l'objet et qui doit être désigné par la place qu'il occupe dans la nomenclature alphabétique; en sorte que même dans les cas où l'exception paraît favorable, l'inconvénient l'emporte de beaucoup sur l'avantage.

Nous admettons sans peine qu'on tolère la substitution du nom comme une espèce de métaphore, quand la ressemblance est très-remarquable, et qu'il n'y a aucun danger d'équivoque. Et nous préférons encore, même alors, qu'on ajoute le monosyllabe caractéristique de la métaphore, ou, ce qui serait mieux, celui qui caractérise le sens technique. De toute manière, on doit considérer comme le nom principal celui qui correspond à sa section dans l'ordre alphabétique et qui est celui qui donne l'idée vraie de l'objet, et par conséquent c'est ce nom qu'on doit insérer dans le Dictionnaire.

A initial.

Il est destiné à signifier les choses matérielles sans rapport à la vie végétale ni à la vie animale.

AB initial : Il est destiné à des objets matériels.

ABA : *Les corps simples ou éléments* (1).—*Aba*, corps simple. *Ababa*, oxygène. *Ababe*, hydrogène. *Ababi*, azote. *Ababo*, soufre. *Ababu*, sélénium.

Abaca, tellure. *Abace*, chlore. *Abaci*, brome. *Abaco*, iode. *Abacu*, fluor.

Abada, phosphore. *Abade*, arsenic. *Abadi*, carbone. *Abado*, bore. *Abadu*, silicium.

------

(1) Dans le Dictionnaire définitif on donnera les définitions et les explications opportunes, conformément à ce qu'on a dit à la note du n° 38.

Abafa, potassium. *Abafe,* sodium. *Abafi,* lithium. *Abafo,* baryum. *Abafu,* strontium.

Abaga, calcium. *Abage,* magnésium. *Abagi,* glucinium. *Abago,* aluminium. *Abagu,* zirconium.

Abaja, thorium. *Abaje,* yttrium. *Abaji,* cérium. *Abajo,* lontane. *Abaju,* didyme.

Abala, erbium. *Abale,* terbium. *Abali,* manganèse. *Abalo,* chrome. *Abalu,* tungstène.

Abama, molybdène. *Abame,* vanadium. *Abami,* fer. *Abamo,* cobalt. *Abamu,* nickel.

Abana, zinc. *Abane,* cadmium. *Abani,* cuivre. *Abano,* plomb. *Abanu,* bismuth.

Abapa, mercure, *Abape,* étain. *Abapi,* titane. *Abapo,* tantale ou colombium. *Abapu,* niobium.

Abara, ilmenium. *Abare,* pelopium. *Abari,* antimoine. *Abaro,* uranium. *Abaru,* argent. *Abarla, Abarlar* (1).

Abasa, or. *Abase,* platine. *Abasi,* palladium. *Abaso,* rhodium. *Abasu,* iridium.

Abata, ruthenium. *Abate,* osmium.

NOTA. Nous renvoyons nos lecteurs aux notes des pages 178 et 179. On y trouvera les preuves les plus claires des avantages de cette langue sur toutes les autres pour donner un nom logique aux corps simples qu'on pourra découvrir, quand même leur nombre irait jusqu'à plusieurs milliers; et pour changer la nomenclature d'une manière philosophique, si le progrès de la science réclamait ce changement afin de s'accommoder à de nouvelles classifications devenues nécessaires.

ABE : *Matière et corps en général.* — *Abe,* matière. *Abeba,* corps. *Abeca,* atome. *Abede,* molécule. *Abedi,* parcelle. —

---

(1) Ces mots *abarla, abarlar* se trouvent cités à la page 110. C'est un errata ; on devait dire *aberla, aberlar.*

Abele, morceau. *Abelca*, fragment. — *Abena*, reste. *Abene*, résidu. *Abeni*, détritus. — *Abera*, collection. *Aberce*, groupe. *Aberla*, tas. — *Abesa*, faisceau.

ABI : *Dimensions.* — *Abi*, dimension. *Abica*, point. *Abide*, ligne. *Abifa*, raie. — *Abile*, file. *Abilba*, bande. — *Abinci*, surface. *Abino*, lame. *Abince*, plaque. *Abindo*, planche. *Abinfa*, couche. — *Abire*, volume. *Abirca*, masse. — *Abisa*, ouverture. *Abiso*, trou. *Abisba*, rupture. *Abisdi*, crevasse. *Abisfo*, pore.

ABO : *Formes des corps.* — *Abo*, forme. *Aboca*, contour. *Abocu*, enceinte. *Aboda*, face. *Abode*, l'endroit. *Abodi*, l'envers. *Abogo*, côté. — *Abole*, base. *Abolca*, centre. *Abolce*, fond. *Aboldi*, sommet. *Abolfe*, extrémité. *Abolfo*, bord. — *Abona*, pic. *Abonce*, pointe. *Abondi*, tranchant. — *Abora*, pli. *Aboro*, ride. *Aborce*, courbure. *Aborda*, entaille. *Aborde*, rainure. *Abordo*, mortaise. *Aborfi*, biais.

ABU : *Figures des corps.* — *Abu*, figure. *Abuca*, angle *Abude*, triangle. *Abufe*, parallélogramme. *Abufo*, losange. *Abugi*, polygone. — *Abula*, cercle. *Abulbe*, centre. *Abulca*, diamètre. *Abulco*, rayon. *Abulde*, circonférence. *Abuldi*, arc. *Abulfa*, corde de l'arc. *Abulfi*, tangente. — *Abune*, ellipse. *Abunce*, parabole. *Abunco*, hyperbole. *Abunde*, ovale. *Abunfa*, cube. *Abunfi*, sphère. *Abunga*, axe. *Abungi*, pôle. *Abunja*, tube. *Abunjo*, cylindre. *Abunla*, pyramide. *Abunli*, cône. *Abunlo*, spirale. — *Abure*, roue. *Aburi*, couronne. *Aburce*, globe. *Aburdi*, rouleau. *Aburfa*, vis. *Aburge*, en limaçon. — *Abuse*, croix. *Abusba*, croix de Saint-André.

AC : *Qualités absolues des corps.*

ACA : *Propriétés générales et leurs analogues.* — *Acaban*, étendu. *Acaden*, vaste. *Acadon*, immense. — *Acalen*, pesant. *Acalon*, lourd. *Acalban*, léger. — *Acanen*, dense. *Acanin*, rare. *Acandan*, plein. *Acanden*, vide.

ACE : *Qualités relatives à la solidité.* — *Acen*, solide. *Acedan*, dur. *Aceden*, mou. — *Acelen*, roide. *Acelon*, flexible. *Acelban*, ductile. *Acelbon*, malléable. *Acelden*, tenace. *Acelfon*, fragile. — *Acenan*, massif. *Acenben*, creux. *Acenbin*, spongieux. *Acendan*, aride. *Acendin*, sec. *Acendon*, humide. — *Aceran*, fluide. *Acerben*, liquide. *Acerdin*, aériforme. *Acerfan*, gazeux. *Acergen*, incoercible.

ACI : *Propriétés de dimension.* — *Aciban*, long. *Acibon*, court. *Aciden*, spacieux. *Acidon*, large. *Acifan*, étroit. — *Acilen*, gros. *Acilun*, mince. — *Acinan*, grand. *Acinon*, énorme. *Acinban*, moyen. *Acinfen*, petit. *Acinfun*, menu. — *Aciran*, haut. *Aciron*, bas.

ACO : *Propriétés de forme et de figure.* — *Acoban*, aigu. *Acobon*, obtus. *Acoden*, rond. *Acodun*, ovale. *Acofin*, oblong. — *Acolan*, plain. *Acolben*, velu. *Acolbon*, raboteux. *Acoldan*, escarpé. *Acoldun*, hérissé. — *Aconan*, droit. *Aconben*, courbe. *Aconbin*, tortu. *Acondan*, concave. *Acondon*, convexe. *Aconfin*, convergent. *Aconfun*, divergent. — *Acoran*, parallèle. *Acorben*, perpendiculaire. *Acordan*, diagonal. *Acordin*, oblique. — *Acosan*, uniforme. *Acosin*, conforme. *Acosben*, informe. *Acosbon*, difforme.

ACU : *Propriétés de beauté et autres analogues.* — *Acuban*, beau. *Acubin*, joli. *Acudan*, gracieux. — *Aculan*, élégant. *Aculon*, leste. *Aculben*, pompeux. *Aculbon*, somptueux. *Aculden*, magnifique. *Aculdun*, grandiose. — *Acunan*, pur. *Acunon*, limpide. *Acunben*, fin. — *Acuran*, laid. *Acurban*, sale. *Acurden*, malpropre. *Acurdon*, immonde. *Acurgan*, grossier.

AD : *Propriétés relatives.*

ADA : *Propriétés de position.* — *Adaban*, interne. *Adabin*, externe. *Adacan*, supérieur relativement au lieu. *Adacen*, intermédiaire. *Adacin*, inférieur. *Adacon*, infime. — *Adalan*, continu. *Adalben*, contigu. *Adalbin*, confinant. *Adalcan*, environnant. *Adalfin*, latéral. *Adalgen*, proche. *Adalgun*, lointain. — *Adanan*, antérieur. *Adanben*, limitrophe. *Adandin*, postérieur. — *Adaran*, bas. *Adarban*, superficiel. *Adarcen*, peu profond. *Adarfen*, profond.

ADE : *Propriétés relatives au mouvement.* — *Adeban*, inerte.

Adecen, immobile. — *Adelin*, lent. *Adelun*, posé. — *Adenan*, vif. *Adenben*, accéléré. *Adenbon*, rapide. *Adenfan*, précipité. *Adenfin*, véloce.

ADI : *Propriétés relatives aux sens corporels.* — *Adiban*, sensible. *Adicen*, diaphane. *Adicon*, transparent. *Adiden*, luisant. *Adidun*, lustré. — *Adilan*, sonore. *Adilben*, bruyant. *Adildon*, assourdissant. *Adilfan*, mélodieux. *Adilfin*, harmonieux. *Adilgan*, aigu. *Adilgen*, soprano. *Adilgin*, haute-contre. *Adilgon*, contralto. *Adiljan*, ténor. *Adilman*, baryton. *Adilmen*, basse. *Adilmin*, basse-contre. — *Adinan*, odoriférant. *Adinben*, aromatique. *Adincon*, fétide. — *Adirant*, sapide. *Adiron*, insipide. *Adirben*, savoureux. *Adircon*, doux. *Adirden*, amer. *Adirfan*, aigre. *Adirfin*, acide. *Adirgon*, salé. *Adirjen*, piquant. — *Adisan*, suave, doux au tact. *Adisban*, lisse. *Adisbon*, poli. *Adiscen*, mat. *Adisdan*, âpre. *Adisdin*, scabreux. *Adisfen*, gras au tact. *Adisfon*, onctueux. *Adisgen*, gluant. *Adisgun*, visqueux.

AF : *Circonstances des corps.*

AFA : *Espace, lieu et leurs analogues.* — *Afaba*, espace. *Aface*, vide. — *Afale*, lieu. *Afalba*, localité. *Afalbo*, site. — *Afane*, trajet. *Afanbi*, intervalle.

AFE : *Adverbes de lieu.* — *Afecac*, ici. *Afecec*, là. *Afecoc*, dans le même lieu. *Afedac*, où. *Afefac*, partout. *Afefic*, *Afejac*, nulle part.

AFI : *Mesures naturelles et mesures scientifiques.*—*Afi*, mesure. *Afica*, un doigt (1). *Afice*, un pouce. *Afico*, un empan. *Afida*, un pied. *Afide*, une coudée. *Afidi*, un pas. *Afido*, une brasse. — *Afila*, un jet de pierre (2). *Afilba*, la portée de la

---

(1) Pour former les noms des mesures carrées et cubiques, on ajoutera une syllabe aux noms de mesures longitudinales, par exemple *ma* pour les premières, et *me* pour les secondes.

(2) Il est très-utile d'avoir une nomenclature des mesures longitudinales sur une grande échelle basée sur le système décimal. Celles que

voix. *Afilca*, le parcours de la course d'un homme. *Afilda*, la marche d'une journée. — *Afina*, poids (1). — *Afira*, mesure scientifique. *Afirba*, mètre. *Afirca*, are. *Afirda*, litre. *Afirfa*, stère. *Afisa*, gramme.

AG, AJ, AL : *Actions des corps.*
AC : *Actions relatives au mouvement.*
AGA : *Mouvement en général, et mouvements accomplis dans les corps mêmes.* — *Agabar*, mouvoir. *Agacer*, remuer. *Agacor*, agiter. *Agadar*, accélérer. *Agader*, précipiter. *Agador*, courir. — *Agalar*, arrêter. *Agalber*, reposer. *Agalcar*, faire des pauses. — *Aganar*, graviter. *Aganbir*, tendre vers une chose. *Agancar*, se geler. *Agancor*, se dégeler. *Agander*, enfler. *Aganfar*, bouillir. *Aganfir*, bouillonner. *Aganger*, fermenter. *Agangor*, pourrir. — *Agarar*, trembler. *Agarbar*, trémousser. *Agarcer*, s'ouvrir. *Agarcir*, crever. *Agarcor*, éclater. *Agardar*, chanceler. *Agardir*, vaciller. *Agarfer*, vibrer. *Agarfir*, osciller. *Agarger*, onduler.

AGE : *Mouvements de position.* — *Agebar*, se lever. *Agecer*, s'asseoir. *Agedir*, se coucher. *Agefar*, s'agenouiller. — *Agelar*, s'étendre. *Agelir*, coucher sur le ventre. *Agelur*, coucher sur le dos. — *Agenar*, s'incliner. *Agenbir*, s'appuyer.

AGI : *Mouvements de locomotion.* — *Agibar*, marcher. *Agibor*, cheminer. *Agicer*, se promener. *Agidir*, parcourir. *Agifar*, flaner. *Agiger*, errer. — *Agiler*, continuer à marcher. *Agilber*, se diriger sur. *Agilbor*, accourir. *Agilcar*, s'approcher. *Agilder*, venir. *Agilfer*, arriver. *Agilfor*, déboucher dans. *Agilgar*, entrer. *Agilgir*, pénétrer. *Agilgor*, s'infiltrer. *Agiljer*,

---

nous proposons approchent assez de celles fondées sur la condition de l'homme, et nous paraissent très-propres à être adoptées dans la langue universelle.

(1) Nous ne connaissons pas un poids fondé sur la nature, qui puisse être adopté comme unité pour la nomenclature des poids ; on peut prendre cette unité du système décimal scientifique.

raser. *Agiljir*, traverser. *Agiljor*, dépasser. — *Aginar*, partir. *Aginber*, sortir. *Agincar*, s'échapper. *Agincir*, s'écouler. *Aginder*, se séparer. *Agindor*, s'éloigner. *Aginfar*, fuir. *Aginfir*, s'égarer. *Agingar*, émigrer. — *Agirar*, rétrograder. *Agirber*, revenir. *Agircir*, réfléchir.

AGO : *Autres mouvements.*—*Agobar*, monter. *Agocer*, lever. *Agodir*, dégorger. *Agofar*, surgir. *Agoger*, sauter. *Agogor*, bondir. *Agojar*, danser. *Agojir*, sautiller. — *Agolar*, descendre. *Agolber*, trébucher. *Agolbir*, glisser. *Agolcar*, tomber. *Agolder*, s'enfoncer. — *Agonar*, traîner. *Agonber*, grimper. *Agonbor*, serpenter. *Agoncir*, nager. *Agonder*, couler. *Agonfar*, dégoutter. — *Agorar*, refluer. *Agorber*, émaner. *Agorcar*, distiller. *Agordir*, suer.

Nota. Par les nombreux exemples précédents, on voit que tous les mots de cette langue commencent par les lettres initiales qui se trouvent à la tête de chaque section. Nous pouvons les supprimer désormais sans danger d'aucune erreur, conformément à ce qu'on a dit à la deuxième remarque mise à la tête du Dictionnaire. Ainsi on doit toujours considérer ces lettres sous-entendues, comme si elles étaient exprimées devant chacun des mots de la section.

AJ : *Actions modificatives des corps.*
AJA : *Actions destructives et leurs analogues.* — *Bar*, détruire. *Car*, dissiper. *Cir*, extirper. *Der*, ruiner. *Dor*, démolir. *Far*, s'évaporer. *Fir*, volatiliser.—*Lar*, ronger. *Lbar*, dégrossir. *Lcer*, amincir. *Ldir*, râper. *Lfar*, rogner. *Lfir*, râcler. *Lger*, limer. — *Nar*, dépecer. *Nir*, morceler. *Nber*, déchirer. *Ncir*, fendre. *Ndar*, casser. *Nfer*, diviser. *Nfar*, subdiviser. *Ngar*, couper. *Ngir*, faucher. *Njer*, rompre. — *Rar*, trouer. *Ror*, forer. *Rber*, piquer. *Rcar*, hacher. *Rder*, triturer. *Rdor*, broyer. *Rfar*, écraser. *Rfir*, aplatir. *Rger*, fondre. *Rgor*, délayer. — *Sar*, fouler aux pieds.
AJE : *Actions altératives.*—*Bar*, altérer. *Cer*, fléchir. *Dar*,

courber. *Dir*, cintrer. *Far*, rider. *Fer*, plier. *Fir*, friser. *For*, rouler. *Gir*, tordre.—*Lar*, étendre. *Lber*, détirer. *Lcar*, élargir. *Lder*, serrer. *Ldor*, comprimer. *Lfir*, resserrer. *Lgar*, opprimer. — *Nar*, aiguiser. *Ncer*, aplanir. — *Rar*, brunir. *Rber*, polir.

AJI : *Actions purement modificatives.*—*Bar*, modifier. *Cer*, salir. *Cor*, tacher. *Dar*, enduire. *Fer*, délustrer. *Gir*, ternir.— *Lar*, nettoyer. *Lor*, purifier. *Lber*, laver. *Lcir*, rincer. *Ldar*, balayer. — *Nar*, baigner. *Nber*, mouiller. *Ncir*, humecter. *Ndar*, arroser. *Ndor*, asperger. *Nfer*, sécher.—*Rar*, peigner. *Rber*, colorier. *Rcar*, orner. *Rcor*, parer.—*Sar*, remplir. *Sor*, emplir. *Sber*, charger. *Sbor*, décharger. *Scir*, vider.

AJO : *Ajunma, ajunmar* (1).

AL : *Actions des corps sur d'autres corps.*

ALA : *Toucher, prendre, réunir et leurs analogues.* — *Bar*, toucher. *Bor*, manier. *Car*, prendre. *Cer*, saisir. *Cor*, empoigner. *Der*, embrasser. *Fir*, s'emparer de.—*Lar*, réunir. *Ler*, rassembler. *Lir*, agglomérer. *Lber*, entasser. *Ldir*, empiler. *Lfer*, ajouter. *Lfor*, agréger. *Lger*, adapter. *Lgor*, accommoder. — *Nar*, unir. *Nbar*, joindre. *Ncer*, incorporer. *Ndar*, coller. *Nfer*, enchâsser. *Nfor*, sertir. — *Rar*, attacher. *Rber*, entraver. *Rcir*, amarrer. *Rdar*, garroter. *Rfer*, nouer. *Rfor*, boutonner. *Rgar*, bander.—*Sar*, assujettir. *Sber*, fixer. *Scir*, clouer. *Sdar*, accrocher.

ALE : *Mettre, porter, élever et leurs analogues.* — *Bar*, mettre. *Cer*, placer. *Dir*, charger. *Far*, imposer. — *Lar*, introduire. *Lber*, pénétrer. *Lcir*, ingérer. *Ldar*, injecter. *Lfer*, interposer. — *Nar*, plonger. *Nber*, submerger. *Ncir*, enterrer. *Ncur*, ensevelir. *Nder*, ficher. *Nfar*, avaler. *Nfir*, engloutir. *Nger*, humer. *Ngor*, absorber. *Njar*, imbiber.—*Rar*, porter.

---

(1) Les mots *ajunma* et *ajunmar* se trouvent à la page 110. C'est un errata ; on devait dire *ajange, ajanger.*

Rber, conduire. *Rcir*, apporter. *Rdar*, envoyer. — *Sar*, élever. *Sor*, hausser. *Sber*, ériger. *Scar*, baisser. *Scor*, rabaisser. *Sder*, creuser.

ALI : *Oter, séparer et leurs analogues.* — *Bar*, ôter. *Cer*, enlever. *Dar*, extraire. *Dir*, soustraire. *Fer*, dépouiller. *Gir*, arracher. — *Lar*, tirer. *Lor*, retirer. *Lber*, épuiser. — *Nar*, écarter. *Nber*, dévier. *Ncar*, éliminer. *Ncir*, séparer. *Nder*, trier. — *Rar*, verser. *Rfor*, répandre. *Rder*, semer. *Rdir*, disséminer. — *Sar*, jeter. *Sber*, expulser. *Scir*, déloger. *Sdar*, lancer. *Sfar*, rejeter. *Sger*, rebondir.

ALO : *Attaquer et ses analogues.* — *Bar*, attaquer. *Cer*, envahir. *Dar*, assaillir. — *Lar*, pousser. *Lber*, se briser contre. *Lcir*, choquer avec. — *Nar*, lutter. *Nber*, combattre.

ALI : *Abandonner et ses analogues.* — *Bar*, abandonner. *Cer*, délaisser. — *Lar*, laisser. *Lbar*, lâcher. — *Nar*, relâcher. — *Rar*, reléguer.

AL suivi d'une consonne : *Actions de simple rapport.* — *Bar*, soutenir. *Bor*, appuyer. *Car*, envelopper. *Cer*, renfermer. *Cir*, contenir. *Dar*, environner. *Dor*, circonscrire. *Far*, retenir. *Fir*, paralyser. *Gar*, fermer. *Ger*, cacher. *Gir*, couvrir. *Jar*, trouver. *Jir*, rencontrer. *Jor*, découvrir. *Mar*, montrer. *Mer*, désigner. *Mir*, indiquer. *Nar*, précéder. *Nir*, suivre. *Par*, sonner. *Per*, faire bruit. *Pir*, murmurer. *Rar*, sentir. *Rer*, puer. *Sar*, avoir goût de.

NOTA. Les lecteurs attentifs ont remarqué sans doute que dans tous les exemples précédents on fait les subdivisions de chaque section dans un ordre uniforme, lesquelles sont marquées par ce signe (—). La première subdivision comprend les lettres B, C, D, F, G et J; la deuxième comprend les lettres L et M; la troisième comprend N et P; la quatrième comprend la lettre R; et la cinquième comprend les consonnes S et suivantes. Nous pouvons donc désormais nous contenter de marquer ces divisions par le même signe (—), laissant aux lecteurs le soin de faire une application plus détaillée des lettres qui doivent composer les mots. Nous prendrons encore la liberté de supprimer ce signe dans les sections composées d'un petit nombre de mots.

AM, AN et AP : *Cosmologie.*

AM : *Astronomie.* AMA : *Généralités* (1).—Monde, l'univers; ciel, firmament; l'éther, les espaces célestes. — Nord, Orient, Couchant, Sud; horizon, méridien, pôle; latitude, longitude. — Écliptique, zodiaque, colure; tropique, cercle polaire; zénith, nadir. — Rotation, projection; libration; aberration (Voir la remarque quatrième, page 204). — Orbite; aphélie, périhélie; apogée, périgée; conjonction, opposition; dépression; parallaxe.

AME : *Corps célestes.* — Astre, étoile, planète, satellite, comète, lucifer. — Constellation, astérisme, nébuleuse. — Noyau, disque; doigt, minute. — Phase, éclipse, étincellement.

AMI : *Nomenclature de tous les corps appartenant au système planétaire, savoir :* — Soleil, Mercure, Vénus, etc.

AMO : *Nomenclature de toutes les constellations et de tous les corps appartenant au système stellaire.* — Pour les classer, on pourrait diviser les espaces célestes en douze parties, qui pourraient être subdivisées en plusieurs autres et exprimées par des lettres ajoutées aux initiales AMO. Les douze consonnes *b, c, d, f, g, j, l, m, n, p, r* et *t*, désigneraient les douze divisions principales, et les autres lettres de chaque syllabe désigneraient les subdivisions. La grandeur de chaque étoile pourrait être déterminée par une lettre ou par une syllabe ajoutée à la syllabe précédente. De cette manière le nom de chaque étoile donnerait une idée claire de sa place et de sa grandeur.

____

(1) Les mots *amade, amafe, am* se trouvent cités à la page 56. C'est un errata; on devait dire *apade, apafe, ap.*

AN : *Géographie physique.*

ANA : *Partie générale.* — La terre dans sa totalité, équateur terrestre, ses pôles, ses cercles polaires; hémisphère; zone, climat. — Antipodes, périœciens, antesciens; périsciens, etc. — Mappemonde, atlas, sphère.

ANE : *Géographie de la partie solide.* — Terre (sa partie solide), sol, terrain; région, contrée, pays. — Outre-mer, continent; île, ilot, isthme, cap, promontoire; côtes, rivage. — Montagne, cordillère, colline, coteau; cime, pic, croupe, monticule, pente, pied; détroit, défilé, gorge. — Plaine, champ, vallée, vallon.—Ravin, fosse; puits, caverne, mine (non pas celle de métaux); abîme, précipice.

ANI : *Géographie de la partie liquide.* — Mer; Océan; Méditerranée; haute mer, golfe, archipel, détroit, bosphore; marée, courants; vague, trombe. — Mouillage; port, rade, anse; digue, chantier, arsenal; écueil, banc. —Lac, lagune; mare, marais; étang, bassin, citerne, vivier; veine d'eau, source, fontaine. — Courant d'eau (dans un sens très-générique); fleuve, rivière, ruisseau, filet d'eau; torrent, cataracte, cascade; confluent, embouchure, barre.—Lit de rivière, canal, rigole.

ANO : *Géographie atmosphérique.* — Vent, zéphyr, brise. —Vent fort, très-fort, ouragan, trombe de vent. — Orage, bourrasque, tempête.—Calme, bonace.

ANU : *Météores.* — Météore, nuage, brouillard, brume, vapeur. — Bruine, rosée, pluie, averse, déluge. — Neige, givre; glace, glaçon, grêle, grêlon; volcan, aérolithe. — Éclair, tonnerre, foudre. — Arc-en-ciel, feu follet, feu saint Elme; exhalaison. — Parélie, parasélène.

AN suivi de consonne : *Nomenclature des vents.*

La rose des vents peut se former en employant l'initiale *Anb* pour le nord jusqu'à l'est; *And* pour le sud jusqu'à l'ouest; *And* pour l'ouest jusqu'au nord. Les voyelles qui suivent détermineront les huit vents de chaque division dans l'ordre suivant. Les voyelles *a, e, i, o* détermineront les quatre vents principaux de chaque division, et les diphthongues *au, eu, iu, ou*, en détermineront les quatre moins principaux, comme on le voit dans la liste suivante :

Anba, nord. *Anbau*, nord-quart-est. *Anbe*, nord-nord-est. *Anbeu*, nord-est-quart-nord. *Anbi*, nord-est. *Anbiu*, nord-est-quart-est. *Anbo*, est-nord-est. *Anbou*, est-quart-nord.

Anca, est. *Ancau*, est-quart-sud. *Ance*, est-sud-est. *Anceu*, sud-est-quart-est. *Anci*, sud-est. *Anciu*, sud-est-quart-sud. *Anco*, sud-sud-est. *Ancou*, sud-quart-est.

Anda, sud. *Andau*, sud-quart-ouest. *Ande*, sud-sud-ouest. *Andeu*, sud-ouest-quart-sud. *Andi*, sud-ouest. *Andiu*, sud-ouest-quart-ouest. *Ando*, ouest-sud-ouest. *Andou*, ouest-quart-sud.

Anfa, ouest. *Anfau*, ouest-quart-nord. *Anfe*, ouest-nord-ouest. *Anfeu*, nord-ouest-quart-ouest. *Anfi*, nord-ouest. *Anfiu*, nord-ouest-quart-nord. *Anfo*, nord-nord-ouest. *Anfou*, nord-quart-ouest.

ANL et suivants : Vents alisés, moussons et autres.

AP : *Géographie civile.*

APA : *Divisions générales.* — État, nation ; empire, monarchie, royaume. — Exarchat, principauté, ducat, marquisat, comté, baronnie, seigneurie. — République, ville libre. — Confédération.

APE : *Subdivisions.* — Province, département. — Arrondissement, district, cercle, canton. — Municipalité.

API : *Populations.* Population (générique). — Cour, résidence royale, capitale, métropole, chef-lieu. — Cité, ville, bourg, village, hameau. — Quartier, faubourg, place, rue, ruelle, impasse, promenade. — Métairie, maison de campagne. — Horde, cabane.

APO : *Autres lieux.* — Désert, solitude, steppe, inculte. — Confin, frontière, limitrophe.

AR, AS, AT, AY, AZ : *Règne minéral.*

Pour beaucoup de matières du règne minéral nous nous abstenons de proposer les classifications, et nous nous en rapportons à d'autres personnes plus aptes, conformément à ce qui a été dit dans le nº 51, page 114. Nous indiquerons néanmoins les divisions générales qui nous paraissent les plus conformes à notre plan, et même nous entrerons dans quelques détails qui serviront au moins d'occasion pour l'examen des savants.

ARA est destiné pour les corps simples en masse, en substituant l'R au B qu'ils prennent lorsqu'on les considère comme de purs éléments. Exemple : Si *abaso* et *abasu* signifient l'argent et l'or, lorsqu'on les considère comme éléments ou corps simples ; *araso* et *arasu* signifieront l'argent et l'or quand ils forment des masses plus ou moins considérables de ces métaux.

ARE : On peut destiner cette initiale aux objets les plus généraux de ce règne; par exemple, mine, masses, nids, nodules; filon, lit, crête, veines; grains, globules, paillettes, écailles, etc.

ARI : On applique ces initiales à la partie mécanique, c'est-à-dire, à l'art d'exploiter les mines avec ses instruments et opérations, qu'on classera dans l'ordre qui paraîtra le plus exact et le plus simple.

ARO : Sera appliqué à la partie chimique, spécialement à ses instruments et opérations. La nomenclature des corps élémentaires et de leurs combinaisons appartient aux initiales ARA, ainsi que nous l'avons dit.

AS initial suivie d'une voyelle : On l'applique aux objets solides du règne minéral en général.

ASA : On l'applique à ce qui a rapport aux métaux et à leurs analogues et par conséquent à la métallurgie; mais sans y comprendre le nom spécial de chaque métal.

ASE : On l'applique aux pierres et aux terres en général,

comme pierre, caillou, petit caillou, pierre de taille, dalle, carrière, rocher, roc, borne : — Terre, poussière, boue, crotte, bourbe, fange, etc. (1).

ASI : On l'applique à ce qui a rapport aux sels, résines, bitume, baumes et gommes ; mais sans y comprendre les noms spéciaux de chacun d'eux.

ASO : Aux fossiles avec la même explication.

AS suivie d'une consonne : On l'applique à la nomenclature vulgaire de chacun des minéraux en particulier (2).

La nomenclature des corps homogènes dans laquelle entre un seul élément, comme or, argent, fer, cuivre, etc., se trouve dans ARA initial, comme nous l'avons dit. Celle des corps composés, nous ne la donnons pas encore conformément à ce que nous avons dit au n° 54, mais nous proposons qu'on fixe les bases suivantes :

1re Chaque division principale se distinguera par la consonne qui suit les initiales AS, comme on le voit dans celle que nous proposons dans la note qui se trouve au bas de la page (3).

2e Chaque subdivision sera distinguée par la lettre qui suit

---

(1) Les mots *asere*, *asina*, *asoba*, *atibe* se trouvent cités à la page 36. C'est un errata ; on devait dire *anirca*, *anina*, *anoba*, *apibe*.

(2) Nous croyons qu'il doit y avoir une nomenclature vulgaire des minéraux, et qu'elle doit être distincte de la nomenclature scientifique. La première doit s'adapter, dans l'ordre de sa classification, aux usages de la vie, et la seconde aux éléments composant chaque minéral. Ces éléments devront être indiqués dans le nom scientifique par les syllabes qui les caractérisent après les initiales ARA. Voir l'Appendice deuxième.

(3) On peut appliquer les consonnes dans l'ordre suivant : *Asb*, métaux composés par combinaison ; *Asc*, composés par simple mélange ; *Asd*, partie combinés et partie mélangés ; *Asf*, pierres précieuses ; *Asg*, pierres remarquables ; *Asj*, pierres communes ; *Asl*, terres ; *Asm*, tourbes ; *Asn*, sels ; *Asp*, résines et bitumes ; *Asr*, baumes et gommes ; *Ast*, fossiles.

ou par les lettres qui suivent la dite consonne dans la même syllabe (1).

3e Les objets particuliers de chaque subdivision, c'est-à-dire les *individus*, se distingueront par une troisième syllabe.

AT : *Fluides et incoercibles.*

ATA : *Liquides.* — On doit les distribuer dans les divisions compétentes, selon les usages et nécessités communes. — Eau, bouillon, orgeat, sirop, lessive, etc. — Vin, moût, vinaigre, verjus, bière, cidre, etc. — Eau-de-vie, rhum, punch, alcool, etc. — Huile, lait, etc.

ATE : *Aériformes.* — Air, gaz, vapeur, fumée, etc.

ATI : *Lumière et couleurs.* — Lumière, son rayon, étincelle, éclat, clarté, lueur. — Ténèbre, obscurité, ombre, pénombre. — Couleur, violet (2), indigo, bleu, vert, jaune, orangé, rouge, blanc, noir. — Verbes : luire, reluire, briller, resplendir, illuminer, éclairer. — Éblouir, offusquer, réfléchir.

ATO : *Chaleur et feu.* — Calorique, température, chaleur, hâle, tiède, tempéré, fraîcheur, froid. — Feu, flamme, braise, étincelle, cendres chaudes, tison, charbon, flammèche, cendre, suie. — Verbes : allumer, embraser, enflammer, brûler, rôtir, griller, flamber, passer sur la flamme, frire, frire légèrement, cuire, échauder, éteindre.

ATU : *Électrique et magnétique.* — Électrique et ses dépendances. — Galvanisme et ses dépendances. — Magnétique et ses dépendances.

---

(1) Chaque division admet un grand nombre de subdivisions au moyen des voyelles, des diphthongues et même des triphthongues, et au moyen des consonnes qu'on peut ajouter à la fin de la syllabe. Voir ce qui a été dit dans la section ABA.

(2) Nous plaçons les couleurs principales dans l'ordre qu'elles ont dans l'arc-en-ciel. Les autres peuvent se former en ajoutant une syllabe au nom de la couleur principale qui est prédominante.

E initial : *Corps vivants.*

EB : *Vie en général.*

EBA : *Choses qui ordinairement sont communes aux êtres vivants.* — Vie, sexe, mâle, femelle, hermaphrodite. — Organe, etc.

EBE : *Choses communes à plusieurs organes.* — Filament, barbe, poil, duvet. — Tissu (1), tunique. — Vaisseau; tube, veine, vessie, capsule. — Sucs, sécrétions.

EBI : *Qualités des êtres vivants.* — Fécond, stérile. — Jeune, vieux, caduc. — Précoce, etc.

EBO : *Actions.* — Naître, croître. — Féconder, reproduire. — Abâtardir. — Devenir malade, périr, mourir.

EC jusqu'à EL : *Règne végétal.*

ECA : *Généralités.* Végétal, plante, greffe. — Séve, lymphe, cambium. — Arbre, arbuste, arbrisseau. — Légume, bruyère, herbe.

ECE : *Organes de nutrition et accroissement.* — Racine, ses barbes, oignon, tige, rejeton. — Tronc, écorce, liber, aubier, bois, moelle. — Bourgeon, branche, rameau, coupe. — Feuille, sa base, sa pointe, son bord, son aisselle, sa surface, son revers, son dos, le pétiole.

ECI : *Organes de reproduction.* — Fleur, pédoncule. — Réceptacle, verticille ou anneau; périgone, calice, sépale. — Corolle, pétale, sa lame, son onglet. — Androcée, étamine, anthère, pollen, bouton, son liquide, corpuscules spermatiques, filet. — Pistil, stigmate, style, ovaire, œufs.

ECO : *Fruit et semence.* — Fruit, péricarpe, épicarpe, endocarpe, mésocarpe, placenta, podosperme. — Graine, son cordon, son ombilic, endoface, microspile. — Tunique,

---

(1) Voir ce qu'on a dit à la note 5, préliminaire du Dictionnaire, sur les mots tissu, couche, vaisseau, cellule et autres.

amande, albumine, endosperme, périsperme. — Embryon, cotylédon, plumule...

ECU : *Parties accessoires.* — Baie, coque, appui, stipule, suçoir. — Aiguillon, épine. — Nectaire; couronne, éperon, écaille, disque.

ED : *Qualités et actions des végétaux.*

EDA : *Qualités.* — Sauvage, bâtard. — Fertile, touffu. — Vivace, verdoyant. — Fané, pâle.

EDI : *Actions.* — Végéter, germer, bourgeonner. — Mûrir, pousser. — S'étioler, se faner, sécher.

EF : *Botanique scientifique.*

Les végétaux admettent diverses classifications, soit empiriques, en suivant l'ordre alphabétique, historique ou géographique; soit naturelles pour diverses branches, par exemple, pour médecine, construction, labour, teinture, etc.; soit artificielles, comme celle de Linnée, pour leur donner le nom botanique; soit naturelles, fondées sur la nature intrinsèque de leurs diverses affinités. Toutes sont bonnes relativement au but auquel on les destine; mais quant à nous, nous nous bornerons à celles qui sont employées pour bien fixer leur nomenclature, d'après les principes de cette langue.

En parlant du règne minéral, nous avons dit qu'il était convenable qu'il y eût deux nomenclatures, l'une basée sur la constitution intrinsèque des minéraux, et l'autre vulgaire appropriée aux usages de la vie humaine : nous disons la même chose relativement au règne végétal. Par conséquent, en commençant par la nomenclature scientifique, nous la plaçons dans les initiales EF.

Nous n'avons pas l'intention de la présenter complète en spécifiant tous les végétaux : il suffit pour notre but, d'en fixer les bases, puisque une fois les divisions principales établies, tous ses détails se développent naturellement. Pour obtenir ce résultat, nous prendrons pour guide la classification qui nous a paru la plus raisonnable, mais sans la présenter comme définitive.

EF : *Nomenclature scientifique des végétaux.*

EFA : *Ordre des thalamiflores.* — Les noms de toutes les familles de cet ordre se formeront en ajoutant à EFA une troisième syllabe : les noms des genres, qui très-souvent sont les plus usuels, prendront une quatrième syllabe ajoutée au nom de sa famille respective, ainsi que nous allons le rendre sensible par les exemples suivants (1) :

Efaba, renonculacées, c'est-à-dire de la famille des renoncules. — *Efababe*, renoncule. *Efabade*, anémone. *Efabudu*, ellébore. *Efabaga*, delphinia. *Efabago*, aconit. — *Efaca*, famille de magnolias. — *Efacade*, badiana. *Efacagi*, magnolia. — *Efage*, famille de crucifères. *Efageca*, radis. *Efageco*, moutarde. *Efagedi*, chou.

Exemple pour les espèces : *Efagedi*, chou. *Efagedica*, choux cabus. *Efagedico*, choux de Lombardie. *Efagedimo*, brocoli, ou en deux mots, *efage 'dica, efage 'dico, efage 'dima, efage 'dimo.*

EFE : *Ordre des caliciflores.* — Dans cet ordre, ainsi que dans les autres, on suivra la même méthode, et l'on sous-entendra les mêmes observations que dans le précédent. Pour ce motif nous nous contentons d'exprimer leurs noms et les lettres initiales qui leur correspondent :

EFI : *Corolliflores.*

EFO : *Monoclamides.*

EFLA : *Monocotylédons.*

EFRA : *Acotylédons.*

---

(1) Pour signifier les espèces et autres classes subalternes, on pourra employer les syllabes cinquièmes et suivantes, ou bien on composera un second mot séparé par une apostrophe, ainsi que nous l'avons dit dans le n° 64, page 165. Ce second moyen nous paraît préférable pour les cas où les classes subalternes auraient besoin de deux syllabes ou plus, à cause de leur nombre très-considérable.

Note. Ce que nous avons dit à la page 179, sur le nombre de noms qu'on peut former facilement en ajoutant seulement une troisième syllabe, s'applique à n'importe laquelle des sections dont nous nous occupons maintenant : par conséquent, on pourrait admettre plusieurs milliers de familles pour chaque ordre, sans qu'il en résultât de l'embarras dans la nomenclature. La même raison milite en faveur de la quatrième syllabe destinée aux genres, qui pourrait se diversifier indéfiniment dans chacune des familles.

EG : Agriculture.

EGA : Sites et lieux. — Champ, fonds, crû, ferme, aire, etc. — Jardin, parc, verger; parterre, carré, berceau, treille, allée, labyrinthe. — Mont (sa partie végétale), bois, forêt, futaie, bocage, pacage, bruyères. — Pré, prairie. — Friche, varenne.

EGE : Opérations. — Cultiver, défricher, labourer, jachérer, biner, sillonner, piocher. — Semer, échardonner. — Moissonner, mettre en gerbes, charrier, battre, éventer, vanner, cribler, glaner, vendanger. — Planter, transplanter, enter, greffer. — Arroser.

EGI : Personnes. — Agronome, agriculteur, laboureur. — Colon, fermier.

EGO : Améliorations. Amendements, engrais, fumier, terreau. — Abris. — Pépinière, semis.

EGO : Fruits. — Fruit, récolte, dépouille. — Paille, litière.

EJ : Instruments et ustensiles pour l'agriculture.

EJA : Pour le labour. — Charrue, soc, herse, bêche, pioche, etc.

EJE : Pour la récolte. — Faux, faucille, sape, rouloir. — Fourche, pelle, crible, etc.

EJI . Pour l'horticulture. — Serre, étuve, cloches, espalier. — Sarcloir, serpe, etc.

EJO : *Arrosage et autres accessoires.* Réservoir, canal, rigole, saignée. — Enclos, haie, etc.

EL : *Nomenclature vulgaire des végétaux.*

EL suivie d'une voyelle : *Arbres et arbustes.*

ELA : *Arbres et arbustes de noyau.* — Pêcher, abricotier, prunier, cerisier, olivier, néflier, etc.

ELE : *Arbres et arbustes de pépin.*—Poirier, pommier, coignassier, oranger, citronnier, caroubier, etc.

ELI : *Arbres et arbustes de grain.* —Figuier, mûrier, arbousier, vigne, etc.

ELO : *Arbres et arbustes de coque.*—Amandier, pin, noisetier, châtaignier, chêne, etc.

ELU : *Arbres et arbustes d'autres espèces.* — Ormeau, peuplier, aaune, cyprès, cèdre, hêtre, acajou, ébène, buis, frêne, osier, etc.

EL suivi d'une consonne : *Les autres végétaux.*

ELC avec ses quinze divisions : *Elca, elce, elci, elco, elcu, elcla, elcle, etc., elcra, etc., pour les céréales.*—Blé et ses espèces, maïs, seigle, orge, avoine, etc., etc.

ELD avec ses dix divisions : *Légumes.* — Lentilles, fèves, etc., etc.

ELF avec quinze divisions : *Plantes potagères.*—Artichauts, aubergines, piments, tomates, concombres, cornichons, melons, citrouilles, etc., etc.

ELG avec quinze divisions : *Racines potagères.* — Plantes, truffes, pomme de terre, betterave, carotte, navets, radis, oignons, ail, etc., etc.

ELJ cinq divisions : *Herbes potagères.* — Chardon, céleri, choux, choux-fleur, lombarde, laitue, chicorée, oseille, épinards, etc., etc.

ELM : *Épices, sauces et analogues.*—Sucre, safran, anis.—Menthe, persil, etc., etc.

ELN : *Fleurs, parfums, etc.* — Rose, lis, œillet, dalhia, jasmin, violette, tabac, mauve, thym, lavande, sauge, etc.

ELP avec quinze divisions : *Pâturages et autres herbes.*—Fourrage, foin, luzerne, trèfle, chiendent, lierre, etc., etc.

ELR : *Végétaux informes.* — Algue, varec, etc., etc.

ELS : *Autres végétaux non compris dans les précédents.*—Ronce, bourgépine, etc., etc.

EM à EZ : *Règne animal.*

EM : *Animal en général, son corps et les parties élémentaires dont il se compose.*

EMA : *Animal.* — Race, brute, bête. —Bétail, troupeau.

EME : *Corps de l'animal et ses divers états.* — Son corps, fœtus, embryon, larve, superfétation. — Mâle, femelle. — Étalon, jumeaux, hermaphrodite, monstre. — Cadavre, momie, squelette, charogne.

EMI : *Parties élémentaires solides de l'animal.*—Membre, jointure, articulation, os, excroissance, protubérance.—Filament, fibre, tendon, cheveu, crin, poil, laine, bourre. — Membrane, tendon, cartilage, valvule; peau, derme, épiderme. Vase, cavité. Vessie, tube. —Chair, graisse, sérosité; suif, saindoux, moelle, cire des oreilles, chassie, excrément.

EMO : *Parties élémentaires liquides.* — Humeur, sang, chyle, chyme. — Bile, pituite, flegme, gastrique. — Lait, urine, sperme. — Larme, morve, salive, crachat, bave, sueur, pus.

EN : *Parties spéciales.*—S'il est suivi d'une voyelle, on l'emploie pour désigner les membres extérieurs.

ENA : *Tête et ses diverses parties.* — Tête, crâne, péricrâne, cheveux, chevelure, chignon, crinière, cheveux blancs. — Physionomie, visage, face, teint, front, tempes, sourcil, paupière, cils, angle de l'œil.—Joue, sa pommette, nez, narines, crête, moustache, oreille. — Bouche, lèvre, lippe, mâchoire, gencives, dent, dent molaire, langue, filet. — Menton, la barbe, cou, fanon, nœud de la gorge, gorge, nuque.

ENE : *Tronc du corps et ses parties extérieures.* — *Ene*, le tronc, épaule, clavicule, côté, poitrine, sein, mamelle, teton, bout du teton, sternum. — Dos, épine dorsale, vertèbre, côtes, spondyle. — Estomac, ventre, nombril, ceinture, taille. — Hanches, flancs, lombes. — Parties sexuelles. Postérieur, anus, croupion, queue.

ENI : *Extrémités supérieures.* — Bras, avant-bras, aisselle, coude. — Poignet, carpe, main, poings, paume. — Doigts, phalange, articulation des doigts, ongle, extrémités des doigts.

ENO : *Extrémités inférieures.* — Aine, fesses, cuisses. — Genou, rotule. — Jambe, patte, tibia, péroné, mollet. — Tarse, cheville. — Pied, sa plante, talon, orteil.

ENU : *Spécialités de certains animaux.* — Crête, huppe, corne, bois, antenne, antennule. — Groin, trompe, bec, suçoir, museaux. — Corselet, thorax, coquille, charnière, disque, queue, griffes. — Serre, tentacules, aile, aileron, arêtes, élytre, étui, plume. — Sabot, éperon, ergot, jarret, stigmate.

EN, quand il est suivi d'une consonne : *Parties des appareils internes.*

Nous croyons inutile de spécifier toutes les parties de ces appareils : il suffit de faire observer que pour chacun d'eux on a destiné une consonne après les initiales EN. Chaque consonne nous donne cinq mots radicaux : les consonnes *b*, *c*, *f*, *g* et *p*, suivies d'un *l* ou d'un *r*, nous en donnent dix de plus. Chaque radical nous fournit plusieurs centaines et même plusieurs milliers de noms, quoiqu'on ne leur ajoute qu'une syllabe, comme nous l'avons vu clairement à l'Appendice deuxième, page 179. En général les mots radicaux de deux et de trois syllabes suffisent pour la nomenclature usuelle, pour la nomenclature technique de l'anatomie et pour toutes les nouvelles découvertes qu'on pourra faire.

ENB : *Appareil respiratoire.* — *Enba*, tout cet appareil. *Enbe*, gorge, larynx. *Enbi*, trachée, artère, bronches. *Enbo*, poumon, mou, plèvre.

ENC : *Appareil circulatoire.* — *Enca*, l'appareil. *Ence*, cœur, auricule, ventricule. *Enci*, artères. *Enco*, veines, petites veines.

ENDA : *Appareil digestif.* — *Ende*, gosier, pharynx, œsophage. *Endi*, estomac, abdomen, ventre, viscère. *Endo*, intestins, duodenum, jejunum, cœcum, colon, rectum, péritoine.

ENFA : *Appareil absorbant.* — *Enfe*, ganglion, glandule.

ENGA : *Appareil sécrétif.* — *Enge*, foie, rate, fiel.

ENJA : *Appareil moteur.* — *Enje*, muscle. *Enji*, élévateur, etc.

ENLA : *Appareil génératif.* — *Enle*, virilia. *Enli*, muliebria.

ENMA : *Appareil sensitif.* — *Enme*, sens, sensorium. *Enmi*, nerf. *Enmo*, cerveau, cervelle, dure-mère, pie-mère.

ENPA : *Appareil visuel.* — *Enpe*, la vue, globe, prunelle. *Enpi*, cornée, vitrée, cristallin, iris, rétine.

ENRA : *Appareil auditif.* — *Enre*, l'ouïe, limaçon. *Enri*, tympan. *Enro*, vestibule, labyrinthe, marteau.

ENSA : *Appareil de l'odorat.* — *Ense*, fosses nasales.

ENTA : *Appareil du goût.* — *Ente*, langue, palais.

EP : *Qualités et actions des animaux.*

EPA : *Qualités des animaux.* — Nous pourrions omettre presque tous les adjectifs signifiant les qualités des animaux, parce que plusieurs peuvent être des mots composés, comme ils le sont en espagnol et dans d'autres langues, et la plupart des autres peuvent être classés dans des sections plus générales. Cependant nous en plaçons un certain nombre dans cette section, parce que cette nomenclature nous paraît plus simple et plus conforme à notre plan. D'ailleurs il n'y a pas d'inconvénient à ce que ces qualités aient un autre nom dans d'autres sections, puisque la langue en deviendra plus riche et plus variée, sans rien perdre de sa clarté.

EPA : Bimane, quadrumane, quadrupède, amphibie, vorace, carnivore, herbivore, omnivore. — Jumeau, rachitique, impuissant, stérile. — Sauvage, féroce, indomptable, farouche. — Sain, malade, maladif, obèse, gras, gros, maigre. Agile. — Propre, sale.

Actions des animaux, distribuées par systèmes.

EPE : *Système vital, respiratoire et vocal.* — Vivre (1), naître, dormir, se réveiller, mourir. — Respirer, inspirer, expirer, aspirer. — Souffler, bâiller, palpiter, ronfler, peter.

Pour les cris des animaux on pourra se servir des initiales *Epen, Eper, Epes, Epet* et *Epez ;* mais nous croyons qu'il est plus simple de déduire un verbe du nom de chaque animal et signifier par lui son cri spécial. Si dans quelques-uns on distingue diverses manières, comme *hurler, aboyer, glapir,* en parlant des chiens ; il est facile de varier un peu la terminaison du verbe au moyen d'une diphthongue pour exprimer ces différences.

Néanmoins, il serait convenable de désigner quelques cris plus généraux pris dans cette section, par exemple : crier, criailler, hurler, grogner, chanter, gazouiller.

EPI : *Système alimentaire, sécrétif et moteur.* — S'alimenter, se nourrir, manger, brouter, becqueter, ronger, mâcher, ruminer, avaler, engloutir, dévorer, boire, humer, sucer, lécher, teter, allaiter, sevrer. — Digérer, sécréter, évacuer, vomir, saliver, baver, se moucher, suer, transpirer, chier, pisser, absorber. — Se mouvoir, aller, reculer, trotter, galo-

---

(1) Il y a quelques noms et quelques verbes déjà placés dans la section EB, comme communs aux végétaux et aux animaux, et que nous répétons néanmoins ici ; il nous a paru à propos d'en agir ainsi, parce que chez les animaux il y a d'ordinaire plus de perfection, et parce que cette identité de noms n'a pas lieu dans toutes les langues.

per, sauter, sautiller, grimper; voler, voltiger, nager, ramper, marcher, rebrousser, cheminer, voyager, vaguer; errer. — Gesticuler, se vautrer, choquer, clignoter; gambader, se cabrer; ruer, trépigner.

EPO : *Génératif et sensitif.* — Cohabiter, engendrer, concevoir; accoucher, mettre bas; avorter, pondre; couver. — Sentir, voir, entrevoir, regarder, guetter, aveugler; fasciner. — Ouïr, écouter. — Sentir, flairer, déguster, savourer. — Toucher, palper, manier.

EPU : *Passif pour les animaux.* — Alimenter, nourrir, engraisser, rassasier, paître, abreuver. — Dompter, apprivoiser, irriter, aiguillonner, éperonner, chasser, pêcher. — Traire, peler, tondre, raser, peigner, écheveler, égratigner, écorcher, pincer, gratter, chatouiller, blesser. — Amputer, mutiler, circoncire, châtrer, tuer, assassiner, égorger, étouffer. — Disséquer, ensevelir, exhumer, déterrer.

ER : *Nomenclature du type premier des animaux, qui est celui des vertébrés* (1).

ER : Suivi d'une voyelle est destiné à la tribu des mammifères : suivi d'une consonne, il est destiné aux autres tribus du même type.

En proposant cette nomenclature nous n'entrerons pas dans beaucoup de détails; puisque nous voulons présenter seulement une classification provisoire, pour tracer le plan qu'on doit suivre dans n'importe laquelle qui soit adoptée définitivement par les hommes spéciaux dans la science.

---

(1) Nous avons dit, à la page 160, qu'il est peu important que les classes prennent ou non les noms de types, tribus, ordres, etc. ; mais ces noms une fois admis, on doit constamment suivre le même ordre à leur égard. Nous insistons sur ce point afin d'éviter les anomalies qu'on voit fréquemment dans l'usage de ces noms et d'autres encore. Parfois un même auteur suit un ordre distinct dans la classification des divers règnes de l'histoire naturelle.

ERA : *Ordre des quadrumanes.* — Famille des singes, orang-outang, singe, gibbon, maki.

ERE : *Ordre des carnassiers.* — Chauve-souris, vampire, hérisson, musaraigne, mygale. — Ours, blaireau. — Martre, hermine, belette, furet. — Chiens : mâtin, chien courant, lévrier, loup, chacal, renard, hyène. — Chats : lion, tigre, pantère, once, léopard, lynx, loup-cervier, chat domestique.

ERI : *Ordre des rongeurs, des édentés et des marsupiaux.* — Écureuil, marmotte, loir, taupe, castor, porc-épic. — Lièvre, lapin, tatou, pangolin. — Sarigue, coula, kangurou.

ERO : *Ordres des pachydermes et des solipèdes.* — L'éléphant, mastodonte, rhinocéros, hippopotame. — Porc, sanglier. — Cheval, âne, mulet. — Onagre, zèbre.

ERU : *Ordres des ruminants* avec trois sous-ordres *et des cétacées.* — Ruminants sans cornes : chameau, dromadaire, lama, musc. — Avec des cornes caduques : renne, daim, cerf, chevreuil. — Avec des cornes permanentes : girafe, gazelle, chamois, bœuf, buffle, chèvre, brebis. — Dauphin, baleine, lamentin où manati, narval.

ER initial suivi de consonne est destiné pour la nomenclature des animaux appartenant aux tribus 2e, 3e et 4e des vertébrés dans l'ordre suivant :

2e tribu : *Oiseaux* divisés en six ordres. — ERB initial, oiseaux de proie. ERC, passereaux. ERD, grimpeurs. ERF, gallinacés. ERG, longijambes. ERJ, palmipèdes.

3e tribu : *Reptiles* divisés en quatre ordres. — ERL, chéloniens et sauriens. ERM, ophidiens et bractianes.

4e tribu : Amphibies, un ordre. ERN initial.

5e tribu : *Poissons* divisés en cinq ordres. — ERP, acanthoptérygiens. ERS, malacoptérygiens. ERT, logobranchiens. ERZ, plécoptères et adroptérygiens.

E initial suivi d'un S est destiné pour la nomenclature
des animaux invertébrés dans l'ordre suivant :

Type 2e des animaux : *Mollusques* divisés en cinq tribus.

— ESA, céphalopodes. ESE, ptéropodes. ESI, gastéropodes. ESO, dermobranchiens. ESU, cirrhopodes.

Type 3ᵉ : *Articulés* divisés en cinq tribus. — ESB, annélides. ESC, crustacés. ESD, arachnides. ESF, myriapodes. ESG, ESJ et ESL, insectes.

Type 4ᵉ : *Rayonnés* divisés en cinq tribus. — ESM, échinodermes. ESN, entozoaires. ESP, acéphales. ESR, polypes. EST, infusoires.

ET : *Choses relatives à des animaux.*

ETA : *Demeure des animaux.* — Écurie, étable, crèche. — Haras, tanière, repaire, gîte, clapier, halot. — Bergerie, bercail. — Nid, cage, volière.

ETE : *Appareils.* — Attelage, harnais, harnachement, bourrelet, têtière, ornements des têtières. — Selle, arçon, tortue, bât, sangle, panneau, ventrière, croupière, poitrail. — Couverture, mantille.

ETI : *Autres appareils.* — Frein, bride, rênes, licou, chevêtre. — Corde, muselière, collier, étrier. — Éperon, fer de cheval.

EY : *Art vétérinaire.*

Nous réservons le fond de cette section pour les connaisseurs dans cette matière.

EZ initial est destiné à la nomenclature de la chimie organique. Voyez l'appendice deuxième.

I initial : *Tout ce qui se rapporte à l'homme dans sa partie corporelle.*

IB : *Ce qui convient à l'homme d'une manière spéciale*, bien que quelquefois on l'applique aux animaux.

IBA : *Objets.* — Homme, femme, hermaphrodite, métis, mulâtre, créole, eunuque. — Enfant, jeune-homme, garçon. — Vierge. — Géant, pygmée, nain.

IBE : *Qualités.* — Impubère, pubère, adulte, âgé, vieux, décrépit, caduc. — Gentil, gracieux, élégant. — Albinos, chauve, chenu, aveugle, borgne, louche, bigle, myope, presbyte, camard. — Sourd, muet, bègue. — Manchot, gaucher, ambidextre, boiteux, cagneux, perclus, contrefait.

IBI : *Actes.* — Pleurer, sangloter, soupirer, gémir. — Rire, sourire, éclater de rire, se pâmer. — Tousser, éternuer, bâiller, avoir le hoquet, roter, saliver, cracher. — Articuler, bégayer, balbutier, nasiller, crier, chanter, fredonner, moduler.

IBO : *Autres actes.* — Baiser, baisotter, guigner, embrasser, applaudir, souffleter. — Entrevoir. — Se promener, voyager, émigrer. — Agoniser, espérer.

IC à IF : *Ce qui se rapporte aux aliments.*

ICA : *Généralités.* — Aliment, mets, comestible, vivres. — Provisions. — Ration, bouchée.

ICE : *Actes préparatoires.* — Bluter, pétrir, cuire, recuire. — Assaisonner, larder, étuver. — Frire, rôtir, écumer.

ICI : *Actes et choses spéciales.* — Manger, dessert. — Déjeuner, dîner, goûter, souper, collation. — Invitation, banquet, festin, ambigu, bacchanale. — Écot.

ID : *Instruments, ustensiles et lieux.*

IDA : Broche, gril, rôtissoir, poêle, tourtière. — Chaudière, chaudron, casserole, pot, marmite, terrine, écumoir, couvercle. — Trépied, pelle, pincettes, chenets, soufflet. — Mortier, égrugeoir, pilon, pétrin, tamis.

IDE : Table, nappe, serviette. — Vaisselle, soupière, plat, assiette, écuelle, tasse. — Plateau, soucoupe, carafe, fiole, bouteille. — Verre, coupe, vinaigrier, cafetière, chocolatière. Salière, huilière. — Couvert, cuiller, fourchette, couteau.

IDI : Boulangerie, boucherie, poissonnerie. — Pâtisserie, office, confiserie. — Auberge, gargote, cabaret, café. — Réfectoire, dépense.

IF : *Mets spéciaux.*

IFA : Viande, poisson, salaison. — Ragoût, pot-au-feu. — Soupe, potage, omelette. — Étuvée, fricandeau, bifteck, rôti. — Côtelette, saucisse, saucisson, boudin, andouillette, cervelas.

IFE : *Assaisonnements.* — Épices, sauce. — Sel, poivre, moutarde, girofle. — Cannelle, sucré, vanille. — Salade.

IFI : *Pâtes.* — Pain, tarte, tartine, rôtie, biscuit de mer. — Semoule, vermicelle, macaroni. — Gâteau, tourte, pâté.

IFO : *Confitures.* — Bonbon, dragée, caramel, pastille. — Marmelade, gelée, compote, raisiné. —Biscuit, baignet, nougat. — Crème, fromage.

IFU : *Boissons.* — Bouillon, tisane, sirop. — Glaces, sorbets, lait, petit-lait. — Chocolat, café, thé. — Liqueur, vin, moût, bière, cidre. — Eau-de-vie, rosoli, rhum, punch.

IG : *Vêtements.*

IGA : Vêtement, habit, hardes, trousseau, costume.

IGE : *Actes.* — Carder, filer, tordre, dévider. — Ourdir, tramer, tisser, fouler, teindre. — Tailler, enfiler, faufiler, coudre, broder, raccommoder. — Empeser, repasser. — Habiller, vêtir, chausser, laver.

IGI : *Métiers* (1). — Modiste, tailleur, couturière, blanchisseuse. — Tisserand, teinturier. — Cordonnier, sabotier, chapelier, etc.

IGO : *Instruments.* — Quenouille, fuseau, dévidoir, tour. — Métier, peigne, navette. — Aiguille, dé, ciseaux, peloton, forme, fer à repasser. — Savon.

IGU : *Endroits.* — Lingerie, vestiaire, lavoir.

IJ : *Pièces des habits et leurs parties.*

IJA : *D'après l'ordre des membres.* — Chapeau, bonnet,

---

(1) Presque tous les noms de cette section peuvent être pris d'autres sections, auxquelles appartiennent les objets dont nous nous occupons.

capuchon, masque, perruque, toupet. Cravate, col, jabotière. — Manteau, robe de chambre, lévite, frac, redingote, palétot. — Gilet, pourpoint, manche, gants, chemise, ceinture, tablier, bretelles. — Pantalon, culotte, caleçon, jarretière. — Chaussure, bas, guêtres, chausson. Botte, soulier, pantoufle, sandale, brodequin, semelle, socque, sabot.

IJE : *Habits des femmes et des enfants.* — Mantille, voile, chapeau de femme. — Col, mantelet, châle, corset, jupon, etc. — Maillot.

IJI : *Pour d'autres classes.* — Soutane, camail, rabat, calotte, froc. — Toge. — Chacot, cocarde, épaulette, écharpe. — Taled. — Turban, etc.

IJO : *Pour d'autres usages.* — Drap, édredon. — Essuiemains, mouchoir, torchon. — Besace, bissac. — Bande, compresse.

IJU : *Parties des habits.* — Étoffe, doublure. — Ruban, bandelette, cordon, tresse, cordelière, lacet, bouton, boutonnière, coulisse. — Garniture, parement, revers, frange, volante. — Poche, gousset. — Morceau, haillon, chiffon, guenille.

IL suivi d'une voyelle : *Matières premières des habits.*

ILA : *Matières du règne animal.* — Peau, cuir, chamois, castor. — Poil, laine, soie, filoselle, etc.

ILE : *Du règne végétal.* — Lin, chanvre, coton. — Paille, jonc, osier, etc.

ILI : *Du règne minéral.* — Fil d'or, d'argent, de fer, etc.

ILO : *D'origine inconnue ou douteuse.*

IL suivi de consonne : *Étoffes.*

ILB : Velours, damas, satin, ras, taffetas, gaze. — Brocart, etc.

ILC : Drap, mérinos, casimir, flanelle, etc.

ILD : Toile, batiste, etc.

ILF : Mousseline, percale, calicot, etc.

IM : *Édifices et leurs dépendances.*

IMA : *Partie générale.* — Édifice, bâtiment, demeure, logis. — Palais, mausolée, château, hôtel, maison. — Collége, couvent, hôpital, hospice. — Métairie, grange, cabane, baraque, chaumière, tente.

IME : *Parties des édifices.* — Fondement, mur, pavé, voûte, toit, colonne, pilier, arc. — Façade, vestibule, portail, cour, basse-cour. Cave, citerne, puits, cloaque, égoût. — Perron, corridor, escalier, marche, entresol, étage, grenier, mansarde, donjon, coupole, dôme. — Appartement, comptoir, parloir. Antichambre, salle, salon, chambre, cabinet, alcove, dortoir. — Salle à manger, cuisine, foyer, cheminée, four.

IMI : *Parties subordonnées des appartements.* — Porte, gond, seuil, sonnette, marteau. — Croisée, fenêtre, balcon, ogive, lucarne. — Jalousie, persienne. — Grille, serrure, clef, cadenas, verrou.

IMO : *Parties d'une ville.* — Quartier, faubourg, banlieue. — Place, quai, promenade, boulevard. — Rue, ruelle, passage, impasse, trottoir. — Mairie, bourse, théâtre, lazaret, cimetière. — Colonne, fontaine, etc.

IMU : *Matériaux et instruments de la bâtisse.* — Matériaux, moellon, brique, tuile, ardoise, chaux, gypse, mortier, ciment. — Charpente, chevron, poteau, solive, latte. — Truelle, oiseau, etc.

IN : *Meubles, ornements et leurs analogues.*

INA : *Meubles.* — Mobilier, meubles, ménage. — Lit, matelas, paillasse, oreiller, traversin. — Table de nuit, pot de chambre, chaise percée, bassinoire. — Siége, banc, sofa, canapé, causeuse, fauteuil, chaise, tabouret. — Table, pupitre, planche.

INE : Armoire, commode, secrétaire. — Coffre, malle, caisse, caisson. — Sac, bourse, boîte, tabatière. — Panier, corbeille. — Tonneau, barrique.

INI : Lustre, candélabre, lampe, quinquet, bougie, chandelle. — Poêle, chenet, tenailles, pelle, soufflet, écran. — Phosphore, allumettes, amadou. — Bâton, parapluie, parasol, ombrelle. — Éponge.

INO : *Ornements.*—Miroir, glace, fleuron, tableau.—Rideau, tenture, embrasse, patère—Tapis, natte.—Toilette, couronne, bijou, joyau, cosmétique. — Pommade.

IN suivi d'une consonne : *Équipages et leurs analogues.*— Voiture, équipage, cabriolet, coupé, landau, berline, berlingot, carrosse, char. — Charrette, chariot, camion, brancard, traîneau, haquet.

IP, IN, IS, IT initials : *On les destine pour la médecine, chirurgie et pharmacie.*

Dans des matières si difficiles et si étrangères à nos études habituelles, nous n'osons pas proposer les classifications qu'on devra adopter. Nous nous contenterons de faire quelques indications générales pour engager les savants à donner ces classifications dans l'ordre le plus convenable pour établir une nomenclature rationnelle et claire.

Notre principale indication est relative à l'utilité et même à la nécessité d'établir une nomenclature, qui soit basée sur des principes fixes et généraux qui facilitent l'étude de ces sciences, comme le réclament les médecins les plus distingués. En effet, les nomenclatures connues ont été prises très-souvent au hasard et sans aucune règle. La cause des maladies, leurs symptômes, leur forme extérieure, le membre attaqué, la saison où elles dominent, la marche qu'elles suivent, les auteurs qui les ont fait connaître et plusieurs autres circonstances non moins incohérentes, et souvent inexactes et fausses, ont servi à leur tour comme base pour donner les noms de ces maladies. De là il est résulté d'innombrables anomalies dans les nomenclatures employées par les savants, et par conséquent la nécessité absolue de l'étude de synonymes, qui est aussi difficile, aride et pénible, qu'inutile pour le fond de la science.

L'adoption de la nomenclature grecque peut atténuer un

peu quelques-uns de ces inconvénients; mais il en reste encore plusieurs très-graves : 1° Cette nomenclature n'a été appliquée qu'à une partie de la science, et il est extrêmement difficile d'en faire une application générale. Aussi on a pris un très-grand nombre de mots du latin, du français, et d'autres langues. 2° Il n'y a aucune base ni règle uniforme pour la formation de ces noms grecs, et ils sont dérivés ou composés le plus souvent d'une manière aussi anormale et incohérente, que les dérivés et les composés latins dont nous avons parlé à la note du n° 31. 3° En conséquence de ces anomalies, la signification des mots est presque toujours vague ou équivoque. Ajoutez à ces inconvénients le temps et le travail qui sont nécessaires pour étudier la langue grecque, tandis qu'il est si facile d'apprendre celle du Projet.

Il est donc évident qu'une nomenclature claire, simple et basée sur un principe uniforme et applicable à toute la médecine, offrirait des avantages immenses. Ceux-ci seraient encore plus considérables, si le même principe était applicable à toutes les autres connaissances; puisqu'il en résulterait une très-grande habitude, et par conséquent une très-grande facilité et une très-grande promptitude, pour connaître la signification de tous les mots, et pour en faire l'application : telles sont les conditions des nomenclatures prises de la langue que nous proposons.

Voici l'ordre qu'on pourrait établir pour former les nomenclatures dans les matières qui nous occupent.

IP : *Santé et maladies en général.*

IPA : Hygiène, santé, tempérament, vigueur, force, pouls, systole, diastole.

IPE : *Généralités des maladies.* Pathologie, maladie, indisposition, peste, épidémie, contagion, etc.

IPI : *Symptômes.* — Fièvre, ses espèces et ses degrés. — Douleur, prurit, démangeaison, etc.

IPO : *Cours des maladies.* —Prédisposition, invasion, paroxysme, crise, rémittence.

IPV : *Caractères des maladies.* — Aigu, chronique, grave, léger, épidémique, contagieux, endémique, stationnaire.

IR : *Nomenclature spéciale des maladies.*

IRA : *Maladies qui ordinairement attaquent tout le corps de l'homme.* — Asphyxie, atonie.

IRE : *Maladies qui attaquent tantôt certaines parties du corps, tantôt d'autres.* — Paralysie, hémiplégie, goutte, etc.

IRI : *Maladies qui n'attaquent que certaines parties du corps.* — Apoplexie, teigne, pulmonie, entérite, etc.

Remarque sur les noms des maladies spéciales de certains membres.

On pourrait former les noms de ces maladies en ajoutant une syllabe au nom de la partie attaquée. C'est ce qu'on fait à présent avec les terminaisons *itis*, *pathie*, *algie*, *rhagie* et d'autres ; mais ce sont des applications partielles et incomplètes, et non pas un système général. Pour obtenir cette généralité, on pourrait diviser tous les désordres et aberrations du corps en un certain nombre de classes principales, telles que *irritation*, *atonie*, *dilatation*, *obstruction*, *altération des liquides*, *gangrène*, *mauvaise conformation*, etc., etc. Ensuite on subdiviserait ces classes générales en autres plus spéciales, et l'on destinerait pour chacune de ces classes une syllabe qu'on ajouterait au nom du membre attaqué, et qui déterminerait la nature de la maladie. Ce que nous avons dit sur les syllabes additionnelles au chapitre IV de la deuxième section peut servir de modèle pour la formation de ces mots.

IS : *Application des remèdes.*

ISA : *Généralités.* — Guérison, la science, l'art, remède, antidote, spécifique.

ISE : *Actes.* — Gargariser, frictionner, masser, etc.

ISI : *Opérations.* — Amputation, castration, incision, saignée, etc.

ISO : *Remèdes extérieurs.* — Cataplasme, vésicatoire, ventouse, cautère, séton, ligature, compresse, etc.

ISU : *Remèdes intérieurs.* — Potion, sirop, pilule, cordial, etc.

IS initial suivi d'une consonne : *Instrument de chirurgie.*

Un grand nombre de ces instruments sont applicables à d'autres usages plus généraux, et leur nom doit être pris de la section CI initial. Il y a d'autres instruments, qui sont tout à fait spéciaux à la chirurgie, et ils doivent prendre leur nom de cette section, d'après la classification qu'on en fera. Enfin il y a d'autres instruments qui pourront être classés dans ces deux sections.

IT initial : *Pharmacie.*

On pourra destiner ITA initial pour les opérations pharmaceutiques, ITE pour ses instruments; ITI, ITO, etc., pour les remèdes classés avec discernement. On appliquera à ces sections ce qu'on a dit dans IS suivi d'une consonne sur les objets qui doivent être placés dans cette section, sur ceux qu'on doit placer dans d'autres sections, et sur ceux qui peuvent être placés dans celle-ci et dans d'autres.

O initial : *Partie intellectuelle.*

OB : *Causes et principes de l'intelligence.*

OBA : Esprit, âme. — Raison, entendement, intelligence. — Capacité, talent, génie.

OBE : *Partie passive.* — Sentir, percevoir, éprouver. Intuition. — Mémoire, souvenir, réminiscence. — Conscience, syndérèse. — Fantôme, spectre, folie, démence, manie, délire, phrénésie. — Extase.

OBI : *Partie active.* — Attention, observer, examiner, s'appliquer, inspecter, se distraire. — Considérer, approfondir, sonder. — Terminer, contempler. — Peser, apprécier. — Analyser, abstraire.

OBO : *Actes complexes.* — Comparer, calculer, combiner. — Réfléchir, discourir, raisonner. — Chercher, scruter. — Épier.

OBU : *Actes créateurs.* — Imagination, fantaisie. — Invention. — Fiction.

OC : *Résultats.*

OCA : Distinguer, discerner, idée, notion. — Connaître, savoir, comprendre, trouver, rencontrer, découvrir. — Admirer, s'étonner. — Induire, déduire, conclure. — Généraliser, synthèse.

OCE : *Actes parfaits.* — Juger, décider, croire. — Approuver, confirmer, assentir, consentir, acquiescer. — Désapprouver, réprouver, rejeter.

OCI : *Actes imparfaits.* — Présumer, soupçonner, conjecturer, entrevoir.

OCO : *Actes suspensifs.* — Douter, hésiter, tituber.

OCU : Pour l'avenir : prévoir, pressentir, deviner.

OD : *Rapport du jugement avec la vérité.*

ODA : Tomber juste, rectifier.

ODE : Se tromper, se méprendre. — Préjuger, se préoccuper. — Se précipiter. — Routine.

ODI : Tromper, halluciner, fasciner. — Illusion. — Subreption, obreption.

ODO : Confondre, s'embrouiller. — Éblouir, étourdir. — Divaguer, s'égarer, se distraire, se dissiper.

OF : *Actes extérieurs.*

OFA : Signifier, exprimer, manifester, indiquer. — Parler, parole; dire, mot, prononcer, s'entretenir, bavarder, se taire, silence. — Interroger, demander, appeler, consulter. — Répondre, répliquer. — Conter, raconter. Répéter, inculquer, publier, propager.

OFE : Annoncer, avertir, informer, proposer, exposer, alléguer. Déclarer, avouer, attester, certifier. — Expliquer, éclaircir, détailler. — Définir, décrire, déchiffrer, interpréter, commenter. — Pallier, dissimuler, cacher, feindre. — Suggérer, inspirer.

OFI : Affirmer, assurer. — Dogmatiser, soutenir. — Prouver, démontrer, vérifier, confirmer. — Convaincre, persuader. — Dissuader, détromper.

OFO : Discuter, débattre, disputer, insister. — Nier, dénier, contredire, protester. — Objecter, opposer, arguer, argumenter. — Réfuter, attaquer.

OFU : Approuver, louer, vanter, exagérer. — Réprouver, désappointer. — Critiquer, censurer. — Prédire, augurer.

OG : *Qualités scientifiques.*

OGA : *Qualités personnelles recommandables.* — Capable, apte, sagace. — Curieux, appliqué. — Judicieux, discret, fin. — Adroit, habile, intelligent, expert. — Lettré, érudit, savant.

OGE : *Qualités personnelles mauvaises.* — Incapable, inepte, sot, imbécile, stupide. — Ignorant, idiot, barbare, — Crédule, inconsidéré, étourdi. — Maniaque, fou, entêté, obstiné. — Bavard, charlatan, pédant.

OGI : *Qualités bonnes des choses.* — Vrai, exact, précis. — Certain, sûr. — Évident, clair. — Raisonnable, vraisemblable, probable.

OGO : *Qualités mauvaises.* — Faux, erroné. — Absurde, contradictoire, disparate, paradoxe. — Vague, équivoque, ambigu, douteux. — Obscur, confus, abstrait, abstrus.

OGU : *Adverbes.* — Oui, certes, sans doute. — Apparemment. — Peut-être. — Non, nullement.

OG : *Langage.*

OLA : *Généralités.* — Signe, indice. — Langage, signification, sens, acception. — Chiffre, clef. — Traduction, version.

OLE : *Spécialités.* — Langue, idiome, dialecte. — Patois,

jargon, galimatias. — Archaïsme, néologisme, idiotisme. — Barbarisme, solécisme.

OLI : *Parties du langage.* — Mot, son articulé, lettre, voyelle, consonne, aspiration. — Syllabe, diphthongue. — Proposition, phrase, membre de la phrase, clause, période. — Protase, apodose.

OLO : *Prononciation.* — Quantité, accent. — Timbre, ton, inflexion. Hiatus, nasalité, son mouillé. — Mélodie, harmonie, monotonie, cacophonie. — Cadence, consonance, assonance. — Élision, synalèphe.

OL suivi de consonne : *Parties du discours.* — Monologue, dialogue. — Thèse, thème, programme. — Théorème, problème, scolie. — Aphorisme, sentence, proverbe, adage. — Monogramme, anagramme, logogryphe, hiéroglyphe. — Lemme, emblème, charade. — Épigramme, satire, plaisanterie. — Épigraphe. — Parabole, apologue, fable. — Anecdote, conte.

OM : *Écriture et autres langages.*

OMA : *Orthographe, ponctuation, etc.* — Écriture, orthographe, polygraphe, paléographie, etc. — Lettre (écrite), alphabet, majuscule, minuscule. — Ponctuation, virgule, point, parenthèse, accent écrit, circonflexe, diérèse. — Renvoi, astérisque.

OME : *Accidents des écrits.* — Ligne, interligne, souligné, alinéa. — Titre, apostille, étiquette. — Catalogue, index, protocole, annonce, prospectus, placard. — Lettre, postscriptum, billet, signature, seing. — Texte, original, copie, variante, contexte.

OMI : *Actes.* — Épeler, lire. — Écrire, copier, dicter. — Corriger, effacer. — Souscrire, inscrire, intituler, annoter. — Brouillon, rature, date.

OMO : *Instruments et ustensiles.* — Papier, feuille, page, tome, cahier. — Exemple, transparent. — Écritoire, encre, encrier, plume, canif, crayon. — Pain à cacheter, cire d'Espagne, sceau, cachet.

OMU : *Autres langages.* — Mimique, gesticulation. — Télégraphe, sténographie, etc.

ON : *Grammaire.*

ONA : Grammaire, nom, substantif, adjectif. — Déclinaison, cas, nombre, genre, neutre, épicène. — Sujet, régime, complément. — Enclitique. — Pronom, prénom, surnom, homonyme, synonyme.

ONE : Verbe, conjugaison, mode, participe, gérondif, supin, temps, personne.

ONI : Article, adverbe, interjection, particule, préposition, conjonction.

ONO : Syntaxe, accord, régime, construction, hyperbate.

OR : *Art oratoire et rhétorique.*

ORA : Art oratoire, rhétorique. — Discours, panégyrique, philippique, apologie. — Exorde, prologue, exposé, invocation, épilogue, péroraison. — Nœud, dénoûment, épisode, glose, paraphrase, parodie. — Logomachie, plagiat, rapsodie.

ORE : *Qualités.* — Redondant, diffus. Précis, concis. — Simple, naïf. — Fleuri, élégant, pathétique. — Languissant, aride, embarrassé, emphatique, monotone, froid. — Métaphorique, tropologique, anagogique.

ORI : *Nomenclature des figures* par lesquelles on ôte, on ajoute, on change ou on intervertit les lettres ou les syllabes des mots, ou l'on change leur prononciation. Telles sont le *métaplasme*, la *prothèse*, l'*épenthèse*, la *paragoge*, l'*aphérèse*, *syncope*, *apocope*, *diérèse*, *contraction*, *métathèse*, *synalèphe*, etc.

APO : *Nomenclature des figures* dans lesquelles on remplace certains mots par d'autres, en donnant à ceux-ci un sens métaphorique. Exemples : *Trope*, *métaphore*, *allégorie*, *syllepse*, *métonymie*, *métalepse*, *synecdoque*, *antonomase*, *ironie*, *antiphrase*, etc.

OPU : *Nomenclature des figures* dans lesquelles le sens ne

répond pas à la signification matérielle de la phrase. —
Exemples : *Zeugme, hyperbole, litote, réticence, énallage, pro-
sopopée,* etc.

OR : *Poésie.*

ORA : *Généralités.* —Poésie, poëte, poëtesse. —Poétique,
poëme. — Rhythme, mètre. — Vers, césure, strophe, stance,
refrain. — Enjambement, rime, consonance, assonance, alli-
tération, cheville.

ORE : *Espèces de poésie.* —Épopée, lyrique. —Drame, mé-
lodrame, tragédie, comédie. — Opéra, vaudeville, etc.

ORI : Chant, chanson, romance. — Hymne, épithalame, épi-
taphe, élégie, bucolique, églogue, anacréontique. —Nouvelle,
roman, etc.

ORO : *Espèces de mètres.* — Couplet, dizain, octave,
sixain, etc. — Sonnet, rondeau, etc.

OR suivi d'une consonne : *Pieds, vers,* etc.

ORB, ORC, ORD, ORF et ORG pour les pieds de deux, trois,
quatre, cinq et six syllabes.—ORJ : Vers latins, hexamètre, etc.
— ORL : Accidents des vers. — Élision, synalèphe, catalec-
tique, etc. —ORM, ORN, ORP, etc. : Spécialités des versifica-
tions des langues française, espagnole, italienne et autres.

OS, OT, OY, OZ initiales.

Ces lettres seront appliquées au langage technique des
sciences auxquelles on n'a pas destiné une section spéciale
dans ce Dictionnaire.

On trouve dans les sections diverses de ce Dictionnaire le
langage propre à plusieurs sciences, telles que la minéralogie,
la botanique, la zoologie, la médecine, l'astronomie, etc., etc.
On y trouve aussi un très-grand nombre de noms qui appartiennent aux autres sciences. Il y a cependant un nombre
considérable d'objets dont le nom ne peut s'appliquer aux
sections ordinaires. C'est pourquoi nous avons destiné les

quatre sections de ce titre au langage technique de ces sciences.

Voici l'ordre alphabétique que nous proposons pour ce langage :

OS initiale pour les sciences exactes : Arithmétique, algèbre, géométrie, trigonométrie, etc.

OT pour les sciences physiques : Dynamique, statique, hydrostatique, optique, acoustique, etc.

OY pour les sciences spécialement appelées philosophiques et pour les sciences sociales et morales : Logique, ontologie, métaphysique, économie politique, histoire, archéologie, numismatique, héraldique, etc., etc.

OZ pour les sciences qui ne s'adapteraient pas bien à la classification précédente.

Les lettres qui suivraient les initiales énoncées détermineraient les divisions et les subdivisions qu'il serait convenable d'établir, et dans chaque subdivision on placerait la nomenclature appartenant à la science respective. Par exemple dans la logique on donnerait des noms spéciaux au syllogisme, aux prémisses, au sophisme, à l'analyse, à la synthèse, etc., etc. en suivant toujours l'ordre le plus clair et le plus simple possible.

U initial : *Partie relative à la volonté.*

UB : *Partie passive.*

UBA : Sensible, passif, indifférent.

UBE : Contentement, joie, plaisir. — Délices, charme, jouissance. — Consolation.

UBI : Félicité, bonheur, prospérité. — Paix, calme, tranquillité, repos. — Bien, profit, utilité, fortune.

UBO : Peine, douleur, affliction, tourment, fatigue, angoisse. — Malaise, dégoût, ennui, tristesse. — Inquiétude, souci, embarras, trouble. — Crainte, peur, épouvante, panique. — Impatience, colère, dépit, désespoir.

UBU : Malheur, infortune. — Croix, adversité. — Misère, calamité. — Mal, dommage, tort.

UC : *Partie active.*

UCA : Caractère, humeur. — Intention, dessein. — Tendance, effort.

UCE : Penchant, affection, attachement. — Désir, aimer. — Estimer, apprécier. — Élire, préférer.

UCI : Plaire. — Compatir, tolérer, condescendre. — Fier, confier, espérer. — Être reconnaissant.

UCO : Froideur, animosité. — Haine, détestation. — Mépris, dédain. — Méfiance.

OCU : Repentir, regret. — Componction. — Remord.

UD : *Actes rendus sensibles.*

UDA : Exciter, instiguer, pousser. — Induire, influencer.

UDE : Féliciter, complimenter. — Caresser, flatter, aduler. — Louer, célébrer, exalter, applaudir. — Respecter, vénérer, révérer.

UDI : Demander, prier, invoquer, solliciter, exiger. — Intercéder. — Concilier, apaiser, tranquilliser. — Appuyer, soutenir, protéger.

UDO : Mésestimer, mépriser, dédaigner. — Renoncer, refuser, résister, repousser.—Se moquer, plaisanter sur, se jouer de. — Reprendre, corriger, gronder. — Offenser, humilier, injurier, menacer, provoquer.

UDU : Fâcher, irriter, exaspérer. — Affliger, contrister, décourager. — Intimider, effrayer, épouvanter. — Forcer, tyranniser.

UF : *Qualités relatives à la volonté.*

UFA : *Partie générale.* — Volontaire, spontané, libre. — Nécessaire, violent. — Actif, hardi, exalté. — Habituel.

UFE : *Favorable.* — Affable, courtois. — Bon, doux, pacifique, docile. — Franc, noble, généreux.

UFI : *Défavorable.* — Grossier, brusque, sévère. — Dédaigneux, morne. Fastidieux, ennuyeux, hargneux. Importun, tracassier.

UFO : Rival, antagoniste. — Adversaire, ennemi. — Froid.

UG : *Moralité.*

UGA : *Généralités.* — Moralité. — Conduite, mœurs. — Devoir, obligation. — Imputation.

UGE : *En bien.* — Innocence, candeur. — Vertu, bonté. — Exploit, héroïsme.

UGI : *En mal.* — Vice, péché, illicite. — Complicité, scandale. — Faute, excès, transgression. — Abus, crime. — Rechute, habitude mauvaise.

UGO : Fripon, coquin. — Supercherie. — Intrigue.

UGU : Malfaiteur, canaille. — Bandit. — Forfait, attentat. — Libertinage, abjection, bassesse.

UJ : *Vertus cardinales.*

UJA : Prudence, sagesse. — Précaution.

UJE : Justice, droiture, équité. — Bonne foi, fidélité, loyauté. — Véracité. — Obéissance, respect. — Expiation, dédommagement.

UJI : Force, fermeté. — Constance, persévérance. — Valeur, intrépidité. — Magnanimité.

UJO : Tempérance, retenue, réserve. — Modération. — Mortification.

UL : *Vertus capitales.*

ULA : Humilité, modestie, simplicité.

ULE : Libéralité, générosité. — Économie.

ULI : Chasteté, pureté. — Pudeur, décence. — Patience, résignation. — Frugalité, abstinence, sobriété.

ULO : Charité, compassion. — Aumône, bienfait. — Faveur, protection. — Indulgence, pardon, grâce, réconciliation.

ULU : Diligence, activité, vigilance, soin.

UM : *Vices contre les vertus cardinales.*

UMA : Imprudence, témérité. — Précipitation, inconsidération. — Caprice, bizarrerie. — Têtu, mutin. — Contumax, rebelle.

UME : Injustice, sévérité, rigueur. — Fraude, vol, usurpation, escroquerie. — Concussion, subornation, stellionat, péculat. — Brigue, cabale, etc.

UMI : Lâcheté, pusillanimité, timidité.

UMO : Intempérance, dissolution, procacité.

UN : *Vices contre les vertus capitales.*

UNA : Orgueil, fierté. — Arrogance, jactance, ostentation. — Vanité, fanfaronnade. — Ambition. — Effronterie, impudence, moquerie, sarcasme. — Hypocrisie, tartuferie.

UNE : Avarice, convoitise, cupidité. — Mesquinerie, ladrerie. — Prodigalité, dissipation.

UNI : Luxure, impudicité, sensualité, incontinence. — Adultère, inceste, etc. — Sodomie, bestialité, pédérastie, etc. — Colère, rage, vengeance. — Gourmandise, gloutonnerie, friandise, ivrognerie.

UNO : Malveillance, jalousie. — Impolitesse, offense, insulte, outrage, cruauté, férocité. — Détraction, calomnie. — Zizanie, schisme. — Ingratitude, infidélité, déloyauté, perfidie, trahison.

UNU : Paresse, négligence. — Incurie, insouciance. — Oisiveté, fainéantise.

UP : *Choses relatives à la vertu.* — Mérite, digne. — Prix, récompense. — Estime. — Honneur, renom, renommée. — Louange, éloge, applaudissement.

UR : *Choses relatives aux vices.* — Démérite, inculpation, censure, blâme. — Punition, châtiment. — Opprobre, honte. — Déshonneur, infamie, affront, mépris.

B initial : *Instruction et ses analogues* (1).

BA : *Enseignement.* — École, université, faculté. — Collége,

---

(1) Lorsque les mots commencent par une consonne, les divisions se-

pension. — Académie, athénée, lycée. — Cours, vacances.—
Personnes : Professeur, maître, régent, répétiteur. — Écolier,
disciple. — Grade, docteur, licencié, bachelier. — Recteur,
doyen, directeur. — *Actes :* Enseigner, expliquer, instruire,
élever. —Étudier, apprendre.— *Exercices :* Classe, académie,
conférence, concours. —Thèse, dissertation, controverse.—
Examen.

BE : *Imprimerie.* — Typographie. — Stéréotypie, lithogra-
phie. — Éditeur, imprimeur, prote, compositeur, correcteur,
pressier. — Lettre et toutes ses espèces. — Casse et toutes ses
dépendances. —Presse et toutes ses parties et dépendances.—
Actes : Composer, justifier, corriger, mettre en pages, imposer. — Tirer, retirer, etc.

BI : *Librairie.* — Bibliothèque, archive. —Livre, volume,
brochure. —Ouvrage, opuscule, abrégé, appendice, supplément. — Édition, exemplaire. — Titre, frontispice. — Pré-
face, avis, introduction. — Partie, section, chapitre, article,
paragraphe, alinéa, note. — Autographe, authentique, apo-
cryphe, anonyme, pseudonyme. —Dictionnaire, alphabet, syl-
labaire. — Périodique, journal. —Revue, gazette, bulletin.
—Reliure, parchemin, brochure.

BO : *Actes libéraux.* — Art, artiste. — Peinture, dessin. —
Perspective, miniature.—Esquisse, modèle, copie.—Portrait,
vignette, fresque. — Pinceau, palette. —Gravure, burin. —
Sculpture, statue, groupe, relief. — Architecture. — Arcade,
colonne, piédestal, entrecolonnement. —Architrave, moulure,
chapiteau.

BU : *Musique.* — Unisson, accord. —Tonique, diatonique.
Chromatique, enharmonique. —Gamme et toutes ses notes et

---

ront au nombre de cinq, selon l'ordre des voyelles : *ba*, *be*, *bi*, *bo*, *bu*,
et les subdivisions seront au nombre de quinze, selon l'ordre des consonnes : *bab*, *bac*, *bad*, *baf*, *bag*, etc. Les consonnes *b*, *c*, *d*, *f*, *g*, *p* et
admettent en outre d'autres subdivisions : *bl*, *br*, *cl*, *cr*, *dr*, *fl*, *fr*, *gl*, *gr*,
pl, *pr* et *tr*.

accidents.—Ton et ses modes.—Mesure et toutes les divisions.
— Clef et ses accidents. — Orchestre, concert, sérénade, etc.
—Solo, duo.—Largo, andante, allegro.—*Instruments à vent :*
Orgue, flûte, clarinette, hautbois, basson. — *Instruments à
cordes :* Piano, harpe, guitare, violon, violoncelle. — *Instruments de percussion :* Grosse caisse, tamtam, tambour, tam-
bourin. —*Parties des instruments :* Corde, archet, tuyaux,
clavier.

C initial : *Arts mécaniques et leurs dépendances.*
CA : *Métiers et leurs actes.*—Art, métier. — Industriel,
artisan. — Maître, ouvrier, apprenti. — Surveillant, etc.

Quant aux métiers en particulier, on peut faire dériver leurs
noms des noms des objets qui en fournissent la matière, d'a-
près les règles établies pour les mots dérivés. On pourra cependant donner un nom spécial dans cette section aux métiers
dont les travaux peuvent se rapporter à plusieurs classes.
Nous proposons qu'on les divise et subdivise selon les différentes matières sur lesquelles on opère : métaux, bois, étoffes,
pierres, etc.

On peut dire la même chose relativement aux actes spéciaux
de chaque métier.

CE : *Machines, fabriques et leurs dépendances.* — Usine,
fabrique, atelier, ouvroir. — Machine.

On peut faire sur cette section la même remarque qu'on a
faite sur la section précédente. Comme exemple de noms qui
peuvent appartenir à plusieurs objets, et qu'on pourrait classer
dans cette section, nous citerons les suivants : Presse, mou-
lin, pompe, balance, alambic, levier, tour, roue, ressort,
poulie, soupape, tenailles.

CI : *Instruments, outils.* — En voici les classes principales :
Instruments tranchants : Couteau, hache, cognée, etc. — *Ro-
gnants :* Lime, rabot, etc. — *Pénétrants :* Tarière, aiguille,
vrille, etc. — *Contondants :* Marteau, pilon, maillet. — *Ser-
rants :* Vis, lacet, coin, tourniquet. — *Clouants :* Clou, che-

ville. — *Attachants :* Corde, fil, chaîne, épingle. — *Fermants :* Clef, serrure. — *Dirigeants :* Règle, compas, forme. — *Divisants :* Peigne, tamis, cardes. — *Sonnants :* Cloche, crécelle.

CO : *Parties des instruments.* — Anse, manche, manivelle. — Cerceau, axe, pivot, rayon. — Rainure, dents. — Planche, etc., etc.

D initial : Société politique.

DA : *Généralités.* — Société, gens, peuple, tribu, ordre, famille. — Patrie, indigène. — État, nation. — Souveraineté, autorité, pouvoir. — Gouvernement, chef, régent, président, doyen (1) — Usurpateur, intrus, tyran, despote. — Vassal, feudataire, fief. — Citoyen, plébéien, prolétaire, paria. — Anarchie, rébellion, sédition, émeute. — Conjuration, conspiration. — Révolte, insurrection, révolution. — Parti, faction.

DE : *Formes des gourvernements.* — Théocratie, monarchie. — Empereur (2), roi, czar, sultan, calife. — Bey, dey, hospodar, satrape, visir. — Prince, duc, marquis, comte, baron. — Chevalier, noble. — Dynastie, polygarchie, aristocratie, oligarchie. — Démocratie, république. — Dictateur, consul, tribun. — Assemblée, chambre. — Parlement, sénat.

DI : *Rapports internationaux.* — Négociation, traité, conven-

---

(1) On trouve à la page 84 le mot *dalde.* C'est un errata, on devait dire *dunbe.*

(2) Il est tout à fait impossible de bien déterminer la signification exacte de presque tous les noms de cette section pour les habitants des divers pays du monde, puisque les objets signifiés ne sont pas bien connus par eux. Cet inconvénient se trouve nécessairement dans toutes les langues. Cependant la langue du Projet, et elle seule, offre des moyens simples et clairs de fixer cette signification d'une manière presque parfaite. Consultez le chapitre quatrième de la deuxième section, et spécialement le n° XLIII, et vous serez convaincu de l'exactitude de cette observation, qui s'applique à plusieurs autres sections, et spécialement aux sections F, G, J et M.

tion, pacte, transaction. — Alliance, confédération. — Amitié, neutralité. — Guerre, représailles. — Armistice, trève, capitulation, paix. — *Personnes :* Ambassadeur, plénipotentiaire, chargé d'affaires, consul. — Étranger, otage.

DO : *Législation.* — Code, loi, ordonnance, réglement. — Décret, édit, ban, proclamation. — Immunité, privilége. — Dispense, licence, permission, autorisation. — Abolition, abrogation, dérogation.

DU : *Administration, Actes.* Gouverner, commander, défendre. — Employer, nommer, convoquer. — Destituer, suspendre. — Abdiquer, se démettre. — *Lieux :* Contrée, province, département, district, canton, commune. — Métropole, capitale. — *Emplois :* Fonction, charge. — Employé, candidat, retraité. — Titre, diplôme. — Ministre, secrétaire. — Gouverneur, préfet, maire, bailli. — Échevin, syndic. — *Insignes :* Trône, couronne, sceptre. — *Titres :* Majesté, hautesse, altesse. — Éminence, excellence, grandeur, seigneurie, etc.

F initial : Tribunaux et finances.

FA : *Tribunaux et leur personnel.* — Tribunal, jurisdiction, compétence. — Cour de cassation, royale, jury, etc. — Magistrat, juge, juré. — Procureur, rapporteur. — Greffier, notaire, huissier. — Demandeur. — Mandé, accusé. — Avoué, agent. — Avocat. — Client.

FE : *Procédure.* — Litige, procès, recours. — Placet, requête, procès-verbal. — Citation, notification. — Débat, plaidoyer. — Sentence, absolution, condamnation, sursis. — Révocation. — Appel, pourvoi. — Document, registres. — Témoin.

FI : *Peines.* — Punition, châtiment. — Potence, gibet, guillotine, roue. — Fouet, torture, marque, exposition. — Déportation, galères, bannissement. — Confiscation, amende. — Prison, arrêts. — Cachot, fers, menottes, chaînes. — Caution. — Amnistie, indult.

FO : *Finances et leurs dépendances.* — Finances, fisc, trésor. — Budget, impôt, contribution, corvée. — Douane, octroi. —

Contrebande. — Rentes, emprunt, dette publique, crédit, amortissement. — Régie, cadastre.

G initial : *Partie militaire.*

GA : *Généralités.* — Troupe, armée. — Corps, détachement, cadre. — Division, légion, brigade. — Régiment, bataillon, escadron. — Compagnie, peloton, escouade. — Avant-garde, centre, ailes, arrière-garde, réserve, renfort. — Garnison, garde. — Convoi, escorte, patrouille. — Ordonnance, sentinelle. — Infanterie, sapeur, grenadier, voltigeur, tirailleur. — Cavalerie, cuirassier, hussard, dragon, lancier. — Artillerie, artilleur, canonnier. — Génie, ingénieur.

GE : *Personnes et leurs grades.* — Militaire, guerrier, soldat. — Généralissime, général. — Maréchal, lieutenant général, général de division, de brigade. — Officier, colonel, commandant. — Capitaine, lieutenant. — Sergent, fourrier, caporal, védette, soldat. — Vivandier, déserteur, fuyard. — Connétable, sénéchal, etc.

GI : *Armes et leurs accessoires.* — Arme. — Canon, couleuvrine. — Mortier, obusier. — Fusil, pistolet. — Munitions, bombe, boulet, mitraille, balle. — Cartouche, poudre, mèche. Épée, sabre. — Baïonnette, lance, pique. — Poignard, stylet. — Dard, flèche — Giberne, carquois. — Pavois, bouclier, cuirasse.

GO : *Lieux et choses.* — Campement, bivouac. — Forteresse, citadelle. — Boulevard, rempart, mur, muraille. — Redoute, bastion. — Barricade, palissade, parapet. — Parc, caserne. — Bannière, guidon. — Appel, diane, retraite. — Consigne, mot d'ordre. — Prêt.

GI : *Actes.* — Stratégie, tactique. — Évolution, revue. — Siége, blocus. — Embuscade, surprise. — Escarmouche. — Attaque, charge, assaut. — Combat, bataille. — Retraite, défaite, déroute. — Fuite, débandade. — Poursuite. — Victoire, triomphe. — Saccagement. — Conquête.

J initial : *Marine et commerce.*

JA : *Objets de la marine.* — Marine, escadre, flotte. — Convoi, croisière. — Embarcations (1), bâtiment. — Navire, vaisseau, frégate. — Corvette, brick, galère. — Bateau, gabare. — Bot, canot, nacelle, pirogue. — Quille, pont, proue, poupe. — Gouvernail, mât, misaine, vergue. — Voile, foc. — Cordage, cable, funin. — Rame, aviron, gaffe. — Ancre, sonde, signaux, pavillon.

JE : *Personnel et actes.* — Marin. — Amiral, etc. — Patron, pilote, maître d'équipage, contre-maître, timonier. — Équipage, matelot, mousse. — Corsaire, pirate. — Lancer, s'embarquer, naviguer. — Côtoyer, dériver, louvoyer, cabotage. — Abordage. — Naufrage. — Débarquement.

JI : *Commerce et son personnel.* — Négoce, commerce, trafic, courtage. — Contrat, pacte, transaction. — Protêt, faillite, banqueroute. — Taxer, vendre, acheter. — Marchander, surfaire, offrir, rabais, remise. — Dépenser, payer, devoir, rembourser, indemniser. — Enchère, encan. — Racheter, échanger, louer, parier. — Tester. — Négociant, marchand. — Gérant, commissionnaire. — Caissier, facteur. — Consul.

JO : *Lieux et choses.* — Foire, marché. — Magasin, bazar, boutique. — Bourse, banque, comptoir, caisse. — Denrée, marchandise. — Frais, dépense, coût, prix. — Gain, profit, perte, dommage, déficit. — Honoraire, gages, salaire, pourboire, étrennes. — Richesse, fortune, légitime, héritage, apanage, usufruit. — Capital, rentes, revenu, intérêt. — Monnaie, d'or, d'argent, de cuivre, etc., lingot. — Lettre de change, endossement, billet, escompte. — Quittance, facture. — Brevet d'invention, de perfectionnement.

JU : *Transports, chemins,* etc. — Roulage (très-générique). — Wagon, diligence, omnibus. — Chariot, charrette, etc. — Roue,

---

(1) Voyez l'exemple cité à la page 95.

jantes, moyeu, etc. — Chemin, chemin de fer, voie, route. — Chaussée, sentier. — Canal, pont, gué. — Auberge, hôtellerie.

L initial : *Rapports familiers.*

LA : *Parenté et mariage.* — Famille, parenté, parent. — Consanguinité, race, lignée. — Ascendant, patriarche, père, aïeul, bisaïeul, etc. — Postérité, descendant, fils, petit-fils, etc. — Aîné, cadet, puîné, orphelin, *idem* de père, de mère. — Légitime, naturel, bâtard. — Collatéraux, frère, *idem* de père, de mère. — Oncle (1), neveu, cousin. — Affinité, beau-père, beau-fils, beau-frère, etc., etc. — Adoption, adoptant, adopté, émancipé. — Parrain, marraine, compère, commère. — *Mariage et analogues :* Fiançailles, mariage, noces, célibataire, futur, mari, époux, femme, veuf. — Polygamie, bigamie, polyandrie. — Divorce, répudiation.

LE : *Supériorité, infériorité et analogues.* — Supérieur. — Inférieur. — Seigneur. — Esclave, serf, affranchi. — Maître. — Serviteur, écuyer, gouvernante, domestique, bonne, laquais. — Chef, principal, subalterne, subordonné. — Administrateur, secrétaire. — Protecteur. — *Actes :* Commander, dominer, soumettre, défendre. — Servir, obéir.

LI : *Association, amitié et analogues.* — Association, société. — Assemblée, compagnie. — Sociétaire, camarade, collègue. — Partisan, affidé. — Confident, favori. — Ami, connaissance.

---

(1) Rien de plus facile que d'exprimer par un seul nom toutes les circonstances relatives aux diverses espèces de parenté. Par exemple, en parlant d'un orphelin on déterminerait s'il était orphelin de père ou de mère, ou de l'un et de l'autre ; en parlant d'un oncle on déterminerait s'il l'était du côté du père ou de la mère ; en parlant d'un cousin on déterminerait le degré, et s'il l'était du côté du père ou de la mère. On pourrait même déterminer plusieurs autres circonstances, et pour cela il suffirait de changer ou d'ajouter une lettre, ou tout au plus une syllabe, au nom principal d'*orphelin*, *oncle* ou *cousin.* Ces nomenclatures sont très-faciles à former, mais il faut procéder avec uniformité dans leur formation.

— Ennemi, adversaire, rival. — Médiateur, arbitre. — Voisin, hôte.

LO : *Bienfaisance, Urbanité.* — Bienfaisance, hôpital, hospice (1). — Quêtes, tronc, aumônes. — Urbanité, politesse, courtoisie. — Égard, considération, ménagement. — Compliment, félicitation, condoléance. — Visite, salutation, message.

M initial : *Divertissements et jeux.*

MA : *Généralités.* — Divertissement, amusement, distraction. Fête, réjouissance. — Jeu.

ME : *Théâtre, bal, tournois et analogues.* — Théâtre, Opéra et toutes leurs parties matérielles. — Rôle, acteur, actrice, et leurs diverses classes. — Bal, danse et leurs diverses espèces. — Danseur, commissaire. — Tournois, mascarade, funambule, saltimbanque, farceur, jongleur. — Lutte, combat de taureaux, son personnel et ses accidents.

MI : *Jeux.* — Échecs, trictrac, dames et d'autres jeux analogues avec le nom de leurs pièces respectives et leurs incidents. — Cartes, leurs couleurs. — Reversi, boston, hombre, quadrille, écarté, etc., etc. — Loterie, billard, balle, quille, boule, colin-maillard, main-chaude.

MO : *Exercices et autres récréations.* — Gymnastique et ses dépendances. — Escrime, équitation, courses. — Chasse et ses incidents. — Pêche et ses instruments. — Patin, etc. — Partie de campagne, promenade. — Soirée, cercle.

N initial : *Religion dans sa partie fondamentale.*

NA : *Généralités.* — Dieu, divinité. — Génies, démon. —

---

(1) On peut appliquer aux différentes espèces d'établissements de bienfaisance ce qu'on à dit à la note de la page 256 sur la parenté. On aurait des noms génériques pour les hôpitaux, hospices et maisons d'asile, et des noms spéciaux pour les hôpitaux de malades, fous, incurables, etc., avec distinction d'hommes et de femmes ; pour les hospices des orphelins, des enfants trouvés, et pour les asiles des enfants, des jeunes personnes, des étrangers, etc.

Religion, culte, adoration, vénération. — Prière, invocation, dévotion. — Propitiation, pardon. — Temple. — Ministre, pontife, sacerdoce. — Sacrifice, hostie, holocauste, libation, lustration, expiation. — Offrande, vœu. — Oracle, augure. — Paradis, Tartare.

NE : *Religion chrétienne.* — Christianisme, chrétienté, chrétien, catéchumène. — Trinité, personne, procession, relation, mission. — Jésus-Christ. — Marie. — Bienheureux, anges et leurs ordres. — Saint, prophète, apôtre, martyr, confesseur. — Diable, réprouvé. — Damné, énergumène. — Bible et tous ses livres. — Évangile. — Sacrement, la matière, la forme, baptême, confirmation, etc., avec leurs dépendances respectives.

NI : *Hiérarchie, ecclésiastiques.* — Église. — Hiérarchie, clergé. — Évêque, prêtre, diacre, etc. — Pape, patriarche, primat, métropolitain, suffragant. — Administrateur du diocèse, vicaire général. — Archiprêtre, archidiacre. — Curé, vicaire. — Cardinal, dignité, chanoine et ses classes, bénéficier. — Sacristain, suisse, bedeau, enfant de chœur. — Concile et ses espèces, chapitre. — *Ordres religieux :* Moine, frère, anachorète, ermite. — Religieux, sœur de charité. — Général, abbé, provincial, prieur, etc., etc. — Monastère, couvent, collége. — Vœux, constitutions, etc.

NO : *Administration ecclésiastique.* — Droit canon. — Canon. — Décrétale, bulle, bref. — Mandement, dimissoire. — Patriarcat, diocèse, etc., paroisse, succursale. — Séminaire, confrérie. — Patronat, collation, etc. — Dîme, prémices, offrande. — Censure, excommunication, suspense, interdit, irrégularité, déposition, dégradation. — Apostasie, hérésie, schisme, secte.

P initial : *Partie matérielle de la religion.*

PA : *Lieux du culte, leurs parties et leurs dépendances.* — Église et ses classes diverses. — Nef, chapelle, chœur, sacristie, tour, clocher. — Autel, tabernacle. — Chaire, confessionnal, fonts, sépulcre, cimetière. — Catacombe.

PE : *Liturgie*. — Rubrique, rituel, missel, bréviaire. — Messe et toutes ses parties. — Office divin et ses parties. — Procession, rogations. — Chapelet, rosaire. — Jeûne, abstinence, vigile. — Carême, Avent. — Solennité, fêtes et leurs différents rites. — Fête-Dieu, Pâques, Noël, etc.

PI : *Ornements*. — Tiare, chapeau de cardinal, pallium, mitre, chasuble, étole, amict, etc. — Surplis, rochet. — Nappe, corporal, pale, lavabo.

PO : *Ustensiles*. — Calice, patène. — Ciboire, ostensoir. — Croix. — Candélabre, chandelier, cierge. — Lutrin, pupitre, canon d'autel. — Encensoir, navette. — Bénitier, goupillon.

PL initial : *Spécialités des sectes non chrétiennes*.

PLA : Athéisme, matérialisme, panthéisme, dualisme, fatalisme, indifférentisme. — Déisme, philosophisme, rationalisme. — Incrédulité, impiété.

PLE : Mahométisme, islamisme. — Musulman. — Alcoran. Mosquée, minaret. — Croissant.

PLI : Judaïsme, synagogue. — Talmud, massorah. — Pharisien, Saducéen, rabbin.

PLO : Idolâtrie. — Idolâtre, païen. — Dieux, déesses, pénates, lares, muses, nymphes, Parques, etc. — Sabéisme. — Brahmane. — Druide, fées.

R initial : *Choses très-générales*.

RA : *Objets*. — Chose, être, entité. — Substance, essence, nature. — Personne, suppôt, individu. — Objet, sujet, affaire, point. — Néant.

RE : *Qualités*. — Qualité, propriété, caractère, accident, manière, mode, modification, variété, nuance. — Positif, négatif, nul, vain. — Nécessaire, contingent, absolu, conditionnel. — Fini, infini. — Universel, général, spécial, particulier, singulier. — Ordinaire, extraordinaire, inusité. — Entier, défectueux.—Parfait, exact. — Excellent, éminent, magnifique, grandiose. — Solennel, célèbre, fameux, renommé. — Bon, meilleur, médiocre, indifférent, mauvais, pire.—Simple, composé, complet.—Facile, difficile, ardu.—Ferme, faible, stable, constant, inconstant.

RI : *Actions, existence, état et analogues :* Être, exister, avoir (neutre), rester, advenir, arriver. — *Actions et leur succession :* Agir, entreprendre, commencer, continuer, persister, avancer, finir, suspendre, cesser. — *Production, établissement et analogues :* Faire, créer, produire. — Fonder, établir, installer, rétablir. — *Influence et coopération :* Influer, contribuer, préparer, faciliter. — Fomenter, coopérer, aider. — *Acquisition, possession et analogues :* Acquérir, obtenir, gagner. — Prendre, recevoir, recouvrer, accepter. — Avoir, posséder, tenir, manquer. — *Conservation et analogues :* Conserver, garder, réserver. — Soutenir, protéger, assurer. — Consolider, renforcer, fortifier. — Délivrer, sauver. — *Exercice, emploi, application :* Exécuter, pratiquer, employer, appliquer, destiner, consigner. — Attribuer, donner, livrer, communiquer, distribuer.

RO : *Autres actions. Opposition, obstacle, altération, omission,* etc. — S'opposer, résister, combattre. — Empêcher, arrêter, embarrasser. — Réprimer, lier. — Altérer, changer, refondre, transformer. — Mêler, combiner, confondre. — Corrompre, infecter. — Anéantir, détruire, user, dissoudre, dissiper.—Supprimer, effacer.—Énerver, affaiblir.—Omettre, laisser, abandonner, délaisser. — S'abstenir, éluder, éviter.

S initial : *Pronoms, quantité, nombre et temps.*
SA : *Pronoms.* — *Saba,* je ; *sabe,* tu ; *sabi,* il ; *sabo,* se. — *Saca,* celui-ci ; *sace,* celui-là (1) ; *saco,* le même. — *Sada,*

---

(1) Pour exprimer la différence qui se trouve en latin, en espagnol, etc.,

qui (1). *Safa*, tout; *safe*, quelqu'un; *safi*, autre; *safo*, certain, quidam; *safu*, l'autre.—*Saga*, quiconque; *sage*, chacun; *sagi*, un tel; *sago*, un tel (autre). —*Saja*, aucun; *saje*, seul; *saji*, unique. — *Sala*, lequel d'eux; *sale*, l'un; *sali*, l'autre; *salo*, l'un et l'autre; *sama*, l'un ou l'autre; *same*, ni l'un ni l'autre.

SE : *Quantité.* — Totalité, partie, portion, fraction, rien. — Abondant, trop, superflu, beaucoup, suffisant. — Peu, très-peu, presque pas, insuffisant, le déficit.—Multiplier, augmenter. — Diminuer, réduire.

SI : *Nombre.* — *Siba*, 1; *sibe*, 2; *sibi*, 3; *sibo*, 4; *sibu*, 5; *sibra*, 6; *sibre*, 7; *sibri*, 8; *sibro*, 9; *sibru*, 10. — *Sica*, 10; *sice*, 20; *sici*, 30; *sico*, 40; *sicu*, 50; *sicra*, 60; *sicre*, 70; *sicri*, 80; *sicro*, 90; *sicru*, 100. — *Sida*, 100; *side*, 200; *sidi*, 300, etc. — *Sifa*, 1,000; *sife*, 2,000, etc. — *Siga*, 10,000; *sige*, 20,000, etc. — *Sija*, 100,000; *sije*, 200,000, etc. — *Sila*, un million; *sile*, billion; *sili*, trillion.

Nota. — *Nombres composés.* — On forme les noms des nombres composés en mettant le nom entier du premier nombre, et en supprimant le *si* initial du nom des autres nombres. Exemples : 24, *sicebo;* 45, *sicobu;* 110, *sidaca;* 1,334, *sifadicibo*. Si le nom devient trop long, on en fait deux en répétant l'initial *si* devant le deuxième, ou en mettant un trait d'union entre les deux : 1,300,234, *silaji-decibo;* mieux, *silajide-sicibo* ou *silaji-decibo*.

Noms dérivés. —On peut les former facilement en ajoutant une lettre ou une syllabe qu'on emploiera pour chaque espèce de dérivation respectivement. Par exemple : *N*, pour former

---

entre *iste* et *ille*, *este* et *aquel*, etc., on dira *sace* pour le premier, et *saci* pour le second. La différence qui se trouve au latin entre *idem* et *ipse* s'exprimera en mettant *saco* pour *idem* et *sacu* pour *ipse*.

(1) Le pronom *qui* peut se trouver dans les sens explicatif, déterminatif, interrogatif, admiratif ou optatif. On exprimera ces différences par les noms *sada*, *sade*, *sadi*, *sado* et *sadu*.

les nombres ordinaux qui sont des adjectifs; *c*, pour l'adverbe ordinal; *ma*, pour le nombre multiple; *me*, pour les parties aliquotes; *mins*, pour les nombres distributifs qui sont des adjectifs pluriels. Pour former les mots adverbiaux qui expriment le nombre de fois, on ajouterait la syllabe *moc*, et pour ceux qui expriment le nombre de modes ou manières, on ajouterait la syllabe *muc*. Exemples : Premier, *siban;* deuxcentième, *siden;* quatrièmement, *siboc;* dixièmement, *sicac;* double, *sibema;* centuple, *sidama;* le tiers, *sibime;* trois centièmes, *sibi sidame;* bini, terni, (du latin) *sibemins*, *sibimins :* six fois, cent fois (*sexies, centies*) *sibramoc, sidamoc :* de trois manières, de sept manières (*tripliciter, septempliciter*), *sibimuc, sibremuc.*

SIN, SIP, SIR, etc., initiales : *Objets, qualités, et actes qui se rapportent à la numération.*

Arithmétique.—Nombre, fraction, racine, racine carrée, racine cubique, logarithme, chiffre, quotient. — Fréquent, rare, pair, impair. — Nombrer, additionner, soustraire, multiplier, diviser.

SO initial : *Temps et ses analogues.* — Temps, succession, durée.—Age, époque, période.—Terme, trêve, intervalle.— *Divisions naturelles du temps* : Instant, moment, quelque temps, un laps de temps, jour (de 24 heures), jour (le temps de la lumière solaire), matin, midi, nuit. — Crépuscule, aube du jour. —Lunaison, ses quartiers. — Année astronomique (365 jours 5 heures et 49 minutes), saison, hiver, printemps, été, automne. — *Divisions artificielles :* Minute, heure, semaine, mois, année civile (365 jours), bissexte, lustre, siècle.

SON : *Qualités, actes, etc., qui se rapportent au temps.* — Éternel, perpétuel, durable, passager, éphémère. — Ancien, moderne, précoce. —Devancer, différer, retarder. —Chronologie, cycle, épacte, indiction, etc., olympiade, hégire.

SOS : *Adverbes relatifs au temps.*—Quand, toujours, jamais.
—Avant, la veille. — Alors, au même temps, subitement, sur-
le-champ, aussitôt, après, le lendemain. — Hier, avant-hier,
aujourd'hui, maintenant, demain, après-demain.

REMARQUE TRÈS-IMPORTANTE.

Cette langue étant destinée pour tous les pays du monde,
doit s'adapter, autant que possible, aux accidents naturels et
généraux, sans tenir compte de choses qui sont spéciales à
certaines contrées. C'est d'après ce principe inattaquable que
nous proposons la division suivante :

L'année commune ou civile se divisera en quatre parties
presque égales : les trois premières seront composées de
quatre-vingt-onze jours (1) et la quatrième de quatre-vingt-
douze (dans l'année bissextile quatre-vingt-treize). Chaque
partie se divise naturellement en dizaines (2) composées chacune de neuf jours ; mais on pourra conserver la division par
semaines qui est employée par un nombre très-considérable
de peuples ; d'autant plus que cette division s'accommode
parfaitement bien à celle que nous proposons. En effet, il y a
treize semaines tout juste dans les quatre-vingt-onze jours de
chacune de nos divisions. Ainsi, en supposant que le dimanche
arrive au premier jour de l'an, et par conséquent au hui-
tième, quinzième, vingt-deuxième, etc., cet ordre sera conservé exactement pendant toute l'année, tandis qu'il change
tous les mois dans la nomenclature usuelle.

---

(1) La division de notre année en mois de 28, 29, 30 et 31 jours est
aussi embarrassante que capricieuse, et difficile à admettre pour des peuples qui n'y sont pas habitués.

(2) Le langage décimal, dans cette matière, est bien plus facile et plus
simple que celui de mètres, litres, etc. Fixer bien exactement la valeur
d'un mètre, d'un litre, etc., offre des difficultés très-graves ; mais rien
de plus simple, même pour un sauvage, que de fixer et de diviser les
jours naturels.

L'année doit commencer par une des quatre saisons naturelles. Nous préférons le 21 de décembre, où les jours commencent à devenir plus longs dans l'hémisphère septentrional et plus courts dans l'hémisphère austral. D'ailleurs cette division coïncide presque avec celle qui est la plus généralement reçue dans les pays les plus civilisés.

Les jours civils doivent commencer à minuit, afin qu'ils soient tous égaux, et afin que la plus grande partie des affaires d'un jour naturel ne se partagent entre deux jours communs, dont les limites sont d'ailleurs très-difficiles à distinguer. Chaque jour doit se diviser en une seule série de parties, afin qu'un seul mot détermine bien l'époque du jour, sans qu'il soit nécessaire d'ajouter : *du matin, du soir, de la nuit*. La division décimale nous paraît la meilleure : le jour, *sopa*, aurait dix *sopes* (dixièmes) cent *sopis* (centièmes) mille *sopos* (millièmes).

Conformément à ce plan nous proposons la nomenclature suivante : *Sopa*, jour naturel de minuit à minuit ; *sope*, son dixième, près de deux heures et demie ; *sopi*, son centième, très-près d'un quart d'heure ; *sopo*, son millième, très-près d'une minute et demie. — *Sopla*, année commune ou civile, commençant au 21 décembre. *Sople*, un quart de l'année de quatre-vingt-onze jours : le dernier aurait quatre-vingt-douze ou quatre-vingt-treize jours : ces divisions répondent aux quatre saisons. *Sopli*, un dixième de saison : il serait composé ordinairement de neuf jours. Si l'on comptait par semaines (*soncas*), il y en aurait treize à chaque saison.

Remarquez que cette nomenclature ne produirait aucune confusion ; comme il n'y a pas de confusion dans les noms mètre, aune, pied, etc. ; puisque nous proposons deux espèces de noms, l'une pour les divisions que nous avons établies comme les plus naturelles et les plus propres pour une langue universelle ; l'autre pour les divisions qui sont le plus généralement admises dans les pays les plus civilisés.

T initial : *Rapports très-généraux.*

TA : *Généralités.*—Rapport, relation, corrélatif, absolu. — Touchant à, analogie, connexion, annexe, correspondance, réciprocité, proportion. — *Influence et ses analogues :* Préliminaire, préparation, capacité, faculté, pouvoir, puissance, force, énergie, efficacité, activité. — Cause, principe, origine, source, motif. — Fin, but, dessein. — Influence, instrument, moyen, ressource. — Effet, résultat, conséquence.

TE : *Identité, égalité, ressemblance, et analogues.*—Identité, différence, diversité, variété, nuance. — Opposition, contradiction, contrariété, contraste. — Égalité, parité, équivalent, compensation.—Uniformité, conformité, accord, discordance. —Homogénéité, hétérogénéité, régularité, anomalie.—Image, figure, imitation, parodie, contrefaçon, ressemblance, apparence.

TI : *Nécessité, utilité et analogues.* — Nécessaire, urgent, pressant.—Utile, pernicieux, funeste, fatal.—Convenable, opportun, apte, compétent et leurs contraires. — Dangereux, périlleux. — Sort, hasard, vicissitude, alternative.

TO : *Présence, proximité, ordres et analogues.* — Présent, absent. —Continu, contigu, limitrophe, proche, prochain, voisin, intermédiaire, intervalle, distant, éloigné, reculé. — Ordre, coordonner, désordre, désordonné.—Symétrie, méthode, règle, régularité. —Mélange, confusion, complication, embrouillement, labyrinthe, interversion.—Présidence, préséance, succession, suite, postériorité.

TU : *Degré et analogues.* — Degré, grade, gradation, dégradation. — Catégorie, hiérarchie, primauté, supériorité, préférence, infériorité. — Dernier, pénultième, antépénultième.

Y et **Z** initiales réservés pour des imprévus.

———

ADDITION AU DICTIONNAIRE.

SYLLABES FINALES, QUI DÉTERMINENT LA SIGNIFICATION DE TOUS LES MOTS DÉRIVÉS.

Nous avons dit, au n° 18, que dans tous les mots dérivés on doit conserver la racine tout entière, et que les lettres ou les syllabes ajoutées pour former les noms dérivés doivent déterminer d'une manière claire, uniforme et constante la signification de ces noms. C'est un avantage immense, tout spécia de cette langue, pour le nombre de dérivés, pour la fixité de leur signification et pour la facilité de les comprendre et de les former sur toute espèce de sujets.

On a expliqué au n° 8 la maniere de former les noms dérivés des verbes. Pour former les noms dérivés des adjectifs, on ajoute à leur lettre finale N une syllabe qui doit commencer par une consonne. Pour former les noms dérivés des substantifs, on ajoute à leur lettre finale, qui est toujours une voyelle, une syllabe qui doit commencer par une consonne.

Dans l'addition du Dictionnaire définitif, on mettra la liste de toutes les syllabes ajoutées à la racine pour former les noms dérivés de toutes les espèces, avec de nombreux exemples pour en faciliter aux commençants la connaissance et l'étude. Nous allons détailler quelques-unes de ces syllabes en énonçant les autres.

Première classe : *Substantifs dérivés d'autres substantifs.*

LB : Les lettres *lb*, employées comme signe de dérivation, expriment les personnes qui s'occupent de l'objet signifié par le mot racine dans l'ordre suivant. *Lba* exprime la personne qui fabrique cet objet : *chassier, cordonnier,* etc. *Lbe,* celle qui le modifie ou le polit : *orfévre, marbrier,* etc. *Lbi,* celle qui le

dirige ou le soigne : *meunier, sacristain, portier,* etc. *Lbo,*
celle qui le vend : *libraire, fruitier.* On emploie *lbu* pour
exprimer la personne qui s'occupe à l'objet, sans déterminer
si elle le fabrique, le modifie, le soigne ou le vend.

LC : Ces lettres expriment la personne à laquelle appartient
l'objet signifié par le mot racine. *Lca,* le propriétaire; *lc,* l'u-
sufruitier; *lci,* l'administrateur; *lco,* le locataire ou fermier;
lcu exprime la personne sans déterminer la manière.

LD expriment les relations scientifiques. *Lda,* la science
sur l'objet : *théologie, zoologie,* etc. *Lde,* un traité ou ouvrage
sur la science. *Ldi,* la description de l'objet : *biographie, to-
pographie,* etc.

LF expriment des relations matérielles. *Lfa,* la collection
de choses : *troupeau, atlas. Lfe,* le lieu : *colombier, pommeraie.
Lfi,* l'objet où on les garde : *salière, huilier. Lfo,* le coup
donné avec la chose : *coup d'épée, de pistolet. Lfu,* l'emploi ou
dignité : *papauté, cardinalat, préfecture,* etc.

On peut faire des applications semblables pour les systèmes,
et leurs défenseurs : *arianisme, panthéisme, arien, panthéiste;*
pour les affections : *égoïsme, philantropie,* etc.; pour les noms
patronymiques; pour les individus d'une nation, d'une province, d'une ville, en distinguant ceux qui y sont nés, ceux
qui y demeurent par accident, et ceux qui y sont domiciliés,
et pour mille autres cas semblables. Mais on doit être très-
sévère pour conserver toujours la même analogie dans le sens
pour chacun des mots dérivés.

Seconde classe : *Adjectifs dérivés des substantifs.*

LB... N dérivés par ressemblance. *Lban, lben, lbin, lbon,*
repectivement semblable dans la surface : *argenté, doré;* dans
la figure : *circulaire, voûté;* dans la couleur : *orangé, bronzé;*
dans les manières : *jésuitique, monacal.*

Lcan, lcen, lcin, lcon, dérivés comme cause : *pénible, déli-
cieux, douloureux;* comme origine : *marin, céleste;* comme

qualité : *national*, *humain*, *solaire;* par affection : *taciturne*, *laborieux*, etc.

On peut faire plusieurs autres applications aux qualités qui expriment la matière dont les objets sont faits, par exemple : *d'or*, *d'argent*, *de plomb;* aux choses qui se trouvent dans un objet, comme *lépreux*, *fleuri*, *amer*, *penseur*, et à mille autres accidents analogues.

Troisième classe : *Verbes dérivés des adjectifs.*

Lbar, *lber*, *lbir*, *lbor*, *lbur*, dérivés par communication, en donnant respectivement la matière ou une partie d'elle : *plomber;* la surface : *dorer*, *argenter;* la figure : *voûter*, *carrer;* la couleur : *bronzer*, *jasper;* les manières : *franciser*, *espagnoliser.*

Lcar, *lcer*, *lcir*, etc., dérivés par application des objets, en les employant : *solfier*, *sermoner;* en les appliquant à un autre objet : *enharnacher*, *tapisser*, etc., etc.

On peut faire d'autres applications, comme on le voit dans les verbes *marteler*, *empoigner*, *ennuyer*, et mille autres. On doit les classer pour en fixer la nomenclature.

FIN DU PROJET.

OUVRAGES

DE

M. L'ABBÉ SOTOS OCHANDO.

PROJET D'UNE LANGUE UNIVERSELLE, traduit de l'espagnol, par M. l'abbé Touzé. 1 vol. in-8°.　　4 fr.

RÉSUMÉ DE CE PROJET.　　1 fr.

GRAMMAIRE COMPLÈTE de la langue espagnole, à l'usage des Français, approuvée par l'Université et recommandée par le ministre de l'Instruction publique aux recteurs des Académies. 4e édition, revue et augmentée. 1 vol. in-12.　　3 fr.

ABRÉGÉ DE LA GRAMMAIRE ESPAGNOLE approuvée par l'Université, à l'usage des colléges et pensionnats français. 1 vol. in-12.　　1 fr. 40 c.

COURS DE THÈMES avec interligne, un Vocabulaire de quatre mille mots les plus usités, plusieurs Dialogues familiers en français et en espagnol, des Tableaux synoptiques, etc. 3e édition, augmentée et corrigée. 1 volume in-12.　　2 fr. 50 c.

TRAITÉ PRATIQUE de la prononciation espagnole, suite à la Grammaire espagnole approuvée par l'Université pour l'usage des colléges de France. 1 vol. in-12.　　2 fr. 50 c.

TRADUCCION del frances al español. Les morceaux français qui la composent font un ouvrage qu'on peut intituler : *L'incrédule ramené à la foi par la raison.* 1 vol. in-12.   4 fr.

PRONUNCIACION del frances. Cet ouvrage, qui analyse les sons de la langue française, les classe et les représente par des caractères spéciaux, et qui contient toutes les règles de la prononciation, de la liaison des consonnes finales, est aussi utile aux Français qu'aux Espagnols. 1 vol. in-12.   2 fr.

Paris. — Imprimé par E. Thunot et Ce, 26, rue Racine.

ABRÉGÉ DU TABLEAU SYNOPTIQUE DES MOTS DE LA LANGUE UNIVERSELLE.

(Consultez au besoin le Dictionnaire qui précède.)

Nota. Cet abrégé suffira pour faire connaître la marche à suivre pour la formation de tous les mots, et la facilité qui en résultera pour apprendre leur signification et pour la retenir. Le tableau définitif que les commençants doivent avoir toujours sous les yeux sera plus étendu : Il contiendra à peu près deux mille radicaux avec désignation claire et non équivoque de leur signification et de celle de tous leurs corrélatifs, soit substantifs, adjectifs, verbes, adverbes ou dérivés, c'est-à-dire de quarante à cinquante mille mots. En outre ces mots exprimeront par approximation et assez clairement la signification de tous les autres mots de cette langue si extraordinairement riche. Lorsqu'on aura bien compris le système des syllabes additionnelles, très-clairement exposé dans les numéros 41, 42, 43 et 44 (19 pages), on pourra distinguer à l'instant les nuances les plus minutieuses et les plus délicates de toute espèce d'objets, même de ceux qui sont complétement inconnus dans nos pays : circonstance spéciale de cette langue, laquelle ne se trouve dans aucun autre idiome.

A initial : *Choses matérielles sans rapport à la vie.*

AB : Corps. — ABA : *Corps simples.* — *Abada*, oxygène; *abate*, hydrogène; *ababi*, azote; *abobo*, soufre; *ababu*, sélénium. — *Abaca*, tellure; *abace*, etc., etc., chlore, etc., etc. — ABE, *généralités* : Matière, corps, atome, morceau, reste, tas, etc. — ABI, *dimensions* : Point, ligne, surface, masse, etc. — ABO, *formes* : Contour, base, coin, pli. — ABU, *figures* : Angle, cercle, arc, rome, crois. ==== AC et AD : Qualités. — ACA, *propriétés générales :* étendu, pesant, élastique. — ACE, *relatives à la solidité* : Solide, mou, massif, fluide, gazeux. — ACI, *à la dimension* : Long, large, grand. — ACO, *à la forme ou à la figure* : Aigu, droit, parallèle. — ACU, *à la beauté :* Beau, élégant, laid, sale. — ADA, *à la position* : Externe, contigu, latéral, haut, profond. — ADE, *au mouvement :* Lent, véloce. — ADI, *aux*...

ABRÉGÉ DU TABLEAU SYNOPTIQUE DES MOTS DE LA LANGUE UNIVERSELLE.

(Consultez au besoin le Dictionnaire qui précède.)

Note. Cet abrégé suffit pour faire connaître la marche à suivre pour la formation de tous les mots, et la facilité qui en résultera pour apprendre leur signification et pour la retenir. Le tableau définitif que les commençants doivent avoir toujours sous les yeux sera plus étendu : il contiendra à peu près deux mille radicaux avec désignation claire et non équivoque de leur signification et de celle de tous leurs corrélatifs, soit substantifs, adjectifs, verbes, adverbes ou dérivés, c'est-à-dire de quarante à cinquante mille mots. En outre ces mots exprimeront par approximation et assez clairement la signification de tous les autres mots de cette langue si extraordinairement riche. Lorsqu'on aura bien compris le système des syllabes additionnelles, très-clairement exposé dans les numéros 11, 12, 13 et 14 (12 pages), on pourra distinguer à l'instant les nuances les plus minutieuses et les plus délicates de toute espèce d'objets, même de ceux qui sont complètement inconnus dans nos pays : circonstance spéciale de cette langue, laquelle ne se trouve dans aucun autre idiome.

A initial : *Choses matérielles sans rapport à la vie.*

AB : Oxygène. — ABA : *Corps simples.* — Ababa, oxygène; ababe, hydrogène; ababi, azote; ababo, soufre; ababu, aluminium. — Aben, tellure; abon, etc., etc., chloro, etc., etc. — ABE, *généralité* : Matière, corps, atome, morceau, reste, tas, etc. — ABI, *dimensions* : Point, ligne, surface, masse, etc. — ABO, *formes* : Cristal, lame, coin, pli. — ABU, *figures* : Angle, cercle, arc, rose, croix. === AC et AD : *Qualités.* — ACA, *propriétés générales* : Étendu, pesant, élastique. — ACE, *relatives à la solidité* : Solide, mou, massif, fluide, gazeux. — ACI, *à la dimension* : Long, large, grand. — ACO, *à la forme ou à la figure* : Aigu, droit, parallèle. — ACU, *à la beauté* : Beau, élégant, laid, sale. — ADA, *à la position* : Externe, contigu, latéral, haut, profond. — ADE, *en mouvement* : Lent, véloce. — ADI, *aux sens* : Sensible, diaphane, sonore, amer. === AF : *Connaissances.* — AFA : Espace, lieu. — AFE : Où, ici, partout, etc. — AFI : Mesures, pouce, pied, mètre, litre.

AG : *Actions en mouvement.* — AGA, *généralités* : Mouvoir, accélérer, arrêter, trembler. — AGE, *de position* : S'asseoir, s'incliner. — AGI, *de locomotion* : Marcher, partir, arriver, entrer. — AGO, Monter, tomber, sauter, couler, etc. === AJ : *Actions modificatives.* — AJA, *par destruction* : Démolir, dissiper, couper, écraser, fondre. — AJE, *par altération* : Courber, tordre, aiguiser, polir. — AJI, *par pure modification* : Salir, laver, mouiller, orner, vider. === AL : *Actions des corps sur d'autres corps.* — ALA : Toucher, prendre, ajouter, réunir, clouer, attirer. — ALE : Mettre, introduire, avaler, apporter, envoyer, élever. — ALI : Ôter, retirer, séparer, répandre, rejeter. — ALO : Attaquer, pousser, lutter. — ALU : Abandonner, lâcher. — ALB, ALC, *actions de simple rapport* : Soutenir, envelopper, couvrir, trouver, précéder, etc.

AM, AN et AP : *Cosmologie.*

AM : *Astronomie.* — AMA, *généralités* : L'univers, ciel, orient, etc., pôle, latitude, apogée, zénith, orbite. — AME, *Astres*, planète, constellation. — AMI et AMU : Nomenclature de tous les corps des systèmes solaire et stellaire : Soleil, Sirius, etc., etc. === AN : *Géographie physique.* — ANA, *généralités* : Équateur, zone, climat. — ANE, *partie solide* : Terre, région, île, cap, côtes, montagne, plaine, vallée, ravin. — ANI, *partie liquide* : Mer, archipel, golfe, marée, vague, port, rade, arsenal, lac, étang, source, rivière, cataracte, barre, canal. — ANO, *atmosphère* : Vent, ouragan, tempête, calme. — ANU, *météores* : Nuage, brouillard, rosée, pluie, neige, volcan, éclair, tonnerre, arc-en-ciel. — AN et consonne : Nomenclature et rose des vents. === AP : *Géographie civile.* — APA, *territoires* : État, nation, royaume, principauté. — APE, *divisions* : Province, district, canton. — API, *populations* : Peuple, capitale, village, hameau, quartier, rue, place, solitaire. — APO : Désert, frontière, etc.

AR, AS, etc. : *Règne minéral.*

ARA : *Corps simples et minerai.* — ARE, *généralités* : Minerai, filon, etc. — ARI : Instruments et opérations d'exploitation. — ARO : Instruments et opérations de la chimie. === AS : *Corps solides.* — ASA : Partie relative aux métaux. — ASE : Aux pierres et terres. — ASI : Aux sels, résines, bitumes, baumes et gommes. — ASU : Aux fossiles. — AS suivi de consonne : Nomenclature spéciale de chacun des métaux, des pierres, des terres, des sels, des résines, des bitumes, des baumes et des fossiles. === AT : *Fluides et impondérables.* — ATA, *liquides* : Eau, sirop, vin, cidre, rhum, huile, lait. — ATE, *aériformes* : Air, gaz, vapeur. — ATI, *lumière et couleurs* : Lumière, rayon, clarté, ténèbres, ombre, violet, bleu, rouge, etc., luire, briller, etc. — ATO, *chaleur et feu* : Tiède, froid, braise, charbon, cendre, allumer, brûler, rôtir, cuire, éteindre. — ATU : Électrique, magnétique et leurs dépendances.

E initial : *Corps vivants.*

EB : *Vie en général.* — EBA, *généralités* : Vie, sexe, organe. EBE, *choses communes à plusieurs organes* : Filament, poil, tissu, vaisseau, sueur. — EBI, *qualités* : Fécond, jeune, précoce. — EBO, *actions* : Naître, croître, féconder, périr.

EC jusqu'à EL : *Règne végétal.*

EC : *Choses.* — ECA, *généralités* : Végétal, greffe, sève, aubier, etc. — ECE, *organes de nutrition et accroissement* : Racine, tige, tronc, bourgeon, feuille. — ECI, *de reproduction* : Fleur, calice, corolle, étamine, pistil, œufs. — ECO, *fruit et semence* : Fruit, graine, tunique, amande, cotylédon. ECU, *accessoires* : Coque, appui, épine, écaille, cils. === ED, *qualités et actions* : Sauvage, vivace, fané. — Germer, bourgeonner, mûrir, s'étioler. — EF : Nomenclature scientifique des végétaux divisés en tribus et subdivisés en ordres, en familles et en genres.

EG : *Agriculture.* — EGA : Lieu, champ, fonds, jardin, mont, pré, friche. — EGE, *opérations* : Cultiver, défricher, semer, moissonner, glaner, planter, enter, arroser. — EGI, *personnes* : Agriculteur, fermier. — EGO, *amendements* : Engrais, abris, saule. — EGU, *fruits* : Récolte, paille. === EJ, *instruments et ustensiles* : Charrue, bêche. — Faux, serpe, fourche, serre, étuve, sarcloir. — Bigote, saignée, halle. === EL, nomenclature vulgaire des végétaux. — EL suivi d'une voyelle : *Arbres et arbustes.* — ELA, *de noyau* : Pêcher, prunier, etc. — ELE, *de pepin* : Poirier, oranger. — ELI, *de bois* : Figuier, mûrier. — ELO, *de coque* : Amandier, pin. — ELU, *autres espèces* : Ormeau, cyprès, buis, etc. === EL et consonne : les autres végétaux divisés en plusieurs ordres, qui sont exprimés par leurs consonnes respectives.

ES initial : *Animaux invertébrés.* — On les divise en mollusqués, articulés et rayonnés, et on les subdivise en tribus, familles, etc., dont chacune est exprimée par les lettres prises toujours d'après l'ordre alphabétique.

ET initial : *Choses appartenant aux animaux.* — ETA, *leur demeure* : Écurie, tanière, nid. — ETE, ETI, etc., *appareils* : attelage, harnais, selle, sangle, frein, licou, mangeoire, éperon. === EY initial : *Art vétérinaire.* === EZ initial : Nomenclature de la chimie organique. Voir l'Appendice deuxième du Projet.

IL initial : *Ce qui se rapporte à l'homme dans sa partie corporelle.*

IB : *Pour le corps.* — IBA, *objets* : Homme, femme, créole, eunuque, enfant, garçon, géant. — IBE, *qualités* : Pubère, adulte, albinos, chauve, camard, bègue, goucher. — IBI et IBO, *actes* : Pleurer, rire, éternuer, cracher, balbutier, fredonner, baiser, guigner.

IC, ID, IF : *Relatifs aux aliments.* — IC, *généralités* : Aliment, mets, vivres, provisions. — Cuire, frire, assaisonner, manger, dîner, souper. — Banquet, festin. === ID, *instruments, ustensiles et lieux* : Broche, marmite, pétrin, serviette, vaisselle, assiette, bouteille, salière, couvert. — Boulangerie, office, cabaret, dépense. === IF, *mets et boissons* : Viande, ragoût, potage, hors-d'œuvre, saucisse. — Épices, sauces, poivre, cannelle. — Pain, biscuit, macaroni, gâteau, pâté. — Bouillon, tisane, sorbets, café, vin, bière, rhum.

IG, IJ, IL : *Relatifs aux vêtements.* — IG, *généralités* : Habit, hardes, costume. — Filer, ourdir, tisser, coudre, broder. — Tailleur, teinturier, cordonnier. — Quenouille, métier, aiguille. — Lingerie, vestiaire. === IG, *pièces par ordre des membres et des personnes* : Chapeau, perruque, col, manteau, lévite, gilet, chemise, pantalon, bas, botte, soulier, sabot. — Mantille, voile, châle, corset. — Maillot. — Soutane, rabat, toge, cocarde, épaulette. — Taled, turban. === IL, *matières premières et étoffes* : Cuir, laine, soie, lin, chanvre, coton. — Fil d'or. — Velours, satin, drap, flanelle, toile, batiste, mousseline, percale.

IM : *Emplois et lieux nécessaires.* — IMA, *généralités* : Bâtiment, logis, palais, maison, hôpital, grange, cabane. — IME, IMI, *parties des édifices* : Fondement, tour, voûte, …

O initial : *Partie intellectuelle.*

OI, *langage* : Signe, sens, chiffre, version. — Langue, patois, idiotisme, lettre, syllabe, mot, phrase, clause. — Accent, ton, monotonie, consonnance. — Dialogue, thèse, proverbe, anagramme, satire, parabole, anecdote. === OL, *d'écrire le langage* : Écriture, orthographe, alphabet, point, virgule, astérisque. — Ligne, titre, catalogue, billet, signature, original. — Épeler, lire, copier, annoter, rature. — Papier, encre, canif, crayon, cachet. — Mimique, télégraphe, sténographie. === ON, *grammaire* : Nom, déclinaison, genre, sujet, synonyme. — Verbe, mode, temps, personne, article, adverbe, etc. — Syntaxe, accord. — OO, *rhétorique* : Discours, exorde, etc., plagiat. — Précis, naïf, pathétique, aride, métaphorique. — Nomenclature des figures divisées en trois classes. === OR, *poésie* : poète, mètre, vers, stance, rime. — Épopée, drame, opéra. — Chanson, hymne, élégie, roman. — Couplet, sonnet. — Pieds des vers, leurs espèces et accidents. === OS, OT, OY, OZ, pour les sciences exactes, physiques, philosophiques et morales.

U initial : *Partie relative à la volonté.*

UB, *partie passive* : Sentir. — Plaisir, charme. — Bonheur, paix, profit. — Douleur, tristesse, soûl, crainte, colère. — Infortune, adversité, calamité, dommage. === UC, *partie active* : Caractère, intention. — Affection, désir. — Plaire, flatter, fier. — Haine, mépris, méfiance. — Regret, remords. === UD, *actes extérieurs* : Exciter, induire. — Complimenter, flatter. — Applaudir, vénérer. — Prier, conseiller, protéger. — Dédaigner, refuser, se moquer, gronder, offenser. — Irriter, affliger, effrayer, fumer. === UF, *qualités* : libre, nécessaire, actif. — Courtois, doux, franc. — Grossier, morne, ennuyeux, important. — Rival, rémond, froid.

UG, *moralité en général* : Mœurs, devoir. — Innocence, vertu, héroïsme. — Vice, scandale, faute, abus. — Prépos, intrigue. — Canaille, forfait, libertinage. === UJ et UL, *vertus* : Prudence. — Justice, loyauté, expiation. — Force, valeur. — Tempérance, réserve, modération. — Humilité, modestie. — Libéralité. — Chasteté, patience, frugalité. — Charité, indulgence. — Diligence. === UM et UN, *vices* : Témérité, caprice, contumace. — Injustice, fraude, concussion, etc. — Lâcheté, intempérance. — Orgueil, vanité, ambition, hypocrisie. — Avarice, ladrerie, dissipation. — …

… militaire. — GA, *généralités* : Troupe, armée, légion, régiment, etc., centre, réserve, garnison, sentinelle. — Infanterie, cavalerie, artillerie, génie et leurs dépendances. — GE, *personnel* : Militaire, général, colonel, etc., connétable, sénéchal. — GI, *armes et leurs accessoires* : Arme, canon, fusil, munitions, bombe,… épée, lance, dard, giberne, bouclier. — GO, *lieux et choses* : Campement, citadelle, redoute, parc, bannière, divan, consigne, prêt. — GU, *actes* : Tactique, revue, siège, attaque, retraite, dimate, fuite, victoire, conquête. === J, *marine et commerce.* — JA, *objets de la marine* : Escadre, embarcation, quille, proue, mât, voile, câble, rame, ancre. — JE, *personnes et actes* : Marin, amiral, pilote, matelot, pirate. — Naviguer, côtoyer, naufrager, débarquer. — JI, *commerce et son personnel* : Trafic, contrat, faillite, vendre, payer, enchère, louer. — Négociant, géreur, caissier. — JO, *lieux et choses* : Marché, bazar, banque, marchandise, frais, prix, gain, salaire, capital, intérêt, monnaie, billet, facture. — JU, *transports, chemins, etc.* : Roulage, chariot, route, sentier, canal, pont, auberge, etc.

L. *Rapports familiers.* — LA, *parenté et mariage* : Famille, race, descendant, père, etc., postérité, fils, etc., aîné, bâtard. — Prêtre, oncle, neveu, cousin; affinité, beau-père, etc.; adoption; parrain, noces, mari, veuf, bigame, divorce. — LE, *supériorité et analogues* : Supérieur, maître, esclave, serviteur, chef, subalterne, protecteur. — Commander, servir. — LI, *association, amitié, etc.* : Compagnie, sociétaire, confident, ami, rival, voisin, hôte. === LO, *bienfaisance, urbanité* : Hospice, secours, politesse, égard, compliment, visite. === M : *Divertissements et jeux.* — MA : Amusement, fête, jeu. — ME, *théâtre* : Opéra, rôle, acteur, bal, danseur, tournois, jongleur, halte. — MI, *jeux* : Échecs, dames, cartes, revers, écarté, loterie, billard, balle, etc. — MO : Gymnastique, escrime, chasse, pêche, patin, soirée, cercle.

N : *Religion.* — NA, *généralités* : Dieu, génies, démons, temple, pontife, sacrifice, vœu, oracle, paradis, tartare. — NE, *christianisme* : Catéchumène, trinité, anges et leurs ordres, saints, apôtres, martyrs, damnés, bible, sacrements et leurs dépendances. — NI, *hiérarchie* : Église, clergé, évêque, prêtre, etc., pape, patriarche, etc. Cardinal, chanoine et sacristain. — Concile, chapitre, ordres religieux, couvent. — NO, *administration* : Canon, bulle, diocèse, paroisse, séminaire. — Collation, dîme, offrande, censure, hérésie. === P : *Partie matérielle de la religion.* — PA, *lieux* : Église, nef, chœur, tour, autel, chaire, etc. — PE, *liturgie* : Rubrique, missel, messe et office divin avec toutes leurs parties, jeûne, carême, pâques. — PI, *ornements* : Tiare, chasuble, surplis, nappe. — PO, *ustensiles* : Calice, croix, cierge, lutrin, encensoir, bénitier. — PLA, PLE, etc. : *Spécialités des cultes non chrétiens* : Pan-…

Paris. — Imprimerie de L. Martinet, rue Mignon, 2.

www.ingramcontent.com/pod-product-compliance
Lightning Source LLC
Chambersburg PA
CBHW051519050726
47595CB00002B/391